Fabian Sixtus Körner

JOURNEYMAN

1 MANN, 5 KONTINENTE UND JEDE MENGE JOBS

Ullstein

Besuchen Sie uns im Internet:
www.ullstein-taschenbuch.de

Zum Schutz der Personen wurden Namen und
Biographien zum Teil verändert und Handlungen, Ereignisse
und Situationen an manchen Stellen abgewandelt.

Ungekürzte Ausgabe im Ullstein Taschenbuch
1. Auflage März 2015
3. Auflage 2015
© Ullstein Buchverlage GmbH, Berlin 2013 / Ullstein extra
Umschlaggestaltung: ZERO Werbeagentur, München, unter Verwendung
einer Vorlage von Fabian Sixtus Körner
Titelabbildung: Daniel Castro, San Francisco / New York
Bilder im Innenteil: Fabian Sixtus Körner;
Bild »Model Contest«: Eiran Cikgu Low;
Bild »Hackeem«: The Kopi / Ko Pi Go
Satz: Pinkuin Satz und Datentechnik, Berlin
Gesetzt aus der Minion Pro
Druck und Bindearbeiten: CPI books GmbH, Leck
Printed in Germany
ISBN 978-3-548-37566-3

»Die meisten Menschen sind andere Menschen.
Ihre Gedanken sind die Meinungen anderer,
ihre Leben Nachahmungen,
ihre Leidenschaften nur Zitate.«

Oscar Wilde

PROLOG

Im September 2007 flog ich zum ersten Mal alleine nach Übersee. Ich wollte mit einem Rucksack Vietnam bereisen, von Hanoi bis Ho-Chi-Minh-Stadt. Schon am zweiten Tag traf ich während einer Sightseeing-Tour zur Halong Bay auf den US-Amerikaner Jeff. Er überzeugte mich, meinen Plan über Bord zu werfen: »Lass uns die Pfade verlassen, die eine Armada von Reisenden ausgetrampelt hat«, lockte er mich.

Ich folgte ihm in den Nordosten von Laos, wohin sich kein anderer Ausländer verirrte – bis auf Jo, eine junge Australierin. Zu dritt saßen wir in Muong Khua fest, einem größeren Ort am Nam Ou, dem »Reisschüsselfluss«. Der Monsun hatte dafür gesorgt, dass die Straßen von Schlammlawinen bedeckt und unbefahrbar geworden waren. Zwei Tage später kauften wir einem alten Fischer ein ausrangiertes Langboot ab, um durch den Dschungel flussabwärts nach Süden zu paddeln.

»Wir nennen es LAMSIL«, lallte Jo am Abend vor unserem Aufbruch. Mit Lao-Lao, dem laotischen Reisschnaps, tranken wir uns Mut an. Keiner von uns hatte zuvor ein Boot gelenkt. Schlimmstenfalls würden unsere Rucksäcke und das Boot dem Fluss zum Opfer fallen, beschlossen wir. Wir konnten schließlich alle schwimmen. »LAMSIL, das steht für *Loosing All My Shit In Laos*«, erklärte Jo. Unser Boot hatte einen Namen.

Durch das viele Regenwasser war der Nam Ou gefährlich angeschwollen. Gleich die erste Stromschnelle erfasste unser Boot, machte es manövrierunfähig und brachte es fast zum Kentern. »Paddeln, paddeln, paddeln!«, schrie Jo hysterisch, während Jeff leise fluchte und ich panisch mit dem Paddel nach Grund stocherte. Mit dem Schrecken und unserem Gepäck kamen wir davon – wir hatten die erste Aufgabe als Bootsbesitzer gemeistert, wenn auch ohne Bravour.

Vier Tage paddelten wir in sengender Hitze durch reißende Stromschnellen und tropischen Platzregen, durch dichtbewachsenen Dschungel voller brüllender Affen, kreischender Vögel und zirpender Zikaden, summender Moskitos und lautloser Schlangen. Dann waren wir am Ziel – Muong Ngoi, mit seinen zahlreichen Gasthäusern, Hängematten und darin baumelnden Rucksackreisenden. Was uns jedoch in den verschiedenen Dschungeldörfern, in denen wir zwischen Muong Khua und Muong Ngoi haltmachten, widerfuhr, hätte ich mir vor meiner Reise nach Südostasien nicht träumen lassen. Wir schluckten braunes Wasser und küssten gelben Sand, spielten Billard auf einem selbstgezimmerten Tropenholztisch, verloren unsere Kleidung an streunende Hunde, trafen auf Kinder in zerschlissenen Hemden, die mit Steinschleudern bewaffnet ihr Dorf verteidigten; wir schliefen bei Bauern- und Fischerfamilien auf staubigen Holzböden, kochten auf Feuerstellen, duschten unter Wasserfällen, lachten und tanzten mit den Einheimischen; bei Vollmond tranken wir ein ganzes Dorf unter den Tisch; wir kauften eine Ente bei einer hundertjährigen Frau und schlürften während einer feierlichen Zeremonie zu unseren Ehren das Blut des Tiers; Dr. Lao heilte uns von all unseren Krankheiten; wir kommunizierten mit Händen, Füßen und einem Lächeln; uns wurden frittierte Heuschrecken, lebende Maden und gegrillte Katze gereicht; unsere Gedanken kreisten um Sonnenschutz oder die Frage, wie wir uns auf einem kanuartigen Boot erleichtern konnten, ohne die anderen Insassen anzupinkeln; wir litten an Hunger, Durst und Völlerei, hatten spröde Lippen und aufgeweichte, runzlige Finger; wir wurden argwöhnisch beäugt, neugierig berührt und liebevoll umarmt; der Nam Ou wurde unser Zuhause und der laotische Urwald unser Abenteuerspielplatz; Jeff verliebte sich in Jo und Jo verliebte sich in Jeff; Keilana, die Tochter des Bürgermeisters von Sop Kinh, trug mir die Heirat an. Nichts, was vorher gewesen war, interessierte uns mehr. Wir wollten im Fluss bleiben.

Als der Nam Ou uns zu unserem Ziel trug, waren wir am Ende unserer Kräfte, aber erst am Anfang einer Erkenntnis: Diese vier Tage auf dem Reisschüsselfluss würden unser Leben verändern.

#1
LOS(R)EISEN

*Wiesbaden,
Januar 2010*

Die nackte Glühbirne an der Zimmerdecke wirft einen gelblichen Schein über die Wand. Kurz vor der Sockelleiste geht der Farbverlauf in sattes Grün über – die Reflexion des Kunstrasens, der in meinem Acht-Quadratmeter-Zimmer als Teppich dient. Es ist Januar und der diesjährige Winter ungewöhnlich kalt. Die Straßen der hessischen Landeshauptstadt werden schon seit Wochen von gefrorenem Schnee gesäumt. Untypisch für eine Stadt wie Wiesbaden, in der sich üblicherweise die Wärme staut.

Seit zwei Monaten bewohne ich das Zimmer unter dem Dach in der Klarenthaler Straße. Für gewöhnlich nutzt es die Studenten-WG im fünften Stock als Abstellraum. Um mich herum vergessenes oder aussortiertes Gerümpel. Es gibt Licht, eine Steckdose und eine Heizung. Außerdem habe ich eine Platte auf zwei Holzböcke gelegt. Meine Arbeitsfläche. Nur der Umstand, dass ich kein Badezimmer und keine Küche habe, somit für Dusch- und Toilettengänge oder einen wärmenden Tee den unliebsamen Gang treppab machen muss, schmälert mein Übergangszuhause. Ich hasse die Kälte. Dabei könnte ich mich jetzt in Kopenhagen neben Metteline aufs Sofa kuscheln, wir könnten es uns mit heißem Tee und einer DVD *hyggelig* machen, wie man die Extremform der Gemütlichkeit auf Dänisch nennt. Seit einem Dreivierteljahr sind wir ein Paar, kennengelernt haben wir uns während meiner letzten Reise durch Südostasien und das östliche Indien.

Die Bootsfahrt in Laos geht mir dieser Tage häufig durch den Kopf, denn sie ist der Grund für mein Hiersein. Es wird immer diese Geschichte sein, die ich auf die Frage hin erzähle, was mich nach dem Reisen hat süchtig werden lassen. Wie ein Musiker, der sich an das erste Lied erinnert, das er auf seinem Instrument beherrschte. Die erste Freundin, der erste Kuss, das erste Mal Sex. Es ist etwas, was nicht wiederholt werden kann. Der erstmalige Genuss, der einen auf den Geschmack bringt. Jo und Jeff sind immer noch ein Paar. Sie arbeiten gerade auf einer Farm in Neuseeland, um sich ihre nächste Reise zusammenzusparen.

Schon als ich an meiner Diplomarbeit im Fach Innenarchitektur werkelte, kam das Fernweh. Nach meinem Abschluss würde ich wieder losziehen – und diesmal nicht nur für zwei oder drei Monate. Ich wollte länger fortbleiben, umherreisen und das Leben in der weiten Welt erkunden. Aber auch Karriere war ein Begriff, den ich trotz vorhandenem Aussteigergen nicht aus meiner Effizienzdenkweise löschen konnte. Ich steckte in einer Zwickmühle. Einerseits wollte ich meiner kreativen Leidenschaft nachgehen, andererseits aber nicht zu Hause oder im Büro am Schreibtisch sitzen. Es war die Gleichförmigkeit des Alltags, die mir zu schaffen machte. Das Aufstehen am Morgen in der Gewissheit, dass dieser Tag genauso verlaufen würde wie der vorangegangene. Mir fehlten die Überraschungen, die Abenteuer.

Auf der Suche nach einer Möglichkeit, meinen Traumjob und meine Reiselust unter einen Hut zu bringen, stieß ich auf eine mittelalterliche Tradition: die Walz des Handwerksgesellen. Die Burschen in schwarzer Tracht, mit Schlaghosen, Schlapphut und Wanderstock kennt man ja. Im Mittelalter musste ein Handwerker, der seine Ausbildung abgeschlossen hatte, für eine bestimmte Zeit auf Wanderschaft gehen, wenn er den Meistertitel erwerben wollte. Man ging davon aus, dass ein Wandergeselle als ein weiser, weltoffener und an Erfahrungen reicher Mensch von der Walz heimkehren würde, als jemand, der sich zu einer echten Persönlichkeit entwickelt hatte, ein Furchtloser, den die Kulturen der Welt und die Weite des Universums nicht schreckten.

Könnte auch ich dahin kommen? Das wollte ich, unbedingt. Ich recherchierte die Regeln der Walz, übersetzte sie in das Medienzeitalter und passte sie meinem Berufsstand an. Bald standen meine zehn persönlichen Regeln der Walz:

1. **Design statt Handwerk**: Ich nehme Kurzjobs in Architekturbüros, Werbeagenturen, bei Graphikern, Fotografen usw. an, anstatt in Schreinereien oder als Handwerker auf dem Bau zu arbeiten.
2. **ALLES wird mir eine Lehre sein** – ob Baustellenbetreuung, Kampagnenentwürfe, Regieassistenz oder der Büroklassiker: Kaffee kochen.
3. **Erfahrungsreichtum statt Geldsegen**: Auf der Walz arbeite ich lediglich für Kost und Logis – egal ob Brotkanten oder Dreigängemenü, Matratze, Sofa oder Himmelbett.
4. **Alles inklusive**: Jedwedes zum Arbeiten benötigte Material und Equipment reisen mit, so dass kein zusätzlicher Arbeitsplatz bereitgestellt werden muss. Darunter fallen die üblichen Arbeitsgeräte wie Laptop, Fotokamera etc.
5. **Zur Walz gehört ein Tagebuch**. Meines heißt: *Stories of A Journeyman* und ist ein Onlineblog.
6. **Von Haus zu Haus**: Ein Arbeitsverhältnis dauert etwa einen Monat, Verlängerungen sind die Ausnahme.
7. **Sperrgebiet**: Es ist mir nicht erlaubt, mich meinem Heimatort auf weniger als 300 km zu nähern.
8. **Auszeit**: Die Reise soll mindestens ein Jahr, aber nicht länger als zwei dauern.
9. **Querweltein**: Innerhalb dieser Zeit leiste ich mindestens einen Job auf allen bevölkerten Kontinenten der Erde ab; darunter fallen Europa, Asien, Afrika, Nordamerika, Südamerika und Australien.
10. **Der Weg ist das Ziel**: Die Route wird nicht im Vorhinein festgelegt, sie ergibt sich auf der Walz.

Ursprünglich wollte ich im Fernen Osten starten. Doch Japan erwies sich als ungeeigneter Ort für einen Walz-Anfänger wie mich. Tokio würde kaum einen Einwohner haben, der mir auch nur einen Quadratmeter Platz überlassen könnte. Als einer meiner ehemaligen Professoren von meinem Plan erfuhr, bot er mir an, bei einem Kollegen in der chinesischen Metropole Schanghai anzufragen, ob er einen Arbeitsplatz für mich habe. Noch vor Antritt meiner Reise fand ich den für mich strittigsten Punkt meiner Agenda bestätigt – es erwies sich als sinnvoll, sich nicht von vornherein auf bestimmte Orte festzulegen. Man weiß nie, wer auf einen zukommt; Kontakte sind hilfreich.

Der Plan war geschmiedet, aus dem Feuer geholt und ins kühlende Wasserbad getaucht worden. Er war nun bereit für die Umsetzung. Doch ich war es nicht. Zur Absicherung wollte ich mir ein kleines Guthaben ansparen. 3000 Euro sollten nach meiner Einschätzung reichen. Aber die Auftragslage war schlecht. Immer wieder flatterten mir Rechnungen ins Haus, hinzu kamen die üblichen Fixkosten; ich musste doch weiterhin meine Miete bezahlen. Bekam ich das Honorar für einen Job überwiesen, war die Summe gleich darauf auf dem Weg zu einem anderen Konto. Ein halbes Jahr ging das so. Ich musste handeln, wollte ich meinen Plan nicht aus den Augen und später aus dem Sinn verlieren. Also entschloss ich mich, meine Sachen in Kartons zu verstauen und mir bis zu dem Zeitpunkt meiner Abreise ein günstiges Zimmer zu suchen. War diese Entscheidung voreilig? Und was würde aus Metteline werden? Was würde aus uns als Paar werden? Schon als wir uns kennenlernten, erzählte ich ihr von meinem Plan, meinem großen Traum, und wir standen vor der Frage, ob eine Beziehung unter diesen Umständen überhaupt Sinn ergab. Aber ergibt Liebe überhaupt je einen Sinn?

»Schaffen wir das?«, fragte ich sie.

»Wir schaffen das«, war ihre Antwort.

So finde ich mich in dem Zimmer wieder, das mir für ein paar verbleibende Tage Unterschlupf gewährt. Alle Rechnungen sind bezahlt, alle Schulden beglichen. Höchste Zeit, mich im Architekturbüro in Schanghai zu melden.

»Ni hao. Ich würde gerne mit Yan Weng sprechen.«

»Haben Sie einen Termin?«, fragt eine Frauenstimme mit chinesischem Akzent.

»Ja, habe ich.« Was soll ich auch anderes sagen.

»Ja, hallo?«, meldet sich eine Männerstimme.

»Hallo, Herr Weng, Fabian Sixtus Körner hier. Mein Professor, Herr Stange, sagte, ich dürfe mich bei Ihnen melden. Es geht um einen Job.«

»Ja«, ist seine knappe Erwiderung.

»Ich wollte Sie fragen, ob Sie meinen Plan kennen? Und hätten Sie etwas für mich zu tun?«

»Etwas zu tun hätten wir schon. Komm doch nächsten Montag vorbei, dann besprechen wir das.«

Wie bitte? Offenbar weiß er nicht, dass ich noch in Deutschland bin.

»Das wird etwas knapp. Ich bräuchte schon noch zwei Wochen, um hier alles zu regeln.«

»Dann komm doch am Montag in zwei Wochen vorbei.«

»Alles klar. Dann melde ich mich bei Ihnen, wenn ich in Schanghai angekommen bin.«

»Okay, dann schauen wir mal.«

Okay, dann schauen wir eben mal. Was soll schon schiefgehen? Wenn ich den Job nicht bekomme, suche ich mir eben vor Ort etwas anderes. Ich merke, dass ich etwas trotzig reagiere, aber was bleibt mir anderes übrig, als die Gelegenheit beim Schopf zu packen? Es ist die Chance, endlich einen Anfang zu finden.

Vom Honorar meines letzten Auftragsjobs habe ich mir ein One-Way-Ticket Frankfurt–Schanghai gekauft. Die letzte Nacht in meinem Wiesbadener Transitzimmer ist gekommen. Ich habe 200 Euro in bar, 255,69 Euro auf dem Konto und bin allein mit meinen herumschwirrenden Gedanken. Habe ich wirklich die richtige Entscheidung getroffen?

Fakt ist: Ich habe kein Geld. Aber nur weil ich kein Geld habe, bin ich noch lange nicht arm.

Falls ich wirklich in Schanghai stranden sollte, könnte ich auf meine Familie und meine Freunde zählen. Sie würden mir Geld für ein Rückflugticket leihen. Zu Hause angekommen, würde ich meinen gerade erst verlassenen Pfad wieder einschlagen und die Schulden abbezahlen. Es wäre schmerzhaft, mein großer Plan gescheitert. Aber dieses Risiko ist mir beileibe nicht hoch genug, um die Sache einfach sausenzulassen.

Ich bin achtundzwanzig Jahre alt und nenne ein acht Quadratmeter großes Zimmer mit Kunstrasenteppich mein Zuhause. Mache ich jetzt einen Rückzieher, dann werde ich meinen Traum womöglich nie leben. Die Reise muss beginnen.

#2
FLIESEN ZÄHLEN
FÜR ROCKEFELLER

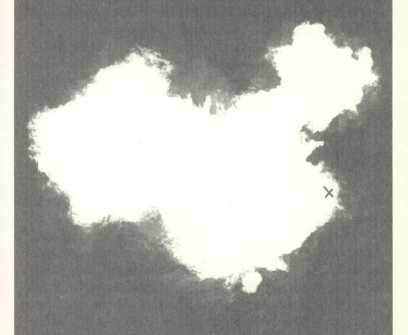

*Schanghai,
Januar - April 2010*

Nach einer schlaflosen Nacht im Flugzeug stehe ich übermüdet in der Warteschlange vor der Passkontrolle in Schanghai. Als der Schalter für mich frei wird, greife ich nach meinem Hüftbeutel, in dem mein Reisepass mit eingeklebtem Visum, meine Kreditkarte sowie mein Bargeld verstaut sind. Doch ich greife ins Leere.

Erstaunlich, wie hellwach ich plötzlich bin. Während des Drei-Minuten-Sprints zurück zum Gate überschlagen sich meine Gedanken. Das wäre definitiv ein viel zu kurzer Chinaaufenthalt! Der Flug zurück nach Frankfurt wegen nicht genehmigter Einreise würde mich ruinieren! Und wie stünde ich dann da, mit meinem lächerlich gescheiterten Walz-Plan? Und wenn meine Reise buchstäblich hier endet? Schon sehe ich mich als einen der Flughafensiedler, Dauergäste im »staatenfreien« Raum zwischen Passkontrolle und Flugzeug, die nicht in ihre Heimat zurückdürfen, aber auch keine Einreisegenehmigung erhalten. Wie lange würde ich das durchhalten? Würde mir ein Bett zur Verfügung gestellt, bekäme ich genug zu essen? Würde das Waschbecken bei den öffentlichen WCs meine Morgendusche ersetzen?

Ich erreiche das Gate, werde aber aus Sicherheitsgründen nicht zurück an Bord gelassen. Eine freundliche, entspannt wirkende Airlineangestellte erklärt sich bereit, nachzusehen, kommt aber schon nach kurzer Zeit zurück.

»Kein Pass, keine Tasche«, sagt sie.

»Das kann nicht sein.« Ich bitte sie, noch einmal nachzusehen, und sie erklärt sich zur erneuten Inspektion bereit.

Mittlerweile verlässt auch die Crew die Maschine.

»Einen schönen Aufenthalt in Schanghai«, wünschen mir Pilot und Copilot. Ich nicke unglücklich. »Gibt es ein Problem?«, fragt eine der Flugbegleiterinnen.

»Mein Pass, meine Bankkarte und mein Bargeld müssen noch im Flugzeug sein, aber die vom Bodenpersonal konnten nichts finden«, erkläre ich.

»Oh, das ist ärgerlich«, sagt sie bedauernd.

»Da drücken wir die Daumen«, sagt eine zweite.

»Und einen schönen Aufenthalt in Schanghai«, wünscht mir die dritte, bevor die Frauen munter schnatternd von dannen ziehen.

Na toll! Meine einzige Chance auf Rettung schwindet vor meinen Augen dahin.

Derweil biegt die Angestellte vom Bodenpersonal gemächlich um die Ecke. Um ihre Schulter baumelt mit der Lässigkeit einer Designerhandtasche mein schwarzer Hüftbeutel, die Herberge meiner Personalien. Welche Erleichterung! Als ich bei der Passkontrolle ankomme, ist der Angstschweiß längst getrocknet.

Die Stadt ist riesig, viel größer, als mir die ausgefaltete Straßenkarte weismachen will. Autos links, Autos rechts – vor mir und hinter mir. Autos auf den Brücken über mir und in Tunneln unter mir. Ich fühle mich, als müsste ich ständig in alle Richtungen gleichzeitig blicken, um nicht überfahren zu werden, während ich den Weg von der Metro zu meiner Unterkunft zurücklege. Die Straßen sind so breit, dass die Grünphase der Ampel nicht mal ausreicht, wenn man die in der Ferne liegende sichere Straßenseite im Laufschritt erreichen will. Durchweg verspiegelte Hochhäuser lehnen sich drohend über die verregneten Gehwege. Ich fühle mich wie in einem riesigen Spiegelkabinett. Mein Zimmer im »Captain Hostel« teile ich mit fünf Koreanern und zwei vorlauten jungen Chinesen, von denen einer aussieht wie eine Karikatur des jugendlichen Mao Tse-tung. Nachdem ich meine Schlafnische bezogen habe, wird mir bewusst, dass dies nun mein Zuhause ist. Zumindest, bis ich weiterziehe. Da ich in Deutschland keinen Ort mehr habe, an den ich zurückkehren kann, akzeptiere ich meine Pritsche in dem lieblos eingerichteten Schlafsaal als Basisstation. Ich werde in den kommenden Monaten immer auf dem Sprung sein. Jedes Zuhause ein Wartezimmer. Für mich ist das ein neues Gefühl, und es betrifft Vorstellungen, die ich bislang mit dem Begriff »Heimat« verbunden habe. Nun habe ich keinen Rückzugsort mehr. Im Grunde unterscheide ich mich damit gar nicht so sehr von jenen »unbefristeten Flughafeneinsiedlern« – und es gibt Momente, da könnte ich voller Freude über diese Tatsache mit gereckter Faust in die Luft springen. Vor kurzem habe ich noch geglaubt, dass mir dies Angst machen würde, aber nun stelle ich beruhigt fest: Es gibt kein Problem, und ich fühle mich befreit.

Doch bald gesellt sich Nervosität zu dem Gefühl der Befreiung. Seit Jahren hatte ich kein Vorstellungsgespräch mehr. Metteline schickt mir über Skype beruhigende Worte: »… und falls alle Stricke reißen, freue ich mich auf dich in Kopenhagen.« Sie lächelt schelmisch.

Am Freitag rufe ich nochmals bei Herrn Weng an, um mir den Termin für Montag bestätigen zu lassen, und fahre testweise den Weg zum Büro ab, damit auch ja nichts schiefgeht. Mein Lampenfieber vor Vorstellungsgesprächen, Vorträgen oder sonstigen Situationen, in denen andere an meiner Person interessiert sind, ist abhängig von meiner Tagesform. Es gibt Tage, da schaue ich morgens in den Spiegel, habe ein Lächeln für mich selbst übrig und strotze vor Selbstvertrauen. Und dann wieder ist es ganz anders. So wie heute, als ich mir selbst mit tiefen Schatten unter den Augen und unsicherem Blick begegne.

Herr Weng empfängt mich persönlich. In knappen Worten stellt er mir seine Mitarbeiter vor und geleitet mich ins obere Stockwerk, wo er mir meinen Platz am riesigen Architektentisch zeigt. Bevor er mich wieder verlässt, kündigt er an, der leitende Architekt müsse jeden Moment von der Baustelle kommen. »Er wird mit dir besprechen, was du die nächsten drei Monate tun kannst, und dich in deine Aufgaben einweisen.«

Soll es das etwa schon gewesen sein? Kein »Was glaubst du sind deine Schwächen?« oder »Hast du Erfahrung auf diesem und jenem Gebiet?«. Und wie lässt sich meine Aufgabe hier eigentlich mit den Erfordernissen meiner Wanderschaft vereinbaren?

»Herr Weng«, halte ich ihn auf.

»Nenn mich Yan, wir duzen uns hier alle.«

»Verstehe. Yan. Wie ist das eigentlich mit meinem Angebot, für Kost und Logis zu arbeiten?«

»Ach so, ja«, erinnert er sich. »Das ist für uns sehr viel Aufwand. Ich schlage vor, du suchst dir auf eigene Faust eine Unterkunft. Wir zahlen dir das normale Praktikantengehalt, wenn das für dich in Ordnung ist.«

Verdammt! Das ist absolut nicht in Ordnung. Aber was soll ich tun? Soll ich ihn dazu drängen, meine Regeln einzuhalten? Und den Job absagen, falls er sich weigert? Dabei ist Yans Angebot gerade im Hinblick auf meinen mageren Kontostand sehr verlockend. Ich habe noch nicht einmal meinen ersten Job angetreten und breche schon das oberste Gebot meiner Projektreise. Und das Wort Praktikant gefällt mir ganz und gar nicht. Laut eigener Definition bin ich doch ein Wandergeselle. Unter den gegebenen Umständen muss ich mir jedoch eingestehen, dass ich keinen großen Spielraum für Verhandlungen habe.

Der leitende Architekt kommt kurz darauf im Büro an. Ich höre die Metalltreppe vibrieren, als er hinaufstapft. »Ach, hi. Du bist Fabian? Dann können wir ja gleich loslegen.« Markus ist ein Hüne. Seinem Wesen nach entspricht er genau meiner Vorstellung von einem Bilderbucharchitekten. Er misst knapp zwei

Meter und hat unglaublich breite Schultern. Dennoch sieht man auf den ersten Blick, dass er ganz und gar nicht grobschlächtig ist. Er hat Hände, die filigrane Bleistiftstriche ziehen können, und jugendliche Gesichtszüge. Eine knollige Nase wird von einem freundlichen Lächeln und leuchtenden Augen eingerahmt. Er ist mir durchweg sympathisch.

Mein erster Arbeitstag beginnt mit einer Einweisung ins laufende Projekt. Die Residenz der alten britischen Botschaft und zehn benachbarte repräsentative Gebäude aus der Jahrhundertwende sollen in einem Zeitraum von fünf Jahren saniert und zu einem schicken Einkaufszentrum inklusive Kunstgalerie umfunktioniert werden. Bauherr ist die Rockefeller Group, wer sonst, bei einem Projekt, das historische Bausubstanz in moderne Konsumtempel umwandelt. Yan hat mir zu verstehen gegeben, dass eine kurzzeitige Anstellung nur zustande kommt, wenn ich die volle Zeit meiner Visagültigkeit für sein Team arbeite, also drei Monate. Auch das widerspricht meinen Walzregeln.

Ich bin nun Juniorarchitekt in einem international renommierten Architekturbüro. Mit meinem Innenarchitekturstudium bin ich von Haus aus eher Gestalter als Ingenieur, und mein Wissen um statische Zusammenhänge in Großbauten ist sogar für einen Innenarchitekten begrenzt. Aber: Nach meiner Ausbildung hat hier niemand gefragt. Ich arbeite in einem Job, den ich nicht gelernt habe, und soll dreimal so lange bleiben wie eigentlich vorgesehen.

Während ich mich in die Gebäudegrundrisse einarbeite, telefoniere ich parallel Nummern ab, die ich mir tags zuvor von Wohnungsangeboten auf diversen Onlineportalen wie *Craigslist* notiert hatte. Amanda lädt mich zu einer abendlichen Begehung ein. Sie ist gebürtige Schanghaierin, doch die Wohnung gehört ihrem deutschen Ehemann. Für 1800 Yuan (umgerechnet etwa 220 Euro) monatlich bekomme ich den Zuschlag, so dass ich noch am selben Abend meine Sachen aus dem Hostel in mein neues Zuhause verladen kann.

»Morgen kommt noch ein Deutscher. Er wohnt dann in deinem Nachbarzimmer«, erklärt mir meine Vermieterin.

Gibt es in dieser Stadt vielleicht auch jemanden ohne deutschen Hintergrund? Ich bin doch nicht Tausende von Kilometern gereist, um weiterhin im Dunstkreis meiner Landsleute zu verkehren. Anstatt als Wandergeselle meinen Arbeitshorizont zu erweitern und fremde Kulturen kennenzulernen, wohne ich nun zusammen mit einem deutschen Jurastudenten in einer Wohnung, die einem Deutschen gehört, und bin Praktikant in einem deutsch-englischen Unternehmen mit deutschen und chinesischen Kollegen, die fast allesamt in Deutschland studiert haben. Es ist, als wollte meine Heimat mich nicht aus ihren Fängen lassen. Nicht einmal das Wetter. Der bleiche Himmel und die durchschnittlichen Temperaturen von unter zehn Grad sind nicht anders als in Wiesbaden. Statt einer Heizung gibt es eine stromfressende Klimaanlage, deren Wärme sich unter der Zimmerdecke staut und mir einen heißen Kopf und kalte Füße beschert.

Bei den monatlichen Fixkosten muss ich versuchen, jeden Yuan zu sparen. Ich gewöhne mir an, jede meiner Ausgaben zu notieren, und gebe nicht mehr als fünf Euro täglich aus. Einziger Luxus ist ein gelegentliches Feierabendbier mit meinem Mitbewohner Christian. Mein Mittagessen kaufe ich für gewöhnlich im 7Eleven-Shop hinter unserem Büro, meistens abgepackten Reis, an Festtagen auch mal ein Sandwich und einen Orangensaft. Auf meinem Weg nach Hause setze ich mich in Ismails uigurische Garküche, um eines der Nudelgerichte für einen Euro zu verzehren oder mich an kälteren Tagen mit einer Rinderbrühe aufzuwärmen. Bald bin ich Stammgast in dem kleinen Familienbetrieb, so dass ich meine Mahlzeit mit den drei kleinen Söhnen des Kochs, Ay, Bari und Erkin, sowie seiner strickenden Ehefrau Dilnaz auf der Couch einnehme, während im Fernsehen Jacky-Chan-Filme laufen oder das chinesische »*Gute Zeiten, schlechte Zeiten*«, eine Kung-Fu-Seifenoper mit Herzschmerz, Handkantenschlägen und Roundhousekicks. Wir sprechen nicht die gleiche Sprache, aber auch ich verstehe, ob nach einem Spezialflugtritt ein »HOO!« oder ein »HA!« angebracht ist. Obwohl ich bei den Uiguren nicht übernachte, kommt ihre Küche für mich einem Zuhause in Schanghai am nächsten. Pfeffrige Gerüche kitzeln meine Nase, warmer Dunst umgibt mich, und während ich mit lautem Schlürfen meine heißen Reisnudeln einsauge, fühle ich mich in der fremden Familie aufgehoben.

Am Morgen stehe ich gegenüber der riesigen Baustelle – meinem Projekt – in einem Geschäft für Arbeitsmonturen. Der Verkäufer hält mir eine steife blaue Jacke vor die Brust, doch ich winke ab. Ich habe mich schon für einen der dünnen olivgrünen Parkas entschieden. Sie kosten nur einen Bruchteil des Preises der blauen Jacke. Der Verkäufer schaut mich mit einem zweifelnden Lächeln an. Grün ist in China die Farbe der Arbeiter, Blau die der Architekten. Yan hat mir Stahlkappenschuhe geliehen, und mit dem orangefarbenen Schutzhelm, den Markus mir an der Baustelle übergibt, ist meine Montur komplett.

Gemeinsam gehen wir über den schlammigen Grund zu einem der Gebäude. Als Erstes wird die Fassade überprüft. Die Klinkersteinwand sollte bis heute von Salzrändern gesäubert werden. Hinter Markus und einem Restaurationsspezialisten aus Berlin steige ich das Bambusgerüst höher und höher, bis wir kurz vor der Dachkante die Fassade begutachten. Mit dem chinesischen Vorarbeiter, der gleichzeitig übersetzt, und drei Arbeitern stehen wir in dreißig Metern Höhe auf durchnässtem Bambus. Es knackt und knarzt, und jede Bewegung der beiden deutschen Riesen versetzt mich in Schwingungen. Jetzt wieder hinabzusteigen wäre allerdings die falsche Entscheidung. Es wird bestimmt nicht das letzte Mal gewesen sein, dass ich hier oben meinem Job nachgehen muss, also gewöhne ich mich besser so schnell wie möglich an die luftige Arbeitsumgebung. Unauffällig taste ich nach einem Fenstersims. Daran werde ich mich festhalten, falls das Baugerüst in sich zusammenstürzt. Ich muss versuchen, mich auf das Gespräch zwischen Architekten und Bauarbeitern zu konzentrieren. Einer der Arbeiter betont: »Doch, wir haben alles abgebürstet« – obwohl der Augenschein das Gegenteil verrät. Die Ränder der Klinkersteine sind mit weißem Baustaub überpudert. Markus erklärt mit ausladenden Gesten die Missstände, läuft dabei aufgeregt an dem Mauerwerk entlang. Die Vibration dringt bis in meine Magengegend vor, und ich muss mittlerweile beide Arme um eines der Metallrohre legen, um mich überhaupt irgendwie sicher zu fühlen. Bloß nicht nach unten schauen! Erleichtert atme ich auf, als Markus endlich das Zeichen zum Abstieg gibt.

Es geht weiter in das Nebengebäude. Eine ehemalige Luxusresidenz Britischer Beamter. Man kann nur noch erahnen, wie prunkvoll es hier einmal ausgesehen haben muss. Die alten Wandvertäfelungen aus Holz wurden abmontiert, Mauerwerk und Fußboden teilweise abgetragen, so dass wir uns im Slalom um mehrere Meter tiefe Löcher schlängeln müssen. Die Vorstellung, dass hier bald neue Luxusbüroetagen stehen sollen, fällt mir schwer. Markus und ich erreichen das Eingangsforum und stoßen dort auf einen weiteren Missstand. Die originale Treppenverkleidung, welche zur Restauration abmontiert wurde, liegt unter Bauschutt begraben. Ruhig erklärt Markus dem Übersetzer, dass dies nicht passieren dürfe. Nach einer zackigen Anweisung auf Chinesisch bergen einige Arbeiter den Schatz, befreien ihn vom Staub und wickeln ihn in eine Plastikplane. Vor mir betritt Markus den entkernten Fahrstuhlschacht mit den Worten: »O nein, nicht schon wieder.« Ein scharfer Geruch schlägt uns entgegen. Auf der Baustelle gebe es keine Dixi-Toiletten, erklärt er mir, daher werde der Fahrstuhlschacht immer wieder als Latrine genutzt. Als wir über eine Baustellentreppe das vierte Stockwerk erreichen, erstreckt sich eine riesige Lagerstätte vor uns.

»Viele der Arbeiter sind Bauern«, sagt Markus. »Sie kommen in die Stadt, um das Geld zu verdienen, das ihnen ihre Felder nicht mehr einbringen. Wie du siehst, bringen sie manchmal auch ihre Familien mit.«

Blaue Plastikplanen wurden hier, unter dem Dach, zu einer Art Zeltstadt zusammengeknüpft, mit Schlafnischen und einem zentralen Ort der Zusammenkunft. Dort brennt ein Gaskocher, rundherum sitzen einige Frauen mit Babys auf den Armen und Männer, die ihre Schichtpause bei ihren Familien verbringen.

»Die wenigsten sind ausgebildet in dem, was sie hier tun, aber sie geben ihr Bestes, und das in einer unglaublichen Geschwindigkeit. Sie haben nicht viel Gespür für den Wert traditioneller Baukunst, aber das ist ein weitverbreitetes Phänomen. Wahrscheinlich liegt es an der Geschichte des Landes.«

»Inwiefern?«, hake ich nach.

»Na ja, immer, wenn ein neuer Herrscher die Macht über das riesige Reich übernahm, wurde alles Vorangegangene als schlecht bezeichnet. Viele Kulturschätze wurden zerstört. Zuletzt während Maos Kulturrevolution.« Laut Markus folgt auch die Kommunikation mit den Arbeitern eigenen Gesetzen. »Werden in Deutschland Ausreden gesucht, warum eine Arbeit nicht erledigt wurde, so beteuert man hier, dass die Arbeit erledigt wurde – auch wenn das augenscheinlich nicht der Fall ist. Den Arbeitern geht es darum, ihr Gesicht zu wahren. Wenn man das weiß, erspart man sich eine Menge Konflikte.«

»Eine Lüge ist in China also nicht gleich eine Lüge?«

»Genau. Die Unwahrheit zu sagen wird allgemein akzeptiert.

Wenn du dich damit nicht arrangieren kannst, wirst du hier keine Freude haben«, erklärt er.

»Aber warum werden keine Wohncontainer aufgestellt und Toiletten?« Der Anblick des provisorischen Lagers hat mich schockiert.

»Das Architekturbüro hat darauf keinen Einfluss. Für die Bauleitung ist ein chinesisches Unternehmen zuständig, und dem ist das offenbar egal …«, erwidert er, während er vor mir hinaus aufs Dach geht.

Hier liegt mein Arbeitsgebiet. Insgesamt acht Dächer und unzählige Balkone auf verschiedenen Etagen müssen vermessen werden. Danach rekonstruiere ich die Bauteile. Das Entwässerungskonzept für die regenreichen Monate ist dabei besonders wichtig, damit die Balkone nicht zeitweise zum Swimmingpool werden. Es ist eine typische Architektenarbeit. So etwas wollte ich eigentlich vermeiden.

Einer meiner chinesischen Kollegen fragt mich am ersten Tag nach den Beweggründen für meine Reise. Ich erkläre ihm, ich sei Innenarchitekt, hätte meinen Lebensunterhalt bisher jedoch meistens mit Graphikdesign-Arbeiten verdient. Und dazu komme meine Leidenschaft: die Fotografie. Diese Reise sei für mich auch ein Versuch, meine wahre Berufung herauszufiltern, jene Tätigkeit zu finden, der ich ein Leben lang nachgehen wolle. Höflich gibt mein Kollege vor, meine Beweggründe zu verstehen, überzeugt mich aber nicht. In China scheint jeder zu wissen, was er will, und zielgerichtet darauf hinzuarbeiten. Ich aber grübele darüber nach, was ich hier eigentlich tue, beim Zählen der Fliesen in Haus 4, auf Balkon Nummer 23 in einer fernöstlichen Stadt für einen westlichen Mogul.

So etwas wie Alltag schleicht sich in mein Leben. Ich gewöhne mich an das Pendeln zwischen meiner Wohnung, dem Büro und der Baustelle und auch an das nasskalte Wetter. Ich habe mich inzwischen auch fast an die Tatsache gewöhnt, dass die Sonne über dieser Stadt niemals scheint. Oder vielleicht tut sie das, versteckt sich dabei aber hinter einer massiven Smogglocke. Sogar an wolkenlosen Tagen ist der Himmel von einem schmutzigem Grau durchzogen, und nur ein vergilbter Fleck deutet die Anwesenheit unseres Fixsterns an.

Nachdem ich nun seit fast drei Wochen in der fernöstlichen Metropole arbeite, sehe ich einer der größten chinesischen Traditionen entgegen: Das chinesische Neujahrsfest steht vor der Tür. Wie alle chinesischen Feste richtet es sich nach dem traditionellen »Bauernkalender«, einem Mondkalender. Beginnend zur Zeit des Neumonds zwischen dem 21. Januar und dem 21. Februar, erstreckt es sich über zwei Wochen. Anders als bei uns steht nicht die Schönheit des Feuerwerks im Vordergrund – es geht vielmehr um den Geräuschpegel. Je lauter die traditionell chinesischen Kracher detonieren, desto größer die Chance, böse Geister im anstehenden Jahr fernzuhalten. So geschieht es, dass ich morgens auf dem Weg ins Büro (die deutsche Belegschaft arbeitet während der chinesischen Feiertage) einen älteren Herrn treffe, der vier gefüllte Plastiktüten neben sich platziert hat. Mit noch müden Augen beginnt er, die Feuerwerkskörper der Reihe nach auf die Straße zu schleudern. Kein bunter Funkenschlag, kein pfeifendes Geräusch, kein Schnickschnack. Ein dumpfes Knallen, mal lauter, mal leiser, für die Großen und die Kleinen unter den bösen Geistern. Als ich mich nach Büroschluss wieder meiner Wohnung nähere, steht der alte Mann immer noch da, umgeben von rotbraunen Papierfetzen, und zündet mit seiner Zigarette die Knaller aus der letzten Tüte an. Wie am Morgen wirkt er beinahe, als würde er einer Pflicht nachgehen. Die Schönheit und Einzigartigkeit des Festes, so wie es mir immer wieder von Einheimischen beschrieben wird, bleibt mir leider verborgen. Sie findet im Inneren statt. Aufwendige Dekorationen aus dunkelrotem Papier mit goldenen Kalligraphien zieren die Wohnstätten der Schanghaier, die zuvor der glückbringenden Tradition nach bis in den kleinsten Winkel gesäubert wurden. Wer während der Festtage sein Heim kehrt, fegt mitunter auch sein Glück weg, deswegen werden alle Putzutensilien weggesperrt. Es wird festlich gespeist, vor allem Süßes, um sich das neue Jahr zu versüßen. Doch bis auf meine uigurische Ersatzfamilie kenne ich hier keine Einheimischen, und Ismail, seine Frau und die drei Söhne haben als Westchinesen mit dieser Tradition nicht viel zu schaffen. Während ich zwischen den sich raufenden Geschwistern die heißen Nudeln einsauge, versuche ich Amanda, meine Vermieterin, zu erreichen, denn in Kürze läuft mein Mietvertrag aus. Amanda und ich hatten abgemacht, dass ich das Zimmer erst einmal für drei Wochen beziehe, da ich mich gerne noch nach etwas Günstigerem umsehen wollte. Seit Tagen versuche ich sie zu erreichen. Jetzt, kurz bevor der Vertrag ausläuft, ruft Amanda zurück und entschuldigt sich, dass sie wegen des Neujahrsfests nicht erreichbar gewesen sei. Ich teile ihr mit, dass ich den Vertrag gern verlängern würde. Dass ich zu faul bin, mich wieder auf Wohnungssuche zu begeben, verschweige ich.

»Oh, das tut mir leid. Übermorgen zieht schon dein Nachmieter ein«, erwidert sie.

»Was?« Ich muss mich etwas von den Jungen entfernen, damit ich sichergehen kann, dass ich sie richtig verstanden habe.

»Übermorgen, also am Montag, kommt ein neuer Deutscher. Der wird dann in dein Zimmer ziehen«, wiederholt Amanda.

»Aber wir hatten doch abgemacht, dass ich verlängern kann«, reagiere ich bestürzt.

»Ja, aber das war vor Wochen. In zwei Tagen läuft dein Mietvertrag aus.«

Ich könnte ihr vorwerfen, dass sie mir nicht rechtzeitig Bescheid gegeben und nicht auf meine Kontaktversuche reagiert hat. Aber ich belasse es dabei. Sie versucht ja doch nur, ihr Gesicht zu wahren.

Wieder gehe ich auf Wohnungssuche, diesmal unter erschwerten Bedingungen. Ich erreiche nur einen Vermieter persönlich und vereinbare einen Besichtigungstermin im Bezirk Putuo. Das Zimmer ist hässlich, klein und fensterlos. Die Gegend erscheint mir langweilig und die Miete überteuert. Ich rufe Amanda an und bitte, sie möge mich weiterhin in meinem Zimmer wohnen lassen. Sie kann nichts für mich tun.

Einen Tag vor meinem Umzug zurück ins Mehrbettzimmer des Hostels meldet sie sich bei mir.

»Bei mir zu Hause ist noch ein Zimmer im Dachgeschoss frei, mit Bett und eigenem Badezimmer. Eigentlich ist es teurer, aber dir würde ich es zum Preis deines alten Zimmers anbieten«, lautet ihr phantastisches Angebot. »Allerdings musst du dich damit abfinden, dass mein Haus in Minhang steht, in einem Vorort Schanghais. Mit der Metro dauert es circa anderthalb Stunden bis ins Stadtzentrum. Außerdem wohnen meine Eltern und meine zweijährige Tochter dort.«

Raus aus dem Expatleben, aus der selbstgewählten Isolation? Mit Handkuss hätte ich dieses Angebot angenommen, wäre das in China nicht völlig unangebracht. Endlich werde ich mit Einheimischen zusammenwohnen, so wie ich es vorhatte. Noch am selben Abend öffne ich meinen Reiserucksack in dem Dachgeschosszimmer des Reihenhauses in Minhang.

Ich schlafe unruhig in meinem neuen Bett. Jeden Morgen wache ich noch vor dem Weckerklingeln von einem Geräusch auf, an das ich mich einfach nicht gewöhnen kann. Seine Herkunft ist mir schleierhaft. Es muss von einem hahnähnlichen Geschöpf stammen, aber für mich klingt es nach einem undefinierbaren Schmerzenslaut. Es ist alarmierend, eng verknüpft mit Tod und Terror.

Der Schanghaier Frühling lässt weiterhin auf sich warten. Aus Kostengründen benutzt Amandas Familie nur selten die Klimaanlage zum Heizen, meist begegnen wir uns in dicken

Winterjacken im Flur oder in der Küche. Morgens bleibe ich bis zum letzten Moment unter meiner dicken Decke liegen. Zum Duschen ist dann keine Zeit mehr, es dauert zu lange, bis der Boiler anspringt.

Leider fühle ich mich nicht sonderlich willkommen. Schon seit zwei Wochen bewohne ich das Dachgeschoss. Allabendlich sehe ich die Familie beim Essen, wurde aber noch nicht einmal dazugebeten. Nachdem mir die ersten Tage noch ein »Ni hao« geschenkt wurde, ignoriert man mich mittlerweile völlig, wie einen unliebsamen Poltergeist, der in seiner Parallelwelt unterm Dach haust. Und tatsächlich wird meine Kammer zum Refugium. Immer seltener traue ich mich in die Gemeinschaftsküche, um einen Instantkaffee in der Mikrowelle aufzuwärmen. Mit einer Plastikflasche kaltem Cappuccino verlasse ich jeden Morgen das Haus, um zu meiner Baustelle in die Innenstadt zu fahren.

Auf dem Weg zum Bus passiere ich eine Grundschule, in der zum Morgenappell gerufen wird. Die Kinder verteilen sich in einem graphisch perfekten Muster über den Schulhof und salutieren zu sozialistischen Liedern. Es gibt zwei große Unterschiede zu den Bildern, die ich vor Augen habe, wenn ich an das ehemals zweigeteilte Deutschland denke.

1. Die Tonqualität ist überwältigend – Pathos in Dolby.
2. Die Playlist weicht von dem ab, was man aus Zeitdokumenten gewöhnt ist, denn direkt im Anschluss an den Frauen- und Männerchor schlägt der Grundschul-DJ eine komplette Kehrtwende in Richtung POPaganda ein und wechselt auf den bei Kindern beliebten neo-asiatischen Dancefloor.

Zu Sprechgesang und eingängigem Vierviertel-Basswummern stampfen die Schulkinder im Gleichschritt zum Unterricht und ich weiter zur Bushaltestelle. Die kurze Busfahrt vertreibt die letzte Müdigkeit. Es gilt, den Fahrer mit weit ausladenden Gesten zum Heranfahren zu bewegen und dann im richtigen

Moment aufzuspringen, während der Bus im Leerlauf die Haltestelle passiert. Die Hand fest in einem der Haltegriffe vertäut, breitbeinig parallel zur Längsachse des Busses und die Knie leicht gebeugt, erreiche ich die Metrostation meist ohne Blessuren.

Die wichtigste Regel für Wartende in der westlichen Welt ist das Anstellen am *Ende* der Schlange. Anders in China. Hier stellt man sich dahin, wo Platz ist, und das darf auch gerne mal ganz vorne sein. Es gibt auch keine Klagen der anderen Wartenden. Womöglich ist das Prinzip ein ganz anderes – vielleicht folgt es der Dringlichkeit? Jedenfalls komme ich nach einer Phase der Eingewöhnung relativ zügig zu einem Fahrschein. Seit ich hier draußen in Minhang wohne, habe ich mir angewöhnt, meine Arbeitszeit ein bisschen nach hinten zu verschieben, um die nun folgende Bahnfahrt so angenehm wie möglich zu gestalten. Je früher am Tag man versucht, sich in den Waggon zu quetschen, desto mehr Körpereinsatz ist gefragt. Schon an der Haltestelle Zhuanqiao, wo ich zusteige, denke ich mir: »Hier ist Schluss, mehr geht mit Sicherheit nicht.« Aber der Schein trügt, auch zwei Stationen später legen Fahrgäste ihre Handfläche unverzagt an die obere Kante der Türöffnung und schieben sich in die dichte Masse wie ein viel zu großer Fuß in einen viel zu kleinen Schuh. Hier wird der Mythos von stehend schlafenden Asiaten bestätigt. Wie ein Atom in einer Molekülkette gönne auch ich mir mittlerweile unterwegs ein Nickerchen. Umfallen ist hier unmöglich.

Drei Stationen später beginnt der spannende Teil: das große Rennen zu den Sitzplätzen. Wenn die Zugtüren sich öffnen, ist der Start freigegeben. Jene, die eine Weiterfahrt in Richtung Innenstadt mit der Metrolinie 1 anstreben, geben nun alles, um einen der begehrten Plätze auf einer der Kunststoffbänke zu ergattern. Wer keinen First-Class-Sitz mehr bekommt, sichert sich einen Platz an der Seitenwand, um nicht zu denjenigen zu gehören, die drittklassig, ohne sich anlehnen zu können, an einer von der Decke baumelnden Handlasche Halt finden (wie ich während meiner ersten Fahrt).

Für mich wird der Charme dieser Stadt besonders in öffentlichen Verkehrsmitteln offenbar: die Mischung aus Tradition und Moderne. Die Sitzreihe mir gegenüber könnte man sich bunter nicht vorstellen. Links außen ein Mittzwanziger, der gierig einen Teigkloß verschlingt. Den kleinen Finger seiner rechten Hand schmückt ein circa zwei Zentimeter langer Fingernagel, ein traditionelles Statussymbol, das seine Arbeit fernab jeder körperlichen Betätigung bezeugt. Vielleicht studiert er, oder er arbeitet als Angestellter im internationalen Handel. Einen Sitz weiter bearbeitet ein Geschäftsmann wie manisch sein Blackberry. Direkt daneben eine junge Frau im traditionell bunten Gewand, ihren Säugling in einem Tuch dicht am Körper. Womöglich gehört sie zu einer der vielen ethnischen Minderheiten. Vor ihrem Sitznachbarn stapeln sich Kisten und allerlei Material in Tüten. Unschwer erkenne ich ihn als einen der vielen Arbeiter, wie ich sie auch auf der Baustelle antreffe. Kurz vor Eröffnung der World Expo ist Schanghai zur Großbaustelle mutiert, und man trifft überall auf diese bauarbeitenden Freelancer.

Am äußeren Ende der Sitzbank hat es sich eine Hausfrau bequem gemacht, die vermutlich auf dem Weg ist, einen Teil ihres weitgespannten Familiennetzes zu besuchen. Westlich-leger gekleidet, mit Strickutensilien bewaffnet, schaut sie nur hin und wieder über den Rand ihrer Lesebrille in meine Richtung, ohne ein Übermaß an Interesse am Anblick des Fremdlings zu bekunden, der ich bin.

Die Zeitverschiebung von Schanghai und Kopenhagen beträgt sechs Stunden. Trotzdem versuchen Metteline und ich täglich über Skype Kontakt zu halten. Die Gespräche mit ihr lindern meine Melancholie ein wenig, doch meist beende ich sie mit einem Seufzen. Wie gerne ich sie an meiner Seite hätte. Aber wir beide wissen, dass unser Wiedersehen noch ein gutes Stück in der Zukunft liegt. Jetzt schon verabreden wir uns für Ende Mai in Indien, um das Land gemeinsam zu bereisen. Dies bedeutet für mich, dass ich nach dem Ablaufen meines chinesischen Visums einen Monat in einem anderen Land verbringen muss. Die günstigsten Flugtickets bekomme ich über Air Asia, mit einem Zwischenstopp in Malaysia.

Drei Wochen vor meiner Abreise wird mein altes Zimmer im Stadtteil Jing An wieder frei. Ich hatte sie vermisst, die Innenstadt-Schanghaier, die morgens im Schlafanzug durch die Straßen ziehen, um sich ihren warmen Frühstücks-Teigkloß und die Tageszeitung zu besorgen. Auch die Jogger verzaubern mich. Vorwärts joggen ist hier schon lange aus der Mode gekommen; rückwärts joggen ist angesagt. Es sieht unglaublich befremdlich aus, und niemand scheint es tatsächlich zu beherrschen. Aber mit steifen Hälsen traben die Schanghaier im Rewind-Modus durch die urbane Landschaft als wäre es das Normalste der Welt. Die Goldfischangler am Sonntag im Park betrachtete ich wie gehabt mit einem Kopfschütteln. Meine uigurische Familie hat mich vermisst, zumindest deute ich ihre Gesten und ihr Lächeln so.

Jetzt, da die Abreise greifbar wird, genieße ich es, hier zu sein. Vielleicht hätte ich meine Erfahrungen nicht an dem messen sollen, was ich in Südostasien erlebt habe, einer Region, in der die Türen immer offen stehen. Die Schanghaier wirken verschlossen auf mich. Wahrscheinlich tue ich ihnen aber unrecht, genau wie ihrer Stadt, in der die Sonne niemals scheint. Wahrscheinlich braucht es einfach länger, die Türen zu den Herzen der Menschen hier aufzustoßen.

Einen Tag vor meiner Abreise erweisen mir meine chinesischen Kollegen eine große Ehre: Als erster Deutscher werde ich in den erlesenen Kreis des Samstags-Karaoke aufgenommen. In einer der hundert Privatkabinen des KTV-Centers öffnen sie sich dann doch noch, die Herzen der Schanghaier. Voller Hingabe tragen meine Kollegen chinesische Liebeslieder vor, sie lachen, sie trinken, sie lästern, sie singen und tanzen mit mir. Als hätte es die Hürde des Fremdseins nie gegeben.

#3
BARFUSS IM BÜRO

*Kuala Lumpur,
April - Mai 2010*

Es ist ein Ritual, das aus meiner Liebe zu den warmen Gefilden dieser Erde geboren wurde. Das erste, was ich tue, wenn ich mit meinem Gepäck das Flughafengebäude verlasse und mir das tropische Klima mit Wucht die Nebenhöhlen öffnet, ist: Ich tausche meine Schuhe gegen Flip-Flops.

Es ist, als würde damit ein Hebel umgelegt, der bei mir Glückshormone freisetzt. Wärme kriecht durch meine Hautschichten, gelangt in den Blutkreislauf und fließt durch meine Adern. Das fühlt sich an wie eine Streicheleinheit und gleichzeitig wie eine Massage von innen.

Die Jobsuche in Kuala Lumpur gestaltete sich von Schanghai aus schwierig. Die wenigen von Google gelisteten Designagenturen meldeten sich nicht zurück, und die Selbständigen erklärten mir, sie hätten nicht die nötige Kapazität. Nach dieser Pleite konzentrierte ich mich auf jene, die für gewöhnlich am besten wissen, was in ihrer Stadt los ist. Ich schrieb Studenten an. Jason, Graphikdesignstudent im zweiten Semester, beantwortete meine E-Mail:

Hi Fabian,
tut mir leid, dass ich erst jetzt schreibe, aber mein Router
wurde bei einem Blitzeinschlag gegrillt.
Ich kann dir bezüglich deines Projekts nicht direkt
weiterhelfen, da ich nur Student bin und noch bei meinen
Eltern wohne. Aber wenn du in Malaysia bist, findet
die Kuala Lumpur Design Week statt. Ein Festival mit
Ausstellungen und Vorträgen. Vielleicht findest du dort

*einen Job, soweit ich weiß, suchen die Veranstalter noch
Freiwillige.*
  Viel Glück!
  Jason

Das war wie eine Initialzündung – nicht nur für die kommende Station, sondern auch für mein Walz-Projekt im Ganzen. Mein erster Versuch, durch einen Schuss ins Blaue an einen Job zu gelangen. Die Antwort auf meine Bewerbung zur Mitarbeit bei der Kuala Lumpur Design Week ließ nicht lange auf sich warten:

*Hallo Fabian,
wie schön, dass jemand von so weit weg Interesse an unserem Festival hat. Ja! Wir hätten dich gerne dabei,
als Mitglied des Freiwilligenteams der KLDW 2010.*
  Cheers
  Azim

Natürlich ist dieses Angebot auch ein Grund, weshalb ich zufrieden in Flip-Flops am Flughafen in Kuala Lumpur sitze und bei einem Kaffee den Sonnenaufgang genieße, bevor der erste Bus Richtung Stadtzentrum abfährt. Wie immer geht meine Phantasie mit mir durch, während ich versuche, mir vorzustellen, was mich dort erwartet. Werde ich zum büroeigenen Kaffeekoch ernannt? Sitze ich an einem Schalter und verkaufe Tickets für die Vorträge, oder darf ich tatsächlich das Festival mitgestalten?

Am Busbahnhof KL Sentral wartet Amir auf mich. Er ist braun gebrannt und breitschultrig, ein bulliger Typ mit Teddybäraugen und einem freundlichen Lächeln. Amir ist Chauffeur, Bodyguard und Installateur bei der Design Week. Nach einer halben Stunde, in der wir im innerstädtischen Stau feststecken, biegen wir an einem futuristisch wirkenden Bauwerk ab. Das türkisfarbene Dach der National Art Gallery sieht aus, als hätte jemand versucht, aus Zelten die Pyramiden Ägyptens nachzubauen. Direkt dahinter erstreckt sich ein riesiges Stück Grün: Der Taman-Tasik-Titiwangsa-Park mit großem See und tropischen Gewächsen. Der bloße Anblick macht Lust auf ein Picknick. Die ganze Stadt wirkt weitaus weniger vollgestopft mit Menschen als Schanghai. Mit dem Straßenverkehr läuft hier jedoch gewaltig etwas schief. Stau, wohin man sieht. Am Ende des Parks biegen wir in eine Hofeinfahrt. Ein schlichtes weißes Haus mit Flachdach thront in einem Garten, der nicht weniger bunte Pflanzen zu bieten hat als der Park. Es ist heiß. Erst beim Aussteigen merke ich, dass im Auto die Klimaanlage auf Hochtouren lief. Jetzt um die frühe Mittagszeit, aus dem Auto zu steigen, fühlt sich an, als würde ich mich in eine heiße Badewanne legen, denn die Luftfeuchtigkeit sorgt sofort für einen leichten Film auf der Haut. Beim Besteigen der Treppen ruft der Muezzin zum Gebet; fast hätte ich vergessen, dass ich nun in muslimischem Gebiet angekommen bin. Wie Amir ziehe ich meine Flip-Flops vor der Tür aus. Gemeinsam betreten wir das Apartment. Zur Rechten erblicke ich einen Wohnbereich, zur Linken einen Büroraum. Ein Raunen kommt von den Anwesenden, und ein kleiner Mann um die fünfzig mit Glatze und Kugelbauch steht von seinem Schreibtisch auf. Mit breitem Grinsen nimmt er mich in Empfang.

»Heeey, du musst Fabian sein. Wir freuen uns alle riesig auf dich.«

Azim Hafiz, Präsident der KLDW, ist mir auf Anhieb sympathisch.

»Du siehst aus, als könntest du einen Kaffee vertragen.« Sein Lachen klingt so offen, dass ich unwillkürlich mit einfalle. Offenbar werde nicht ich dafür zuständig sein, das Büro täglich mit Frischgebrühtem zu versorgen.

Azim führt mich durch die Räume. »Komm, ich zeige dir

dein Schlafzimmer. Wir bauen gerade den hinteren Teil der Wohnung um, deswegen hast du keine eigene Küche. Aber du kannst zwischen zwei Schlafzimmern und zwei Badezimmern wählen. Leider ist alles noch etwas karg, ich hoffe, das ist in Ordnung für dich. Wenn du nächstes Jahr wiederkommst, wird das anders sein.« Ich bin noch keine zehn Minuten hier und werde schon für das kommende Jahr eingeladen. Obwohl Azim keine Ahnung hat, ob ich gut bin in dem, was ich tue, oder ob ich vielleicht nur hier bin, um billig Urlaub zu machen und mir ein paar Vorträge der Design Week anzuschauen, spricht er mir größtes Vertrauen aus. Ein bisschen gerührt bin ich schon. Und richtig müde. Mein Zimmer ist schlicht. Ausgestattet mit Bett, Schreibtisch und Blick auf den Park, trifft es aber genau meinen Geschmack. Perfekt, um den verlorengegangenen Schlaf aufzuholen.

Mit zerknittertem Gesicht erscheine ich nachmittags im Büro. Azim hat sich umgezogen, genau wie seine Kollegen Rashid und Wuan.

»Wir treffen ein paar Leute, willst du mitkommen? Dann lernst du auch die Stadt ein bisschen besser kennen«, sagt Azim.

»Ja, sehr gerne. Soll ich mir vielleicht noch etwas anderes anziehen?« Neben den drei Malaysiern in ihren Leinenanzügen komme ich mir etwas schmuddelig vor.

»Ach was, nicht nötig.« Azim winkt ab.

Keine fünf Stunden nach meiner Ankunft tappe ich in die erste Kulturfalle. *Nicht nötig* wäre bei uns eine eindeutige Ansage. In Kuala Lumpur kann die Formulierung auch bedeuten, dass es durchaus angebracht wäre, sich umzuziehen. Auf einen direkten Hinweis wartet man hier vergeblich, vor allem als gerade eingetroffener Gast. Leider dämmert mir diese Erkenntnis erst, als wir in der neuen Mall für Luxuswaren ankommen. Vorbei an Filialen von Gucci, Boss und ihresgleichen fahren wir hinauf ins oberste Stockwerk, eine Büroetage, Heimat der Geschäftsleitung des Luxuseinkaufszentrums *Pavilion* – ein unscheinbarer Name für so viel Preisklasse.

Das Meeting hat einen hohen geschäftlichen Stellenwert, geht es doch um die finanzielle Seite der großen Eröffnungszeremonie des Festivals. *Pavilion* ist ein Hauptsponsor der Design Week und gehört somit zu den Geldgebern, die das Festival erst ermöglichen. Wir werden von der Empfangsdame in den Konferenzsaal geleitet – ovaler Tropenholztisch und schwarze Drehsessel. Die drei Männer verschmelzen in ihren Leinenanzügen mit der Umgebung, eine chinesische Geschäftsfrau in dunklem Kostüm betritt den Raum. Nur ich, der Junge aus dem Westen, leiste erbitterten Stilwiderstand – mit speckigen Skinny Jeans, Flip-Flops und einem Death-Metal-Shirt: Fabelwesen mit Totenköpfen zieren die Vorderseite meines T-Shirts. Krampfhaft versuche ich das Motiv bei der Begrüßung mit der linken Hand zu verdecken, sitze während der Verhandlung mit vor der Brust verschränkten Armen da. Wahrscheinlich werden meine Gesten dahingehend gedeutet, dass ich ein verschlossener Mensch sei – ein Eindruck, den ich nicht unbedingt vermitteln wollte.

Es geht um Geld. Nicht wenig davon soll in Getränke, Essen, Showeinlagen und Sicherheitsmaßnahmen investiert werden. Trotz der hohen Summen, die immer wieder genannt werden, ist der Grundton des Meetings heiter, es wird gescherzt und gelacht. Ich schaue mir die Unterlagen zu den Feierlichkeiten mit einem wissenden Blick an. Als wäre ich von Anfang an dabei gewesen, hätte das alles mit geplant. Dabei entspanne ich mich. Ich lache, wenn alle anderen lachen, und kneife konzentriert die Augen zusammen, wenn mir ein Gesprächspunkt wichtig erscheint. Das Meeting findet auf Englisch statt, so dass ich gut folgen kann. Worum es hier aber im Einzelnen geht, bleibt mir schleierhaft.

Doch die Pavilion-Managerin scheint meine Mimik zu überzeugen, denn sie bezieht mich mehr und mehr in die Verhandlungen mit ein. Offenbar gehöre ich schon dazu, bin Teil des Teams – auch ohne Leinenanzug.

»Ein sehr erfolgreiches Meeting«, resümiert Rashid, nachdem wir das Gebäude verlassen haben. »All unsere Bitten wurden erhört. Die Eröffnungsfeier wird so umgesetzt, wie von uns geplant. Das war die wichtigste Hürde. Wenn jetzt nichts mehr schiefgeht, wird es ein Erfolg.« Rashids Lachen gleicht ein wenig dem Gackern eines aufgebrachten Huhns. Er lacht häufig, genau wie die anderen Menschen, die ich an meinem ersten Tag in Kuala Lumpur kennengelernt habe. Lachen ist offensichtlich ein wichtiger Bestandteil des malaysischen Alltags. Dabei gibt es tausend Nuancen, eine Bandbreite, die von verhaltenem Lachen über lautes Losprusten bis zu stotternden Lachsalven reicht. Und es ist ansteckend. So viel wie an diesem ersten Tag in meinem neuen Job habe ich lange nicht mehr gelacht.

Als Geselle habe ich in Azim meinen Lehrmeister gefunden. Und so wie ich es deute, hat er mich als seinen Lehrling akzeptiert. Bei jedem Treffen und öffentlichen Ereignis bin ich an seiner Seite. Wird er von einem lokalen Radiosender interviewt, stehe ich im Schnittraum hinter der Glasscheibe, ist er zu Gast beim malaysischen Frühstücksfernsehen, stehe ich beim Regisseur hinter den Kameras. Bei Meetings mit Sponsoren und Partnern gehöre ich zum festen KLDW-Kern. Azim hat mittlerweile einen Standardspruch, mit dem er mich Vertragspartnern vorstellt: »Das ist Fabian. Er ist extra aus Deutschland gekommen, um bei der Kuala Lumpur Design Week mitzuhelfen.«

Die Vertragspartner beziehen mich mit ein. Sie erwarten meine Zustimmung, und sobald ich einem Zeichen von Azim entnehme, dass ihr Angebot gut ist, nicke ich.

Fast jeden Abend sitzen Azim und ich auf der Veranda, essen frische Mango, Mangostanfrüchte, Ananas, Papaya und manchmal auch die Königin der Früchte, die Durian. Es kostet mich zuerst Überwindung, in das weiß-gelbliche Fruchtfleisch zu beißen, denn der Geruch ist unerträglich und erinnert sehr an vergammelten Käse. Ich mag Schimmelkäse eigentlich gerne, aber eine Frucht, die so stinkt, kann doch nur toxisch sein! »Sobald du die Durian im Mund hast, verschwindet der stechende Geruch, versprochen. Du musst dir einfach vorstellen, dass es keine Frucht ist, sondern eine herzhafte Mahlzeit«, sagt Azim, während er genüsslich einen der Kerne lutscht. Und tatsächlich, so ist es einfacher. Das cremige Fleisch ähnelt auch in seiner Konsistenz Weichkäse, und der Geschmack ist vergleichbar mit einer Zwiebelquiche.

»Und, wie findest du sie?«, fragt Azim neugierig.

»Gar nicht mal schlecht. Das kann ich mir gut mit Fleisch vorstellen oder sogar auf einer Pizza.« Azim lacht. »Ich weiß nicht, was mit euch Deutschen los ist, aber irgendwie kommt es mir vor, als wärt ihr insgeheim Malaysier. Ich kenne kein anderes Land, dessen Einwohner so gut mit unserer Kultur zurechtkommen. Glaub mir, du solltest hierbleiben. Du hättest ein phantastisches Leben.«

Ich weiß selbst nicht, wie das passiert ist, aber ich fühle mich unfassbar wohl in diesem Land.

Malaysias Bevölkerung setzt sich aus drei unterschiedlichen Gruppen zusammen. Den größten Teil bilden die einheimischen Malaien. Die zweitgrößte Bevölkerungsgruppe sind die Chinesen, und ein kleiner, wenn auch nicht unbedeutender Teil sind Inder. Amtssprache ist Englisch, was wahnsinnig hilfreich für mich ist. Azim ist Malaie, er stammt aus einer ländlichen Region im Nordwesten des Landes. Als ehemaliger Kreativdirektor in verschiedenen Werbeagenturen in den USA und in Australien hat er jedoch einen großen Teil seines Lebens im westlichen Kulturkreis verbracht. Wenn unser Geschäftspartner auch Malaie ist, werden die Gespräche meist in *Bahasa*, der malaiischen Sprache, geführt.

Eines Morgens findet ein besonderes Treffen statt. In der Petronas-Galerie, innerhalb der berühmten Twin Towers, treffen wir den Minister für Internationale Handelsbeziehungen. Im *Baju Melayu,* dem traditionellen Gewand der Malaien mit Gehrock und kegelförmiger Kopfbedeckung, dem *Songkok,* schwebt er durch die Galerie, gefolgt von seiner Frau und seinen beiden Kindern. Hinter ihnen gehen Azim und Rashid, ich bilde das Schlusslicht. Hier ist diplomatisches Geschick vonnöten, die Stimmung ist angespannt. Azim und Rashid sind nervös, was sich dadurch bemerkbar macht, dass sie noch mehr lachen als sonst. In einem VIP-Raum hinter der Galerie wird *Teh Tarik* (heißer Milchtee) gereicht, während sich eine vermeintlich lockere Unterhaltung entspinnt. Ich halte mich wie gehabt bewusst im Hintergrund. Bis der Minister sich plötzlich mir zuwendet.

»Du bist also der *Mat Salleh,* von dem ich so viel gehört habe.« Offenbar ist er ein Mensch, der sein Gegenüber gerne verwirrt und Katz und Maus mit ihm spielt. Er weiß genau, dass ich seine Bemerkung nicht einordnen kann, wartet aber seelenruhig auf eine Antwort. Alle Augenpaare richten sich auf mich.

»Ja, der bin ich«, bestätige ich höflich und sage ihm meinen Namen. Es ist eine Ehre für mich, Sie kennenlernen zu dürfen.« Ich reiche ihm meine Hand, die er mit wohlwollendem Lächeln ergreift. Spielt meine Phantasie mir einen Streich, oder lassen tatsächlich alle Anwesenden gleichzeitig den angehaltenen Atem entweichen? Selbst wenn meine Antwort ein diplomatischer Fauxpas gewesen sein sollte, würde es mir niemand sagen.

»Was ist ein *Mat Salleh*?«, frage ich Azim auf dem Weg zurück ins Büro.

»Wie, das weißt du nicht?« Er guckt mich entgeistert an.

»Na, das war doch immerhin der Minister, da wollte ich nicht dastehen wie ein ahnungsloser Westler, der gerade erst ins Land gestolpert ist.«

Er prustet vor Lachen.

»Was ist los? Was ist daran so lustig?«

»Aaaach, mach dir keine Sorgen. Der Minister ist auch nur ein Mensch. Deine Antwort war schon gut.«

»Aber was ist so lustig daran?«, bohre ich nach.

»Na ja, eben hast du gesagt, du wolltest nicht wie ein dummer Westler dastehen.« Azim macht eine Kunstpause.

»Also, ein *Mat Salleh* ist genau das. Es ist das malaiische Wort für ›Westler‹. Und das Lustige daran ist, dass das Wort vom Englischen abstammt. Im sechzehnten Jahrhundert, als die ersten Seefahrer aus Europa an den Stränden Melakas südlich von Kuala Lumpur anlegten, taten sie das, was Seeleute nach Wochen und Monaten auf dem Meer gemeinhin tun: Sie besoffen sich. Auf die Malaien machten sie dabei einen ziemlich verrückten Eindruck. Verrückte Seeleute – *mad sailors* – *Mat Sallehs*«, erzählt Azim.

»O nein, das heißt, ich habe …« Also doch ein Fauxpas.

Am Tag der Eröffnungsfeier ist mir immer noch nicht ganz klar, was genau ich in der kommenden Woche tun werde. Ein paar Stunden vor Beginn der Feierlichkeiten kommt Azim zu mir, als die Namensschilder verteilt werden. Was soll auf meinem stehen?

»Ich hab eine Idee«, sagt er. »Du bist ein Allroundtalent und kannst tun, was dir Spaß macht. Ein paar Fotos schießen und auch ein bisschen schreiben – vielleicht verhilft uns das international sogar zu ein bisschen mehr Bekanntheit. Und natürlich kannst du dir Vorträge und Ausstellungen anschauen.« Er hält kurz inne, überlegt. »Alle unsere Teammitglieder sind Botschafter. Und du gehörst nun auch dazu. Als einziger Ausländer bist du ab heute der *Internationale Botschafter der Kuala Lumpur Design Week.*« Damit habe ich nicht gerechnet. Azim versteht es, mich um den Finger zu wickeln. Doch ich habe nie das Gefühl, als erwarte er eine Gegenleistung. Täglich mästet man mich mit traditionellen Gerichten. »Das musst du probieren, das ist das beste *Nasilemak* hier in der Gegend. Übersetzt bedeutet es ›fettiger Reis‹ und es ist unser Nationalgericht. Kein Malaysier verzichtet auf sein Nasilemak zum Frühstück. Reis, Sambal und getrocknete Anchovis sind die Grundzutaten«, heißt es dann. Oder: »Wenn du dieses *Satay* gegessen hast, das verspreche ich dir, dann willst du gar nicht mehr weiterreisen. Das sind kleine gegrillte Fleischspieße mit Erdnusssoße, und bessere als diese wirst du nirgends auf dem Planeten finden.« Diese Gastfreundschaft spornt mich natürlich weiter an, meinen Teil zum Festival beizusteuern. Ich höre mir so viele Vorträge an wie möglich, um Artikel darüber zu schreiben, fotografiere Events und Ausstellungen und sitze bis in die frühen Morgenstunden mit meinen Kollegen zusammen. Ich folge Azim zu allen öffentlichen Auftritten, stehe ihm bei Treffen mit Ministern und anderen hochrangigen Personen zur Seite und bin Ansprechpartner für internationale Gastredner. Es ist ein Allroundjob, und trotzdem werde ich das Gefühl nicht los, immer weniger nützlich zu sein, je mehr ich es versuche. Als wollte irgendeine höhere Macht mir zeigen, dass meine deutsche Korrektheit hier nicht angebracht ist, dass ich Gefallen nicht mit gleicher Münze zurückzahlen muss, und es vielleicht auch gar nicht kann.

»Was kann ich denn zusätzlich tun?«, frage ich Azim.

»Aaach, das ist schon okay, du machst doch viel.« Er klingt gelassen.

»Das ist ja das Komische. Ich schlafe kaum und habe das Gefühl, unter Stress zu stehen. Ich gehe spät ins Bett, wie alle anderen Teammitglieder auch, und stehe früh wieder auf, um bei den Festivalaktivitäten mitzuhelfen. Aber mir fehlt eine echte Aufgabe«, versuche ich mich in Erklärungen.

»Du machst das schon ziemlich gut«, bleibt seine knappe Erwiderung. Nicht wirklich eine Antwort, aber ich merke, dass ich bei ihm nicht weiterkomme. Er scheint seine Gründe zu haben, warum er mir gibt und gibt und gleichzeitig verhindert, dass ich ihm etwas zurückgebe. War es das, was Azim meinte, als er mir am ersten Tag beiläufig erzählte, in Malaysia laufe vieles *anders*?

»Es sieht auf den ersten Blick nicht so aus, aber es gibt da ein paar signifikante Unterschiede. Gerade in der Art, wie man sich zueinander verhält.« Das waren seine Worte. Auf jeden Fall scheint es ihn nicht zu stören, dass ich kaum etwas Zählbares abliefere, abgesehen von ein paar Fotos. Vielleicht belächelt er meine Bemühungen auch insgeheim, diesen Ehrgeiz, den ich aus meinem Land mitbringe.

Meine Hauptaufgabe hier bleibt das Schütteln von Händen. Ich schüttele sie alle: große, kleine, helle, dunkle, kräftige, schmächtige. Den iranischen Graphiker Reza Abedini und die Deutschitalienerin Birgit Lohmann, beide Gastredner auf der Konferenz, treffe ich in der National Art Gallery zu einem Rundgang. Die Meinungen solcher Größen der Designszene interessieren mich natürlich besonders. Ich kenne Rezas kalligraphische Arbeiten und bin ein Bewunderer seiner Kunst. Umso mehr freue ich mich über seine Offenheit meinem Projekt gegenüber. Reza lehrt Graphikdesign in den Niederlanden. »Für mich ist es traurig zu sehen, wie wenig Mut die meisten meiner Studenten aufbringen, ihren eigenen Weg zu gehen. Fast alles, was sie abliefern, habe ich in irgendeiner Form schon gesehen. Ich sag dir etwas. Falls du vorhast, in den Libanon zu gehen, gib mir Bescheid. In Beirut würde ich dich mit Sicherheit irgendwo unterbringen.«

Welche Ehre. Genau das hatte ich mir erhofft: spannende Angebote von tollen Designern. Doch nicht alle Gastredner haben lobende Worte für meine Designwalz übrig. Birgit Lohmann, Gründerin des Blogs *designboom*, taut beim Abendessen auf. »Wenn du wirklich etwas Großes schaffen willst, wenn du etwas werden willst, dann fang damit an«, beschwört sie mich. Dass es genau das ist, was ich tue, kann ich ihr nicht begreiflich machen.

»Deswegen bin ich doch hier«, erkläre ich, »ich will etwas erreichen, aber auf meinem eigenen Weg.«

Vielleicht behält sie aber auch recht, bin ich doch erst bei meiner zweiten Station der großen Reise angelangt und kann kaum absehen, was mich noch erwartet. Was, wenn es zehn, wenn es zwanzig Stationen werden? Ich kann nicht mein Leben lang als Wandergeselle durch die Welt streifen, oder? Über die Zeit nach dieser Reise habe ich mir noch nicht ansatzweise Gedanken gemacht. Ich weiß ja noch nicht einmal, was mir in ein paar Tagen widerfährt, wenn ich Malaysia in Richtung Indien verlasse. Wenn ich ehrlich zu mir selbst bin, versetzt mir Birgits Bemerkung zu meinem Projekt einen Stich. Natürlich knüpfe ich neue Kontakte, gerade hier und jetzt, während des Abendessens mit internationalen Stars der Designszene. Und ich werde auf meiner weiteren Reise Erfahrungen sammeln, die mir in Deutschland niemand bieten könnte. Aber ist das genug, um diese Projektreise zu rechtfertigen?

Im Grunde bietet die Design Week perfekte Voraussetzungen für meine Journeyman-Mission: eine zeitlich beschränkte Veranstaltung, der ich als eigenständiges Mitglied beiwohne. Ich definiere sogar meine eigene Jobbeschreibung. Mir wird die Möglichkeit gegeben, Menschen aus allen möglichen Gesellschaftsschichten und Arbeitsbereichen kennenzulernen, seien es hochrangige Politiker, Restaurantbetreiber, internationale oder nationale Künstler und Designer. Ich lebe in einem geräumigen Zimmer, gelegen an einem großen Park mit See, und bekomme täglich köstliche Mahlzeiten vorgesetzt. Trotzdem komme ich mir manchmal vor wie jemand, der nicht gebraucht wird. Und das schmerzt. Ich werde gerne gebraucht, gutes Feedback ist mein Motor, anders als Geld, das mich überhaupt nicht zur Arbeit antreibt. Beides zählt hier nicht. Zumindest nicht für mich, das gibt man mir täglich zu verstehen. Was man möchte, ist, dass ich Gast bin. Womöglich habe ich bei dem Versuch, alle Informationen aufzusaugen, allen Veranstaltungen beizuwohnen und mit allen möglichen Menschen ins Gespräch zu kommen, meine Arbeit aus dem Blick verloren. Nun muss ich versuchen, das Gute in meinen Erfahrungen zu sehen und Lehren für zukünftige Arbeitsverhältnisse daraus zu ziehen.

Und gerade weil ich mich Azim und seiner Familie sowie dem Team der KLDW auf besondere Weise verbunden fühle, will ich etwas zurückgeben – wenn nötig, mit der Brechstange. Kurz vor meiner Abreise unternehme ich einen letzten Versuch. Das interne Abschlussmeeting findet am Abend vor meinem Flug nach Indien statt. Müde, richtig ausgelaugt sitze ich mit den anderen zusammen und steuere abwechselnd Pro- und Kontrapunkte bei: »Die Ausstellung war super. Leider wurde die Wirkung der tollen Exponate etwas von den naheliegenden Geschäften geschmälert«, sage ich. In Deutschland hätte ich diesen Punkt womöglich anders formuliert: »In einem Einkaufszentrum? Ihr habt eine Ausstellung mit künstlerischen Prints inmitten von Geschäften platziert, die gefälschte Uhren und billigen Schmuck verkaufen?«

Natürlich macht es einen Unterschied, dass Malaysier sich gerne in den klimatisierten Shoppingmalls aufhalten, während man in Deutschland nur ins Einkaufszentrum geht, um einzukaufen. Aus Sicht des internationalen Botschafters bleibt die Ortswahl aber fragwürdig. Ein verbesserungswürdiges Detail. Dessen ungeachtet würde ich in dieser Runde niemals offene Kritik üben, geschweige denn jemanden aufgrund eines Fehlers bloßstellen. Ich habe gelernt, dass das hier nicht funktioniert. Die Scham würde hinter einem Lächeln versteckt, runtergeschluckt, aber nicht verdaut werden. Offene Kritik von mir wäre nicht produktiv. Ich ernte Zustimmung. Das bedeutet zunächst einmal gar nichts. Zustimmung heißt nur, dass die Kritik zur Kenntnis genommen wurde. Aber wer bin ich überhaupt, diese Leute korrigieren zu wollen? Ich, ein dahergelaufener

Design-Geselle. Noch immer tue ich mich schwer mit meinen selbst auferlegten Regeln. Ich würde gerne länger mit Azim und den anderen arbeiten. Vor allem aber würde ich gerne weiterhin das wohlige Gefühl auskosten, in Kuala Lumpur unter Freunden zu sein.

#4
HÜRDENLAUF IN HIPPIESCHLAPPEN

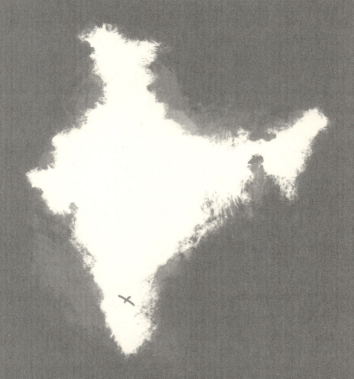

*Bangalore,
Mai - August 2010*

In der Nacht vor meiner Abreise bleibe ich wach. Gegen halb vier Uhr morgens nehme ich mit Azim und seiner Frau Michelle einen letzten Dim-Sum-Snack zu mir. Gegen halb fünf laden die beiden mich am Flughafen ab. Im Wartesaal versuche ich auf dem Marmorfußboden ein wenig Schlaf nachzuholen. Meinen Rucksack umklammere ich in der Löffelchenstellung, die Fototasche ist mit einem Zahlenschloss daran befestigt. Wie ein Obdachloser liege ich da, während ein Strom von Ankömmlingen und Abflüglern in einem Sicherheitsradius von ein paar Metern an mir vorbeifließt.

Auch auf dem Flug nach Mumbai bekomme ich kein Auge zu. Während des Monsuns treffen vermehrt starke Auf- und Abwinde aufeinander, was zur Folge hat, dass das Flugzeug für ein paar Sekunden in den freien Fall versetzt wird, bis es mit einem kräftigen Schlag wieder Luft unter die Tragflächen gepumpt bekommt.

Ich hatte schon immer ein wenig Flugangst. Als ich mit Anfang zwanzig vermehrt auf Reisen ging, musste ich mir eine Taktik überlegen, wie ich Fernflüge so angenehm wie möglich gestalten konnte: Beim Einsteigen lasse ich mein bisheriges Leben an mir vorbeiziehen und denke an all das Schöne, was ich erlebt habe. Glücklich erklimme ich die Gangway – mit der Vorstellung, ich wäre nun tatsächlich in der Lage, mit allem abzuschließen –, und zwar mit einem guten Gefühl. »Wenn es jetzt vorbei ist«, sage ich zu mir selbst, »dann sterbe ich glücklich.« Zugegeben, die Methode mag makaber sein, aber sie funktioniert. Bei starken Turbulenzen einzuschlafen liegt für mich allerdings weiterhin außerhalb des Möglichen. So weit bin ich mit meiner Selbsttherapie noch nicht gekommen. »Wumm!« Schon wieder ein tiefer Fall, und jetzt muss ich mich doch in den Sitz vor mir krallen. Schweiß bildet sich auf meiner Stirn. Ich drehe mich um, schaue den Gang entlang und sehe einen alten buddhistischen Mönch, der offensichtlich einen Lachkrampf hat. Jeder hat so seine Methoden gegen die Flugangst.

Am späten Vormittag landet die Maschine in Mumbai. Hier habe ich zehn Stunden Aufenthalt, bevor die Anschlussmaschine nach Delhi abhebt. Zeit genug, mir ein ruhiges Plätzchen in irgendeiner Ecke des Flughafengebäudes zu suchen. Nachdem ich die Ankunftszone verlassen habe, biege ich einmal um die Ecke und gelange bei der Abflughalle wieder in die Wartezone. Während ich dem schwerbewaffneten Polizisten am Eingang der Drehtür mein Ticket zeige, nehme ich in Gedanken schon eine pränatale Stellung auf einem der nächstbesten Wartesitze ein.

»Sie können noch nicht rein«, lautet die Ansage. »Internationale Fluggäste ab drei Stunden vor Abflug, Reisende mit Inlandsflügen erst zwei Stunden vorher.«

Das kann nicht sein.

»Was?« Ich bin entsetzt. »Mein Flug geht erst in zehn Stunden.«

Mit einem Schulterzucken antwortet er: »Sicherheitsgründe.«

Verdammt. Ich habe die terroristischen Anschläge im vergangenen Jahr vergessen. Seitdem ist die Stadt zur Sicherheitszone mutiert. Hier komme ich nicht hinein, und bei der Ankunftszone wird es mir genauso gehen. Sich für acht Stunden in Mumbai ein Hotel zu leisten wäre Wahnsinn. Diese Stadt gilt als eine der teuersten des Kontinents. Ich werde hier draußen bei fünfunddreißig Grad, Schwüle, Staub und Baustellenlärm versuchen müssen, die Zeit totzuschlagen. Immer wieder werde ich angesprochen, man bietet mir Sonnenbrillen, Unterkünfte oder Chai-Tee an. Letzteren kippe ich fast stündlich in mich hinein, um bei Laune und wach zu bleiben. Denn auch die üblichen Verdächtigen sind nicht weit und scheinen nur auf einen schwachen Moment von mir zu warten. Nicke ich ein, gibt mein unbeaufsichtigtes Gepäck eine leichte Beute ab. Vielleicht bin ich in meiner Erschöpfung aber auch paranoid und dichte unbescholtenen Mitbürgern eine dunkle Seele an.

Innerhalb der letzten siebzig Stunden habe ich ganze fünf Stunden geschlafen. Als ich in die Air-India-Express-Maschine steige, ist mir gleichgültig, dass sie aussieht, als hätte sie seit fünfzig Jahren keine Wartung erlebt. Übermüdung ist offenbar auch ein Mittel gegen Flugangst. Die Maschine ist relativ leer, so dass ich eine Dreierreihe für mich alleine habe. Noch bevor wir auf dem Startfeld angekommen sind, bin ich schon über den Wolken und werde erst wieder geweckt, als wir uns drei Stunden später im Landeanflug befinden.

Nach einer nächtlichen Rikscha-Fahrt quer durch Delhi erreiche ich endlich ein Hostel, ein Zimmer, ein Bett. Zum Einschlafen schalte ich den Fernseher ein. Auf den internationalen Nachrichtensendern BBC und CNN kursiert eine Horrormeldung. Sie stammt aus Indien.

Ein Flugzeugabsturz in Mangalore, im Süden des Landes. Es handelt sich um denselben Flugzeugtyp, den auch ich gerade erst verlassen habe, dieselbe Airline. Die Maschine ist zur gleichen Zeit wie die Maschine nach Delhi in Mumbai gestartet, jedoch in südliche Richtung. Von den 160 Insassen haben nur acht schwer verletzt überlebt.

Ich kann es nicht glauben. Nur mit Boxershorts bekleidet sitze ich auf dem Bett und starre auf den Bildschirm, während mir der Schweiß am Körper herunterläuft. Es ist nach Mitternacht, und trotzdem zeigt das Thermometer knappe vierzig Grad an. Das hier ist Wirklichkeit.

Einige Tage später erfahre ich die Unglücksursache. Auf dem Flug nach Mangalore schlief der Kapitän im Cockpit ein und erwachte knappe drei Stunden später, genau wie ich, kurz vor der Landung. Schlaftrunken und orientierungslos traf er in einer Notsituation die falsche Entscheidung, setzte trotz schwieriger Lage zur Landung an. Die Maschine schoss über die Landebahn hinaus, brach beim Aufprall in zwei Teile und brannte aus. Die Untersuchungskommission fand heraus, dass der Kapitän sich bis kurz vor der Landung in absolutem Tiefschlaf befunden hatte. Es war das erste Mal in der Geschichte der Luftfahrt, dass ein Flugschreiber Schnarchlaute aufzeichnete.

Indien ist eine Herausforderung aller Sinne. Auf Fotografien und in Reisereportagen werden meist farbenprächtige Motive, großartige Bauten wie der Taj Mahal und der Goldene Tempel von Amritsar oder atemberaubende Natur präsentiert. Was fehlt, sind die vielen intensiven Gerüche, darunter unglaublich wohlduftende und gänzlich abstoßende, die Temperaturen von weit unter null in den Bergregionen bis zu rund sechzig Grad in städtischen Gebieten des Tieflands, der Staub, der einem bei schwül-heißer Luft ständig den Rachen versandet, sich millimeterdick über das Land legt und den intensiven Farben einen antiken Schleier überwirft, und natürlich die vielen Menschen, die einem näher zu kommen scheinen als an jedem anderen Ort der Welt. Die körperliche Distanz ist wohl schon aufgrund der riesigen Bevölkerung viel geringer als in Deutschland. Einmal fragte mich ein Bekannter, wo auf dieser Erde es am aufregendsten sei. Ich würde diese Frage heute genauso beantworten, wie ich es damals getan habe: »In Indien.« Nirgendwo sonst findet man in der zivilisierten Welt noch das ursprüngliche, das echte Abenteuer.

»Ich hab dich so sehr vermisst«, flüstere ich Metteline ins Ohr. Wir stehen seit Minuten in einer Umarmung verschlungen in der Ankunftshalle des Flughafens. Heute kümmern wir uns nicht darum, dass sich das in Indien nicht gehört und die Einheimischen sich an so viel Körperkontakt stören könnten. Es macht uns auch nichts aus, dass gleich vier Rikscha-Fahrer nur eine Armlänge entfernt von uns stehen und uns angaffen.

»Endlich hab ich dich wieder«, flüstert Metteline zurück. Nach dem langen Flug aus Kopenhagen ist sie müde, doch bei sechsunddreißig Grad Zimmertemperatur verläuft die erste gemeinsame Nacht nach über vier Monaten nicht ganz nach unserer Vorstellung. Wie zwei Eiskugeln zerlaufen wir auf dem Laken. Gleich am nächsten Morgen nehmen wir den Bus, raus aus der Hitze der Stadt, hinauf in den kühleren Norden am Fuße des Himalayas. Schon bei dieser ersten Fahrt gehen wir einem Betrüger ins Netz, der uns die Tickets für das Doppelte des Normalpreises verkauft. Der Bus startet mit dreistündiger Verspätung. Für eine Strecke, die normalerweise in zwölf Stunden bewältigt wird, brauchen wir vierundzwanzig, die Klimaanlage fällt aus, und es gibt drei Reifenpannen. Auch das ist Indien und gehört zum Abenteuer. Man wird tagtäglich auf die Probe gestellt. Wie lange hält man das durch? Die Reisestrapazen, die Hitze, das Durcheinander, die völlig andere Auffassung von Organisation und dazu vielleicht noch die ein oder andere Lebensmittelvergiftung. Wahrscheinlich steht Meditation in den zahlreichen Aschrams, gerade für Touristen, auch deshalb so hoch im Kurs. Als eine Art Durchhaltepraktik. Die Gurus freuen und vermehren sich.

Wir stoppen in McLeod Ganj. Einst ein kleines Bergdorf, zieht es heute gleichermaßen Anhänger des Buddhismus und Touristen an. In ihren Fisherman Pants belagern sie Hängematten auf Dachterrassen, praktizieren Yoga, meditieren, tanzen und rauchen *Charas*, das handgeriebene Haschisch aus der Region. Schon seit Jahrzehnten schwappt die Neohippiewelle jeden Winter durch Goa und im Sommer nach Norden in die Berge. Grund für die Attraktivität des Dorfes ist ein glatzköpfiger Mann mit Goldrandbrille und unwiderstehlichem Lächeln – Tenzin Gyatso, Seine Heiligkeit, der 14. Dalai-Lama.

Nach seiner Flucht vor der chinesischen Regierung aus Tibet fand er in Indien Asyl. Die tibetische Exilregierung hat hier ihren Sitz, genau wie die ranghöchsten Mönche des monastischen Ordens. Ein prächtiges Kloster steht am Dorfrand, bevölkert von betenden Mönchen und mindestens ebenso vielen fotografierenden Touristen. Wenn die Anwesenheit Seiner Heiligkeit verkündet wird, muss man die Mönche im Getümmel suchen. Jeder hofft bei diesen seltenen Gelegenheiten, einen Blick auf den Charismatiker zu erhaschen. Trotz der Menschenmassen, die sich durch die engen Gassen des Dorfes zwängen, gefällt es mir hier – oder vielleicht gerade deswegen: Die Stimmung ist überraschend entspannt.

Vor unserer Anreise habe ich von Organisationen gehört, die stets auf der Suche nach professionellen Workshop-Leitern aus dem Kreativbereich sind. Ein Job für meine dritte Walzstation? Ich betrete das Büro einer Non-Profit-Organisation, die neben Englischunterricht für Tibeter Workshops wie Webdesign oder Fotografie anbietet. In einem kleinen, dunklen Zimmer sitzt eine Tibeterin hinter einem Flatscreen.

»Hi, ich bin Fabian und wollte meine Dienste für einen Ihrer Workshops in Graphikdesign oder Fotografie anbieten«, stelle ich mich vor.

»Herzlich willkommen. Wann würdest du denn hier sein können?«, fragt mich die junge Frau.

»Ich werde noch ein wenig herumreisen und dürfte in ungefähr vier Wochen wieder zurück sein.«

»Im Juli sind wir leider schon ausgebucht«, verkündet sie, nachdem sie ihren Terminkalender befragt hat, »und auch im August. Wie wäre es im September? Da hätten wir noch einen Platz für Webdesign frei. Leider nichts mehr für Fotografie.«

Ich muss mich verhört haben. Ausgebucht? Diese Nachricht verwirrt mich. Ich biete meine Dienste ohne finanzielle Entlohnung an und möchte nichts buchen. Deshalb verabschiede ich mich höflich und trete hinaus auf die Straße, hinaus ins Licht. Erleuchtung gehört zum Buddhismus genau wie die Butter aufs Brot. Dass ich sie aber in solcher Form erfahre, bestürzt mich. Während ich den Weg zurück zum Hostel einschlage, sehe ich zuerst das Dorf und dann die Welt in neuem Zusammenhang. Gegensätze, die ich vorher kaum bemerkt habe, fallen mir nun ins Auge. Der Unterschied in der Lebensweise der Exiltibeter und der einheimischen Inder könnte nicht größer sein. Viele Tibeter sehen aus, als wären sie erst kürzlich von einem Shoppingurlaub aus Stockholm zurückgekehrt. Skinny Jeans und V-Necks, so tief es eben geht, Ray-Ban-Sonnenbrillen und Markenturnschuhe. Während sie am Chai-Stand stehen und ihren Tee trinken, geistern Inder in zerschlissenen Gewändern umher, erbetteln mit aufgehaltener Hand etwas Nahrung oder ein paar Rupien.

Abends gesellt sich ein englischer Aussteiger, der seit sechzehn Jahren hier wohnt, zu Metteline und mir an den Tisch. Bei einem Bier erklärt er uns, wie es zu dieser Entwicklung kommen konnte.

»Es ist nicht gut, wie das läuft. Die Tibeter hier bekommen ihre Ausbildung umsonst. Ihre Geschäfte laufen gut. Die Inder der Region sehen das natürlich, es rumort schon seit Jahren. Der Dalai-Lama ist eine Medienmaschine in Perfektion, er geht bei den Mächtigen der Welt hausieren und bekommt finanzielle Unterstützung von Geldgebern aus aller Welt.«

»Das kann ich mir vorstellen«, sagt Metteline. »Ich kenne kaum Menschen auf diesem Planeten, außer vielleicht den Chinesen, die den Tibetern keine Autonomie gönnen. Erst vorhin hab ich einen *Free Tibet!*-Aufkleber in einem der Souvenirläden gekauft.«

Auch ich hatte lange Zeit die tibetische Flagge als Anstecker an meinem Rucksack befestigt. Nicht dass ich das jetzt als falsch empfinde. Aber die Ablehnung heute Mittag hat mich nachdenklich gemacht. Die Spendenhilfe für Exiltibeter hat eigentlich nichts mit ihrer politischen Befreiung zu tun. Aber bevor wir hier aufgeschlagen sind, war das für mich das Gleiche. *Tibet und den Tibetern muss geholfen werden.* Jetzt glaube ich, dass die einheimischen Inder in dieser Region mindestens genauso viel Unterstützung verdienen.

»Aber wer wollte es dem Dalai-Lama verübeln«, sagt der Brite, »er ist für sein Volk verantwortlich und tut sein Bestes. Dennoch glaube ich, dass die Sache bald eskaliert.«

Metteline und ich setzen unseren Roadtrip in nördlicher Richtung fort, nach Kaschmir.

Als wir frühmorgens am Busbahnhof in Dharamsala auf den Bus nach Jammu warten, beginnt mein Magen aggressiv zu rumoren. Das scharfe Curry vom gestrigen Abend kündigt seinen Auszug an. Ich begebe mich zu der nächsten öffentlichen Toilette, etwas, was ich normalerweise vermeide. Schon der Anblick der sanitären Anlagen verursacht bei mir Naserümpfen – und der Geruch der Wirklichkeit verschlimmert die Begegnung um ein Vielfaches. Da die Busfahrer gewöhnlich nur einen Stopp auf halber Strecke einlegen, bleibt mir aber keine andere Möglichkeit.

Ohne große Hoffnung frage ich den Kassierer, ob er etwas Papier für mich hätte. Mittlerweile schlägt mein Magen Alarm. Ich merke, wie die Zeit abläuft. Wie erwartet schaut der Mann mich ungläubig an.

»Dort drinnen steht eine Tonne mit Wasser, nimm dir, so viel du magst.«

Jetzt wird es wirklich ernst, aber ich wage noch einen Versuch. »Ich bin es nicht gewohnt, mir mit der bloßen Hand den Hintern zu säubern, und deswegen brauche ich unbedingt und ganz dringend Toilettenpapier.«

Er macht ein Gesicht, als hätte er noch nie von der Möglichkeit gehört, weiches Papier von einer Rolle zu ziehen und dieses für den schmutzigen Job zu verwenden. Doch dann sagt er etwas, was ich nicht erwartet habe – besser gesagt, er stellt eine Frage:

»Wenn du in Scheiße gefasst hast, dann wischst du sie doch auch nicht mit Papier weg, sondern wäschst dir die Hände, oder? Warum solltest du mit deinem Hintern anders umgehen?«

Ich kann mich nicht daran erinnern, in einer Notsituation jemals eine überzeugendere Argumentation gehört zu haben …

Die Busfahrt verläuft ohne Probleme und unangenehme Zwischenfälle. In Jammu steigen wir in einen Jeep um, das öffentliche Verkehrsmittel für die höheren Lagen, wo sich schmale Straßen in Serpentinen um die Felsmassive schlängeln.

Kaschmir ist seit jeher ein umkämpftes Gebiet, jahrelanger Konfliktherd zwischen Indien und Pakistan. Die Straßen auf dem Weg nach Srinagar, Kaschmirs Sommerhauptstadt, sind belagert von Soldaten in Kampfmontur. Neben Lastkraftwagen sind vor allem Armeefahrzeuge unterwegs. Auf den engen Bergpässen werden sie zur Gefahr. Viele Fahrer rasen um die Kurve, ohne andere Verkehrsteilnehmer zu beachten. Ein Blick von den ungesicherten Straßen hinunter in die kilometertiefen Schluchten offenbart zahlreiche Gerippe abgestürzter Busse, Motorräder und Jeeps. Unseren Fahrer scheint dies nicht zu stören. Immer wieder setzt er zum Überholen an, leider auch, wenn die Möglichkeit gar nicht besteht. Metteline zerdrückt vor Nervosität fast meine Hand, und in meinem Nacken bilden sich immer dickere Tropfen Schweiß. Als wir bei einem erneuten Überholmanöver nur knapp am Rand der Schlucht vorbeischrammen, reicht es mir. Nervös klopfe ich dem Fahrer auf die Schulter.

Paddeln auf dem Nam Ou

Passfotos sind bei jeder Grenzüberschreitung ein Muss

Übergangszimmer mit Kunstrasenteppich

Kontostand bei Reisebeginn

Personen-/Kontenübersicht   🖨 Drucken ❓ Hilfe

Name (Kunden-Nr.)				
▽ Fabian Körner ~~~~~~~~				
Bezeichnung ▽△	**Konto-Nr.** ▽△	**Saldo** ▽△		**Aktionen**
🔍 Kontokorrent	7019505	EUR	86,51 H	Umsatzanzeige ▼ (OK)
🔍 Kreditkartenkonto	5400013804	EUR	161,55 H	Umsatzanzeige ▼ (OK)
🔍 Sparkonto	607044210	EUR	7,63 H	Umsatzanzeige ▼ (OK)
Summe:		EUR	255,69 H	

Der Blick aus meinem Zimmer in Jing'An

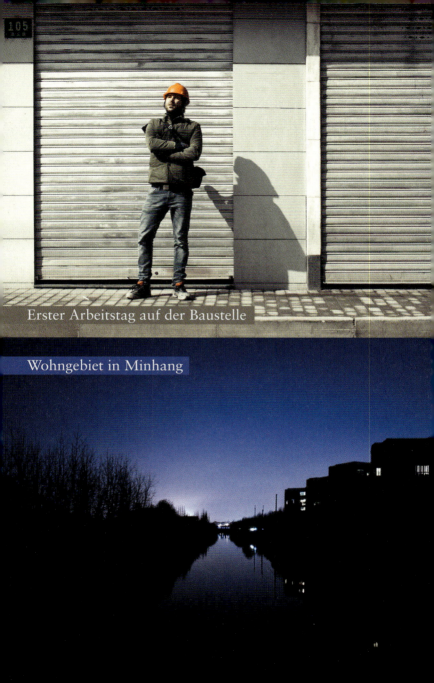

Erster Arbeitstag auf der Baustelle

Wohngebiet in Minhang

Blick vom Titiwangsa Park auf die Petronas Twin Towers

◄ Namensschild für die Kuala Lumpur Design Week

Traditionelles Banana Leaf ►

Das Kloster von Lamayuru in Ladakh

◂ Überquerung des Gandala Passes
Kinder spielen über den Dächern
von Paharganj in Delhi ▸

»Warum tun Sie das? Wenn Sie so weiterfahren, kommen wir vielleicht nie an. Wollen Sie das? Sie haben doch bestimmt Familie. Bitte fahren Sie langsamer. Für uns und für Ihre Familie.« Er schaut mich fragend an. Ich flehe ihn an, die Straßenschilder zu beachten, die entlang des Weges aufgestellt sind: *Speed thrills but kills! After Whisky driving risky!* Oder: *Don't be silly in the hilly!*

Ich ernte ein Lachen. »Haha, *inschallah*! Wenn Gott will, werden wir ankommen.«

Wir sind wieder in muslimischem Gebiet. Wer sich vor einem Kaschmirbesuch über die Region informiert, wird auf Warnungen des Auswärtigen Amtes stoßen: »*Wegen der Gefahr terroristischer Gewalttaten und unvorhersehbarer Auseinandersetzungen zwischen Demonstranten und Polizei bzw. Armee wird von Reisen in ländliche Gebiete des Landesteils Kaschmir, insbesondere nach Sopore im Distrikt Baramullah sowie in den Distrikt Kupwara, abgeraten. Erforderliche Reisen nach Srinagar sollten auf dem Luftweg erfolgen.*«

Als wir im Herzen Kaschmirs ankommen, habe ich keine paradiesischen Erwartungen. Doch vor uns liegt eine der schönsten Gegenden, die ich je gesehen habe. Jetzt im Sommer sind die Berge in sattes Grün gekleidet. Der Dal-See und die darauf treibenden Hausboote verleihen Srinagar ein magisches Antlitz – eine Kulisse, wie gebaut für einen orientalischen Abenteuerfilm. Die Gebetsrufe der Muezzine aus den drei großen Moscheen rund um den See werden mehrmals täglich über das Wasser getragen. Wenn sie sich in der Mitte vereinen und gemeinsam an den Ufern stranden, rückt der Krieg scheinbar in weite Ferne. Kaschmir könnte wohlhabend sein, gäbe es den Konflikt nicht. Die Stadt im Himalaya hat das Potential, Touristenmagnet zu sein: angenehmes Klima im Sommer, beste Voraussetzungen für ein spektakuläres Skigebiet im Winter. Die Menschen hier wissen das und scheinen daran zu verzweifeln. Aggressiv werden uns Hausboote und Gondelfahrten auf dem See angeboten, geführte Bergtouren und Hotelzimmer zu Dumpingpreisen. Politik und Medien haben den Menschen hier dieses Leben diktiert. Dass die Reisewarnung für Kaschmir nun schon so viele Jahre besteht, hat die Region vernichtet. Der Tourismus ist tot, viele Gondeln und Hausboote treiben leer über den Dal-See. Ein paar Sprengstoffgürtelträger sind der internationalen Presse Grund genug, der Region weiterhin den Gefahrenstempel aufzudrücken, und zerstören damit die wirtschaftlichen Stärken einer ganzen Region. Die Besucher bleiben weiterhin aus.

Die Kaschmiri versuchen deshalb verzweifelt, die Reiselust auf ihr Land wieder zu entfachen. Ein älterer Herr spricht uns auf der Straße an.

»Guten Tag, aus welchem Land stammen Sie?«, möchte er wissen.

»Ich komme aus Dänemark«, erklärt Metteline.

»Und ich bin Deutscher.« Ich reiche dem vornehm wirkenden Mann die Hand.

»Habt ihr schon zu Abend gegessen?«, fragt er nun. Metteline und ich schauen uns an. Das haben wir nicht – aber wir hatten uns darauf gefreut, nach der langen und nervenaufreibenden Fahrt etwas Zeit auf unserem Zimmer verbringen zu können. Andererseits lasse ich mir Möglichkeiten, mit Einheimischen zusammen zu sein, nur ungern entgehen. Mit einem Schulterzucken und einem Lächeln gibt Metteline mir ihr Einverständnis zu diesem Abenteuer. In dieser Situation fällt mir auf, wie luxuriös das Zusammensein mit einem Menschen ist, mit dem man sich auch wortlos verständigen kann.

In einem Restaurant in einer dunklen Gasse gesellen wir uns an den Tisch der Kaschmiri, die uns freudig begrüßen und sofort neue Köstlichkeiten bestellen. Reis, Linsen, Gemüse und etwas, das einem deutschen Rindergulasch ähnelt. »Das nennen wir Rogan Josh. Es besteht aus Lammfleisch und wird euch phantastisch schmecken, da bin ich mir sicher«, erklärt unser Gastgeber. Es sind ausschließlich Männer hier, und ich merke, dass Metteline dieser Umstand nervös macht. Es geht keinerlei Aggression von den bärtigen Männern in ihren *Pherans*, den nachthemdartigen Gewändern, aus, aber es schwingt eine unterschwellige Forderung mit. Eine Forderung nach dem Motto: Eine Hand wäscht die andere. Wir werden mit Gastfreundschaft überhäuft und wissen, wir müssen den Menschen hier etwas zurückgeben. Während mir in Malaysia stets beteuert wurde, ich brauche mich nicht zu revanchieren, wird es mir in Kaschmir ohne Umschweife deutlich gemacht.

»Gefällt es euch hier bei uns?«, fragt uns der alte Mann.

Alle am Tisch warten gespannt auf unsere Antwort.

Natürlich bejahen wir diese Frage. Was sollten wir auch sonst nach einem spendierten Abendessen sagen?

»Fühlt ihr euch sicher?«

Wir bejahen auch diese Frage.

»Dann sagt bitte, BITTE euren Freunden und Familien, sie sollen Kaschmir besuchen kommen. Wir brauchen den Tourismus hier.« Während er diese Worte spricht, hält er meine Hände fest. Er schaut mich eindringlich an, wartet auf eine Reaktion. Ich verspreche ihm, seiner Aufforderung nachzukommen, was ich hiermit tue:

GEHT NACH KASCHMIR! ES IST WUNDERSCHÖN DORT.

Genau einen Tag später wird mein Vertrauen auf eine harte Probe gestellt. Auf dem Weg ins östlich gelegene Ladakh legen wir einen nächtlichen Zwischenstopp in der Stadt Kargil ein. Während wir im ersten Stock eines Restaurants sitzen, dringen aufgebrachte Stimmen von der Straße zu uns her. Als sich Sprechchöre aus dem Stimmengewirr herauskristallisieren, geht Metteline zum Fenster.

»Eine Demonstration.« Sie klingt besorgt. »Da unten sind

ziemlich viele Menschen, und sie sehen sehr verärgert aus.« Jetzt will ich mir die Sache auch anschauen. Die Demo ist das Abbild der Berichte, die man aus den Nachrichten kennt: ein aufgebrachter Mob mit Flaggen, großen Plakaten und Spruchbändern, Fackeln, Schusswaffen. Die Fäuste in die Luft gereckt, die Mienen bitter, skandieren die Demonstranten unverständliche Einzeiler.

»Eine Demonstration gegen Israel«, erläutert mir der Kellner, der sich unbekümmert über das Fensterbrett lehnt.

»Das haben wir doch gestern noch im Fernsehen gesehen. Irgendwo vor der Küste Israels gab es einen Zwischenfall, bei dem mehrere Menschen starben«, erinnert sich Metteline aufgeregt. Auch ich erinnere mich. Die israelische Marine enterte eine türkische Flotte, die Hilfsgüter nach Gaza bringen wollte. Bei der Aktion kam es auf einem der Schiffe zu einer Auseinandersetzung, die neun türkische Aktivisten das Leben kostete. Nun versammeln sich die Muslime der Welt, um in ihrem Unmut gehört zu werden. Blöd nur, dass ich aussehe wie der durchschnittliche Backpacker aus Israel. Ein dichter Bart verdeckt mein Gesicht, meine Haare wuchern seit einem halben Jahr vor sich hin. In Indien trifft man auf erstaunlich viele Israelis. Nach dem Militärdienst begeben sich zahlreiche junge Frauen und Männer auf Reisen, die Mehrheit davon nach Indien. Viele von ihnen machen einen Bogen um das muslimische Gebiet im Nordwesten, einige trauen sich jedoch auch hier durch, für gewöhnlich ganz ohne Probleme.

»Ihr wartet besser, bis das vorbei ist«, rät der Kellner. Ein unnötiger Ratschlag.

Als sich die Menge zerstreut hat, wagen wir es, den Weg zurück ins Hostel anzutreten. Die Kapuze meines Pullovers tief ins Gesicht gezogen, husche ich an den Lichtkegeln der Straßenlaternen vorbei, doch schon bin ich entdeckt – meine Tarnung ist aufgeflogen. In dem Menschengewirr habe ich außerdem

Metteline verloren. Panik steigt in mir auf, als ein junger Kaschmiri Anfang zwanzig von der gegenüberliegenden Straßenseite geradewegs auf mich zukommt, abrupt vor mir stehen bleibt und mir den Weg abschneidet. In seiner Hand wiegt er einen schweren Stock.

»Wo kommst du her?«, fragt er zielgerichtet.

»Deutschland«, erwidere ich in aufsteigender Stimmlage, meine Antwort klingt nach einer Gegenfrage. Dabei schaue ich mich nervös nach Metteline um.

Gespräche wie diese sind in Indien eigentlich nicht ungewöhnlich. Gehe ich in einer indischen Stadt spazieren, kann ich mir sicher sein, dass ich angesprochen werde.

»Woher kommst du? Bist du verheiratet? Wie viel Geld verdienst du?« Inder sind an Besuchern ihres Landes sehr interessiert. Und aus genau diesem Grund werde ich nun nervös: Die Unterhaltung bricht schon nach meiner Antwort über meine Herkunft ab. Der junge Kaschmiri mustert mich ein paar endlos scheinende Sekunden. In seinen Augen spiegeln sich die Lichter der Fackeln, die hinter mir immer noch unter dem Nachthimmel tanzen. Ein paar andere Jungen, die die Szene mitbekommen haben, steuern nun auch auf mich zu. Das »Gespräch« nimmt eine Wendung, noch bevor die Situation ungemütlich wird. Als der Typ von der Wahrheit meiner Auskunft überzeugt zu sein scheint, gibt er ein knappes »Okay« von sich und verschwindet wieder.

Fast zur selben Zeit taucht Metteline hinter mir auf.

»Fabian, wo warst du? Die Situation ist mir echt nicht geheuer«, sagt sie aufgebracht.

»Lass uns einfach verschwinden.« Hastig greife ich nach ihrer Hand.

Ich fühle mich nicht erleichtert, nachdem diese Situation glimpflich verlaufen ist, nein, ich fühle mich schuldig. Schuldig dafür, dass meine deutsche Herkunft mich womöglich vor einer

Meuchelei bewahrt hat, während ein Israeli in solch einer Situation um sein Leben fürchten müsste. Weil er ist, was er ist, und weil er glaubt, an was er glaubt.

Ich muss raus hier.

Die sechzehnstündige Fahrt von Srinagar zur ladakhischen Hauptstadt Leh kommt mir vor wie eine Reise einmal um den Globus, so viele verschiedene Landschaften ziehen an uns vorbei. Von den grünen Hügeln des Kaschmirflachlands geht es durch die Wetlands, eine Gegend, die an Schottland oder Neuseeland erinnert, hinauf in die Gletscher. Unser Jeep fährt durch Eistunnel, alles ist weiß, selbst der Himmel. Irgendwann geht das Weiß zurück ins Grün und verwandelt sich daraufhin in einem sanften Verlauf ins Rötlich-Braune. Eine endlos scheinende Wüste auf über viertausend Metern umschließt die Hauptstadt des buddhistischen Gebietes. Die Menschen in ihrer Sanftmut scheinen uns ohne körperlichen Kontakt zu umarmen. Die Aufregung der vergangenen Tage fällt von uns ab wie eine alte Hautschicht.

Für mich ist unsere Art zu reisen ungewohnt. Ich habe keinen Computer dabei, kann nicht in die Arbeit oder ins Internet fliehen, falls einmal Langeweile aufkommt. Meinen Laptop habe ich in Delhi zurückgelassen, um mich genau dieser Situation auszusetzen. Hin und wieder verbringe ich natürlich schon etwas Zeit in Internetcafés, lade Fotos oder Artikel auf meinen Walzblog und schreibe E-Mails. Aber eine Flucht in die Parallelwelt ist nicht möglich. Es hat fast therapeutischen Wert. Zum allerersten Mal verbringen wir jede Minute zusammen, über mehrere Wochen hinweg. Dabei treten Reibungspunkte auf, die wir bisher nicht kannten.

»Wenn wir durch die Straßen laufen, gehen wir nebeneinanderher, als wären wir bloß Freunde«, sagt Metteline beim Mittagessen. Ich habe schon geahnt, dass mein Verhalten in der

Öffentlichkeit für sie ein Problem darstellt, aber es hat mehrere Wochen gedauert, bis es endlich zur Sprache kam.

»Ja, ich weiß«, antworte ich, »ich fühle mich in Indien so einfach wohler. Einheimische laufen nicht Hand in Hand in der Öffentlichkeit herum – und diese Zurückhaltung würde ich gerne respektieren. Indem ich auch darauf verzichte.«

»Aber wir sind keine Inder. Und es geht hier nicht nur um dich und deine Gefühle, sondern auch um meine. Ich fühle mich nicht wohl dabei, nur neben dir herzulaufen«, macht sie mir deutlich.

»Ich weiß, aber es geht einfach nicht. Ich kann das nicht. Das musst du respektieren«, bitte ich sie.

Es bleibt einer der größten Streitpunkte zwischen uns. Ich stecke tief in meinem Projekt, das ich seit Monaten alleine durchführe. Auf Pärchenmodus umzuschalten fällt mir schwer. Genauso, wie Metteline vieles schwerfällt, die nur meinetwegen in dieses fremde Land geflogen ist. Ein Land, in dem es sich als Frau nicht immer angenehm lebt. Ständig wird sie von den indischen Männern angestarrt, ansonsten aber ignoriert. Niemand richtet das Wort an sie. Alle behandeln sie wie Luft – außer den Kindern. Sie greifen ihr regelmäßig in die goldblonden Haare und berühren ihre helle Haut, aus Neugier auf ihre Andersartigkeit.

Neben den mentalen Herausforderungen sind da die körperlichen Probleme. Zwar bleibt uns der *Delhi Belly* (Lebensmittelvergiftung, die viele Indienreisende ins Krankenhaus zwingt) erspart, aber nicht die milderen Formen von Magen-Darm-Infekten. Kurzatmigkeit, Erschöpfung und Kopfschmerzen aufgrund der Höhe von über viertausend Metern machen uns zu schaffen. Nach fünf Monaten im Fernen Osten vermisse ich das deutsche Brot von Tag zu Tag schmerzlicher. Was würde ich für eine Scheibe frisches Roggenbrot mit Käse und eine Apfelschorle geben. Hier gibt es nur saure Teigfladen, die sogenannten

Chapati, und chemisch hergestellte rote und gelbe Marmelade – eine Art Zuckergelee mit Farbstoff.

Auf einer Bergtour über den fünftausend Meter hohen Gandala-Gebirgspass stoße ich zudem an meine körperlichen Grenzen. Die letzten sechshundert Höhenmeter schleppe ich mich in acht Stunden zum Gipfel hinauf, wo ich erst einmal zusammenbreche. Ich leide an Höhenkrankheit.

»Du schaffst das«, motiviert mich Metteline. »Ab jetzt geht es wieder in niedrigere Lagen. Und ich bin bei dir.« Es sind extreme Zeiten für eine Beziehung, die von einigen unserer Bekannten schon zu Beginn mit einem zweifelnden Kopfschütteln bedacht wurde. Wir beide wussten aber, worauf wir uns einließen: eine Fernbeziehung, in der vorerst keine gemeinsame Entwicklung möglich sein wird. Und wenn wir uns sehen, dann nur in Extremsituationen wie hier im Himalaya.

Ich liege im Schnee, den Blick gen Himmel, dessen blasses Weiß nur hin und wieder von buddhistischen Gebetsflaggen durchbrochen wird. Der eisige Wind bläst mir vereinzelte Schneeflocken auf die spröden Lippen.

»Wenn wir das hier alles unbeschadet überstehen«, keuche ich, »dann wird uns nichts mehr trennen.«

Innerhalb der letzten Wochen als Backpacker hätte ich eigentlich genügend Zeit, mir den nächsten Kurzjob zu suchen, doch nach der Pleite mit dem Dalai-Lama in McLeod Ganj und mit Metteline an meiner Seite lasse ich lieber die Seele baumeln. Nicht, weil ich nicht weitermachen will, sondern weil ich davon überzeugt bin, dass ich etwas finden werde, wenn die Zeit reif ist. Manchmal verlasse ich mich gerne nur auf mein Gefühl. Und das ist hinsichtlich meines Projekts ein positives.

Ich bin wieder allein, reise auf mich selbst gestellt. Gestern Abend hat Metteline den Flug zurück nach Kopenhagen genommen. Sie hinterlässt mich in einem schimmligen Zimmer auf einem schmuddeligen Laken, alle Gliedmaßen von mir gestreckt. Wir sind lebendig von der wilden Reise nach Delhi zurückgekehrt – und wir sind weiterhin ein Paar. Ich bin nun wieder auf Low-Budget-Reisen in seiner Extremform umgestiegen und habe mich direkt in die günstigste Herberge von Paharganj in Delhi einquartiert. Während ich so daliege und meine Gefühle nicht richtig einordnen kann – irgendwo zwischen Traurigkeit darüber, dass ich Metteline nun wieder vermissen werde, und aufkeimendem Abenteuergeist –, versuche ich den Plan für einen erfolgreichen Projektaufenthalt in Indien zu entwickeln.

Ich schreibe an einen niederländischen Bekannten, den ich auf einer früheren Reise in Bangkok kennengelernt habe. Er war anschließend nach Indien gereist, um dort ein halbes Jahr zu arbeiten. Vielleicht kann er mir nun bei meiner Jobsuche behilflich sein. Am Mittag bekomme ich die Rückmeldung, er habe meine Anfrage an seine Freundin weitergeleitet, die Produktdesign in Bangalore studiere. Nur wenige Stunden später schickt seine Freundin mir eine E-Mail mit Links, Tipps, Daten und Eckdaten zu möglichen Projekten in Bangalore. Sie rät mir, einen Architekten anzurufen, der ein Freund ihrer Familie ist und schon von ihr eingeweiht wurde.

Architektur, schon wieder? Ich bin mir nicht sicher, ob ich das möchte, aber noch viel weniger möchte ich einen Misserfolg riskieren. Der Architekt gibt sich kurz angebunden:

»Hallo, Fabian. Komm am besten bei mir im Büro vorbei. Die Adresse schicke ich dir per E-Mail. Melde dich, wenn du in der Stadt bist. Dann machen wir einen Termin aus.«

Ich sage zu, kümmere mich um die Weiterreise von Delhi nach Bangalore, aber Moment: Wo eigentlich liegt Bangalore?

Ein Blick auf die Karte lässt mich seufzen. Zweitausend Kilometer Luftlinie liegen zwischen mir und einer kleinen Chance auf einen Job, der mir vermutlich gar nicht zusagt. Dennoch habe ich ein gutes Gefühl bei der Sache. Noch am selben Tag besorge ich mir ein Zugticket, in der festen Überzeugung, dass auch eine Zugfahrt von fünfunddreißig Stunden vorübergeht. Indien hat eine Konstante: Man kann sich darauf verlassen, dass man sich auf nichts verlassen kann. Das Land scheint manchmal auf einem anderen Planeten zu liegen. Wenig funktioniert hier so, wie es das in Deutschland tut, und doch funktioniert es irgendwie. Züge fahren eine Stunde zu früh oder zwei Stunden zu spät ab und kommen trotzdem zur geplanten Zeit am Ziel an. Wenig ist unmöglich hier in Indien, aber die kleinste Unternehmung erfordert ein Höchstmaß an körperlicher und geistiger Anstrengung. Es ist, als müsste ich jedes Mal, wenn ich einen kleinen Finger krumm machen will, alle Muskeln meines Körpers testweise anspannen, bis ich den richtigen gefunden habe.

Sitzen ist wichtig für den Körper. Schon wieder bin ich um eine Erkenntnis reicher. Meine Pritsche ist die oberste von drei übereinanderliegenden im ausgebuchten Schlafwagen des Zuges von Delhi nach Bangalore. Tagsüber wird die mittlere Pritsche hochgeklappt, so dass die unterste als Sitzbank genutzt werden kann. Allerdings bietet diese nur in der Theorie Platz zum Sitzen. Bei Tagesanbruch haben längst die anderen ihr Gepäck darauf ausgebreitet. Merkwürdig gekrümmt kauere ich auf meiner Pritsche, mein Hinterkopf berührt die Waggondecke. Ähnlich muss es sich anfühlen, inhaftiert zu sein. In meiner Phantasie ist der Zug mein Gefängnis, mein Abteil eine Gemeinschaftszelle, und als Neuankömmling muss ich mich mit der ungemütlichsten aller Pritschen zufriedengeben.

Nach etwa fünfzehn Stunden Fahrt im Liegen und Stehen spüre ich ein Ziehen im Rücken, fünf Stunden später wird das Ziehen zu ausgeprägtem Schmerz. Ich laufe im Abteil auf und ab und versuche mich auf der Stehtoilette zu dehnen, aber bei der Ankunft in Bangalore ist mein Rückgrat dermaßen geschunden, dass ich nicht mal mehr meinen Rucksack schultern kann.

Nachdem ich in einem Hotel eingecheckt, geduscht und einige Zeit ganz bewusst gesessen habe, breche ich auf zum Treffen mit Herrn Narsimhan, dem Architekten. Er empfängt mich in einem Café auf der Dachterrasse eines modernen Gebäudes im Stadtkern. Es wirkt fehl am Platz mit seiner großen Fensterfront und der frisch aufgetragenen weißen Farbe zwischen all den bröckelnden Fassaden. Wie eine einzige Krone in einem ansonsten von Karies befallenen Gebiss. Es stellt sich heraus, dass Herrn Narsimhan nicht nur das Gebäude gehört, sondern auch das Café, in dem wir sitzen.

»Der Teil hier oben ist mein Büro«, erklärt er mir, während eine Bedienung unsere Bestellung aufnimmt. »Hier draußen halte ich gewöhnlich meine Meetings ab. Manchmal empfange ich aber auch Gäste, nachdem sie in meinem Kino nebenan einen Film geschaut haben.«

Aha, ein eigenes Kino also. Herr Narsimhan hat eine rauchige Stimme und strenge, fast aristokratische Gesichtszüge. Dunkle Augenringe bilden einen Kontrast zu den hellwachen Augen, mit denen er mich mustert.

»Also, was möchtest du hier machen?«, fragt er, legt die Stirn in Falten und stößt merkelgleich die Fingerspitzen beider Hände gegeneinander. Es hat etwas Dämonisches, wie er mich mit leicht geneigtem Haupt von unten anschaut und auf meine Antwort wartet.

»Das kommt darauf an, was es zu tun gibt«, antworte ich vorsichtig, ohne mir anmerken zu lassen, dass eine klassische Architekturbeschäftigung mich wenig reizt.

Als hätte er meine Gedanken gelesen, antwortet er: »Nun, du kannst entweder hier in meinem Büro arbeiten und klassische Architekturarbeit machen oder etwas Experimentelles.«

»Wenn es diese zwei Möglichkeiten gibt, dann entscheide ich mich für das Experiment.«

Ich lächle ihn an. Er lächelt zurück.

»Dann werde ich dir jemanden vorstellen. Sein Name ist Freeman, ein US-Amerikaner, und er ist tatsächlich, wie der Name schon sagt, ein sehr freier Mann.«

Wir verlassen das Haus, durchqueren ein Hockeystadion und bleiben vor einem Grundstück auf der gegenüberliegenden Straßenseite stehen. Ich war vorhin schon daran vorbeigelaufen, hatte es aber nicht weiter beachtet. Auf dem Gelände steht ein Baugerüst.

»Das ist *Jaaga*, was so viel wie ›Platz‹ oder ›Raum‹ in *Kannada*, der lokalen Sprache, bedeutet. Freeman hat das Gebäude aus Supermarktregalen gebaut und eine Organisation gegründet, die Ausstellungen und Vorträge über Technologie, Kunst und Design veranstaltet und gleichzeitig jungen Start-ups die Möglichkeit bietet, sich hier zu entfalten. Das Gebäude ist mit Strom und Wireless LAN ausgestattet. Sieht man ihm nicht an, was?«

Während ich den Erläuterungen des wohlhabenden Architekten folge, habe ich nur ein Bild vor Augen: Ich stehe vor einem Piratenschiff mit notdürftig geflickten Segeln und einem windschiefen, wackeligen Ausguck. Das Gebäude ist zu allen Seiten offen, nur ein paar zurechtgeschnittene LKW-Planen beschränken die Sicht nach innen. Von hier aus sehe ich, dass auf verschiedenen Etagen Menschen an ihren Computern sitzen.

Ich folge Herrn Narsimhan auf das Grundstück, wo er einen Inder mit Hornbrille nach Freeman fragt. Doch der scheint gerade unterwegs zu sein.

»Sag Freeman, dass ihr einen neuen *Artist in Residence* habt«, trägt er dem Mann auf, der nicht sonderlich überrascht wirkt. Dann wendet Herr Narsimhan sich wieder mir zu: »Du kannst hierbleiben. Freeman hat direkt um die Ecke in einem Wohnhaus ein Apartment gemietet. Dort schlafen diejenigen, die keine Unterkunft in Bangalore haben. Da kannst du dir einen Schlafplatz suchen, aber das wird dir Freeman mit Sicherheit nachher noch genauer erklären. Und jeden Mittag wird für alle gekocht, für deine Verpflegung ist also gesorgt. Hier wird immer Hilfe gebraucht, du kommst gerade recht.«

Mit einem Handschlag verabschiedet er sich. Wer oder was bin ich jetzt? Artist in Residence? Was auch immer es genau bedeuten mag, ein Künstler mit Aufenthalt zu sein, Herr Narsimhan hat gewiss nicht zu viel versprochen: *Jaaga* ist ein Experiment.

»Hast du Hunger?«, fragt mich der Inder, während ich an einem der Tische sitze und warte. Worauf ich warte, weiß ich selbst nicht so recht.

»Ja, schon, wann gibt es denn Mittagessen?«, frage ich zurück.

»Eigentlich so gegen zwei, aber eben rief mich Freeman an. Er trifft sich ganz in der Nähe mit ein paar Leuten zum Mittagessen und sagt, wir sollen vorbeikommen.«

Als ich das Hinterhoflokal betrete, hängt Freeman Murray, mit baumelnden Füßen an einem Stahlträger und hält eine Art Vortrag über den aktuellen Stand seines Projekts. Der Mann mit dem dichten roten Haar und dem ebenso dichten roten Bart stammt aus San Francisco. Mit 28 verkaufte er sein Softwareunternehmen im Silicon Valley, und nun, zehn Jahre später, lebt er immer noch ganz gut von diesem Ertrag. Einige Jahre bereiste er die Welt, bis er in Indien seine neue Berufung fand: eine Gemeinschaft aufzubauen, die Kunst, Kultur und vor allem neue Technologien fördert. Bangalore erschien ihm der perfekte Ort für sein Projekt, mit der Heerschar an IT-Spezialisten, die jährlich in die Welt hinausströmen, um in den USA oder Europa ihr Programmierwissen einzusetzen. Aus Supermarktregalen baute er ein Haus und stattete es mit Strom und Sanitäranlagen aus. Mit Jaaga wollte er einen *co-working-space* der etwas anderen Art anbieten. Heute kommen vor allem junge Designer und Programmierer dort zusammen, um an ihren Projekten zu arbeiten.

»Herzlich willkommen im Team«, begrüßt er mich und löst

seine rechte Hand von dem Stahlträger, um meine zu schütteln, während er sich mit der linken weiterhin über dem Fußboden hält.

Was meine Aufgabe sein wird, finde ich jetzt noch nicht heraus. Nach dem Mittagessen schlägt Marc, ein in Bangalore lebender Brite, vor, noch zu ihm zu gehen, um *Rock Band* zu spielen. Ich weiß nicht, was das bedeutet, aber ich halte es für eine gute Gelegenheit, um die Crew kennenzulernen und etwas über meine Tätigkeit herauszufinden. *Rock Band* ist, wie sich bald herausstellt, zweierlei: ein Computerspiel, das mit Plastikinstrumenten gespielt wird, die an eine Konsole angeschlossen sind, aber auch ein Codewort für eine besondere Beschäftigung: Rockband spielen, nachdem man sich ein paar *spacebrownies* (Gebäck mit Haschisch) mit Vanilleeis einverleibt hat. Es ist wie das Ritual eines Stammes, in dem jeder weiß, was er zu tun hat. Alle sind mit vollem Einsatz dabei. Das Haschisch entfaltet seine Wirkung, direkt aus der Mitte meines Körpers. Plötzlich ist die Mittagssonne verschwunden. Später erinnere ich mich daran, voll und ganz auf Singen, Plastikgitarre- und Plastikschlagzeugspielen konzentriert gewesen zu sein. Ich erinnere mich auch, dass man mich für meinen Einsatz an der Plastikgitarre gelobt hat und dass ich dem Plastikschlagzeug-Spieler *High Five* gegeben habe für ein lupenreines Solo. Dass ich gelacht, mitgefiebert und alles gegeben habe. Unmerklich wurde ich direkt in die Mitte eines Freundeskreises hineinkatapultiert, und niemand hat danach gefragt, was ich hier eigentlich mache, außer mir selbst – jedenfalls, soweit ich mich erinnere.

Am Morgen danach wache ich mit Rückenschmerzen in dem Apartment hinter Jaaga auf. Es ist ein geräumiges Apartment: zwei Schlafzimmer und ein Wohnzimmer, Küche, Bad. Allerdings teile ich mir den Wohnraum mit Freeman und zwölf indischen Programmierern. Als Teilhaber irgendwelcher Start-ups sind sie aus dem ganzen Land hierhergeströmt, um von JAAGA unterstützt zu werden. Freeman wohnt in einem Zimmer, das zweite belegen meine indischen Mitbewohner. Das einzige verfügbare Bett im Wohnzimmer teilen sich gleich drei der Programmierer. Ich selbst habe mir eine dünne Schlafmatte auf dem Boden ausgebreitet, direkt unter dem Ventilator, um die Moskitos fernzuhalten. Natürlich hätte ich mir etwas mehr Luxus gewünscht, vor allem nach der körperlich fordernden Reise der letzten fünf Wochen, stehe aber zu meinen Walzregeln.

An diesem Vormittag stellt mir Freeman einen weiteren *Artist in Residence* vor. Eve stammt aus den Staaten und ist meine künftige Projektpartnerin. Sie ist hier, um einen vertikalen Garten zu bauen, für zwei Fassadenseiten des acht Meter hohen, wandlosen Gebäudes. Eve ist eine Art Gärtnerin im erweiterten Sinne, spezialisiert auf Nachhaltigkeit und alternative Methoden im Gartenbau. Allerdings wird sehr schnell deutlich, dass sie noch keine Idee hat, wie dieser Garten aussehen könnte, geschweige denn von seiner Konstruktion. Auch keiner der Jungs von Jaaga hat eine Ahnung davon. Freeman hat das Gebäude zwar selbst entworfen, konnte sich dabei jedoch größtenteils auf das baukastenartige Modulsystem der vorgefertigten Metallträger verlassen. In seinem Grundriss ist es eigentlich klassisch rechteckig, doch was innerhalb dieses zehn Meter breiten, vierzehn Meter langen und acht Meter hohen Raums passiert, ähnelt einem Labyrinth. Zwölf unterschiedliche Ebenen und Plateaus, mal quadratisch, mal rund, mal schlauchartig, verteilen sich auf ungefähr drei Stockwerke. Einige liegen so dicht an der darüberliegenden Ebene, dass man nur gebückt hindurchlaufen kann. An anderer Stelle kann man vom Erdgeschoss zum Himmel schauen, als hätte man ein Loch mitten in das Gebilde geschlagen. Und auch die verworrenen Treppenauf- und -abgänge lassen darauf schließen, dass hier jemand seinem Gefühl und nicht den Gesetzen der Baukunst folgen wollte. Obwohl es keine

Wände gibt und die Böden aus aneinandergelegten Bootsplanken bestehen, ist es der perfekte Ort, um Verstecken zu spielen. Ein freier Geist hat Jaaga kreiert, das sieht man – im Guten wie im Mangelhaften. Es strahlt etwas durchweg Positives aus, ein Arbeitsplatz, an dem ich noch meine Freude haben werde. »Allerdings nicht der sicherste«, sagt der Deutsche in mir mit erhobenem Zeigefinger.

Was auch immer ich in den nächsten Wochen entwerfe, kann am nächsten Tag schon wieder hinfällig sein, denn Freeman unternimmt über Nacht gerne Optimierungen am Gebäude. Eines Morgens betrete ich das Grundstück und staune. Ein riesiges Stahlnetz wurde über die Hälfte der obersten Ebene, der Dachterrasse, gespannt. An zwei senkrecht in den Himmel schießenden Stahlträgern ist ein schwebender Chill-out-Bereich befestigt. Etwa drei Meter oberhalb der Dachkante thront das notdürftig befestigte Stahlnetzgebilde wie eine überdimensionierte Hängematte über den umliegenden Dächern rund um das Hockeystadion. Zur Straßenseite hin ist es nicht abgesichert. Den mehr als zehn Meter tiefen Sturz würde man vermutlich nicht überleben. Außerdem scheint etwas mit der Elektroinstallation nicht zu stimmen, denn mein Laptopgehäuse steht konstant unter Strom und verursacht ein Kribbeln an meinen Fingerspitzen.

Ich bin mit meinem Innenarchitektur-Studium offensichtlich der Einzige vor Ort, der etwas von der Materie versteht, und ich komme nicht umhin, Herrn Narsimhan zu unterstellen, dass er mich mit der Experimentiernummer hierhergelockt hat, damit ich die Arbeiten im Auge behalte. Er ist nämlich der Besitzer des Grundstücks, auf dem Jaaga entsteht. Doch böse bin ich nicht darüber. Ich bin, ganz im Gegenteil, ziemlich froh, in seine Falle getapt zu sein.

Unser Team ist vollständig, als zwei Studentinnen von der *Srishti School of Design*, Kannan und Nikita, sowie ihre Professorin Allison zu uns stoßen. Bei unserem ersten Treffen erklärt uns Freeman seine Vision. Während er das tut, verbiegt er seinen Körper in verschiedenen Asanas.

»Jaaga soll komplett autark werden. Natürlich werden wir über Sonnenkollektoren unseren eigenen Strom generieren, aber das ist erst der Anfang.« Er wechselt die Position. Legt sein Bein auf einem der Stahlträger ab und beugt seinen Oberkörper herab, bis er seitlich auf seinem eigenen Oberschenkel zu liegen kommt. »Der vertikale Garten soll das Herzstück werden, durch einen Kreislauf mit dem Rest des Gebäudes verbunden. Wir heben einen Fischteich aus, darin setzen wir Tilapiafische aus. Das Wasser pumpen wir in den Dachgarten. Dort bauen wir Salat und Gemüse an. Dann läuft das Wasser weiter durch den vertikalen Garten, nimmt dort allerlei Nährstoffe für die Fische auf und fließt zurück in den Teich. Die Fische wiederum geben mit ihren Ausscheidungen Nährstoffe für die Pflanzen ab. Und die Pflanzen sowie die Fische dienen uns als Ernährungsgrundlage.«

»Aber so ein vertikaler Garten erfordert einiges mehr an Planung und auch an Finanzierung als ein horizontaler«, werfe ich ein. »Wieso beschränkt ihr euch nicht auf den Dachgarten?«

Freeman steht kerzengerade auf seinen Zehenspitzen und streckt die Arme in die Höhe, atmet ein, hält die Luft für einige Sekunden an, atmet wieder aus und ist bereit, meine Frage zu beantworten.

»Dir ist vielleicht schon aufgefallen, dass Bangalore nicht gerade die beste Luft zu bieten hat. Und Jaaga liegt direkt an einer Hauptverkehrsstraße. Mit dem vertikalen Garten als Fassadenersatz schaffen wir einen natürlichen Filter – und gleichzeitig einen Lärmschutz.«

Es hört sich nach einem genial ausgetüftelten Plan an, bis auf, ja, bis auf den eigentlichen Bau. »Genau dafür«, behauptet Freeman, »bist du jetzt hier. Wer oder was auch immer dich hierhergeleitet hat, muss uns freundlich gesinnt sein. Jemanden wie dich haben wir gebraucht. Du hast die richtige Ausbildung und die richtige Einstellung. Perfekt. Und ich bin mir sicher, dass du deine Zeit hier genießen wirst.«

Da bin ich mir ebenso sicher wie Freeman. Ich bin nun also Teil eines Projekts, das mir absolut freie Hand lässt, mich quasi zwingt, zu experimentieren. Bessere Voraussetzungen kann ich mir nicht vorstellen. Dennoch bleibe ich wachsam. Täglich könnte Mutter Indien mir wieder eine Lehre erteilen und alles umwerfen.

Mein Tagesablauf sieht hier wie folgt aus:

9:00 Uhr: Yoga mit Freeman, Eve und Allison in der Morgensonne auf dem Jaaga-Dach. Ich habe meinen Körper vorher noch nie so verrenkt. Nach drei Tagen habe ich einen Muskelkater, der mich zum Pausieren zwingt.

9:40 Uhr: Meditation. Auch bewusst meditiert habe ich bis jetzt noch nicht. Eve erklärt mir, dass man gewöhnlich ein Mantra von seinem spirituellen Meister erhält. Dieses Mantra ist eine kurze Abfolge von Worten, die bei der Meditation wiederholt geflüstert, gesungen oder gedacht wird, um die Aufmerksamkeit auf innere Energiepositionen zu fokussieren. Ich habe meinen spirituellen Meister noch nicht kennengelernt und deswegen auch kein Mantra parat. Während Eve mir im Lotussitz mit geschlossenen Augen gegenüberhockt, mit einem entspannten Lächeln auf den Lippen, das nur aus innerer Ruhe erblühen kann, entschließe ich mich, mir selbst zu helfen. Ich möchte auch so lächeln können! Meinen Meister finde ich in dem Musiker PeterLicht. Das Erste, was mir in den Sinn kommt, ist eine Zeile aus einem seiner Lieder. Flüsternd rezitiere ich in einer Dauerschleife: »*Wenn ich nicht hier bin, bin ich auf'm Sonnendeck. Bin ich, bin ich, bin ich ...*«

Auch wenn ich ein wenig geschummelt habe, funktioniert

meine Variante des meditativen Mantras. Oder ist mein Lächeln der Erleuchtung vielleicht ein breites Grinsen und rührt schlicht und einfach von meiner momentanen Situation her? Ich bin glücklich.

10:00 Uhr: Frische Kokosnussmilch beim Kokosnussmann auf der gegenüberliegenden Straßenseite kaufen, mit einem Strohhalm direkt aus der frisch aufgeschlagenen Nuss trinken. Es wird wenig kommuniziert, da sich alle noch in Halbtrance befinden.

10:15 Uhr: Obstsalat mit Salz und Gewürzen vom Obstmann nebenan. Das Salz wirkt belebend. Wir besprechen die Aufgaben des anstehenden Tages.

10:30 Uhr: Kaffee oder Chai im Frühstückscafé am Ende der Straße. Meist bin ich hier nur mit Eve, um die erste Zigarette des Tages bei einem Heißgetränk zu rauchen.

10:45 Uhr: Rückkehr zu Jaaga. Die beiden Studentinnen warten schon mit neuen Ideen für das Projekt *Greenwall*.

11:00 Uhr: Unser Arbeitstag beginnt.

An das Gebäude und seine Wasserdurchlässigkeit habe ich mich bald gewöhnt. Bei den fast täglichen tropischen Regengüssen muss Jaaga geräumt und der Strom abgestellt werden. Der Straßenlärm legt sich immer nur dann, wenn eine Kuh unbekümmert die Straße überquert. Gemeinhin aggressive Verkehrsteilnehmer werden beim Anblick der heiligen Passantin ganz rücksichtsvoll. Die Moskitos haben mich zum alleinigen Ziel ihrer Begierde erkoren, und die Rikscha-Fahrer, die ich immer wieder für meine Materialbeschaffung anheuere, treiben mich mit ihrer Sturheit in den Wahnsinn.

»Nee, da fahr ich nicht hin. Da ist um diese Zeit Stau.«

Da ist verdammt noch mal immer Stau!

Ich erkenne mein Problem: Seit kurzem bin ich verantwortlich für ein Projekt – und will nun das Beste daraus machen. Es ist mein Job, dass der Garten steht und auch stehenbleibt. Mein antrainierter Ehrgeiz steht häufig im Konflikt mit den Unwägbarkeiten des Lebens in Indien. Es ist eine Geduldsprobe, eine Lehre, eigenen Ansprüchen weniger Gewicht zu verleihen. Ob meine Ansprüche darauf abzielen, etwas Gutes zu tun und das bestmögliche Produkt abzuliefern, zählt hier nicht. Diese Einsicht passt auch zu meinen Erfahrungen in Kuala Lumpur. Mit etwas Geduld und vielen Worten komme ich dann meist doch noch zu meinen Zielorten. Die Überredungstaktik nimmt ein wenig Zeit in Anspruch, erspart mir aber Magengeschwüre.

Mein Job macht Spaß. Viel mehr, er erfüllt mich. Mit meinem Team sitze ich tagtäglich zusammen, wir diskutieren über unsere Entwürfe und die Funktionalität des vertikalen Gartens. Bald kann ich es kaum erwarten, dass die Yogarunde vorbei ist und wir uns an die Arbeit machen. Und wenn ich nicht in Jaaga Modelle baue oder Skizzen und Ideen bespreche, bin ich meist auf der *SP Road* unterwegs, einer Straße, die spezialisiert ist auf ... eigentlich auf alles. Computerteile, Küchengeräte, landwirtschaftliche Maschinen – kurzum auf alles, was aus Holz, Kunststoff und Metall gemacht ist. Nicht wenige Tage verbringe ich damit, zusammen mit Kannan und Nikita in dunklen, heißen Kellergewölben über Metallrohre zu klettern, während ich ölverschmierten Männern Antworten auf Fragen zu unserem Bauprojekt abringe.

»Ich brauche Stahlrohre in einem Durchmesser von ungefähr dreißig Millimetern. Die Wanddicke darf bis zu vier Millimeter betragen«, erkläre ich einem der Schweißer.

Er wendet sich an einen anderen halbnackten Mann. Der holt ein massives Musterrohr, das nur wenig mit meiner Beschreibung gemeinsam hat. »Etwas anderes haben wir nicht«, erklärt der Schweißer. Auf dem Weg zurück ins Licht sehe ich ein Rohr auf einem Stapel liegen, das meinen Anforderungen entspricht.

»Sie haben ja doch die Rohre, die wir brauchen. Wieso haben

Sie mir das nicht gesagt?«, frage ich den Schweißer etwas verstört.

»Die werden nicht lang genug sein«, erklärt dieser.

»Aber ich habe doch überhaupt keine Längenangabe gemacht«, bestehe ich auf einer Antwort.

»Die Qualität dieser Rohre ist schlechter«, erklärt er mit dem immergleichen unbewegten Gesichtsausdruck. Es scheint ihm völlig egal zu sein, dass ich seinen Falschaussagen auf die Schliche gekommen bin. Es könnte auch noch ewig so weitergehen. Er könnte immer neue Gründe erfinden, warum er mir die teureren Rohre verkaufen wollte.

Während der vertikale Garten am Reißbrett immer mehr Gestalt annimmt, werden die Abende länger, bier- und rumseliger. Meist verabschieden sich die disziplinierten Programmierer kurz nach Sonnenuntergang aus Jaaga, um im Apartment weiter ihre Start-up-Ideen zu diskutieren. Freeman, Eve, Kiran, der Hausmeister, und ich sitzen bis spät in die Nacht auf der Dachterrasse, visionieren, schauen Filme auf einer riesigen Leinwand oder tanzen in Umhängen aus LKW-Planen zu psychedelischer Musik aus den Siebzigern. Hippieesker könnte mein Leben nicht sein. Kopfüber bin ich in Jaaga hineingetaucht und kann mir überhaupt nicht mehr vorstellen, wieder an die Oberfläche, zurück zur Realität zu schwimmen. Hätte ich nicht schon vor meiner Ankunft in Bangalore einen Flug gebucht, würde ich wohl noch viel mehr Abende auf der Dachterrasse verbringen. Ich sperre mich aber auch aus professionellen Gründen gegen den Gedanken meines Aufbruchs. Der Garten ist zwar geplant, aber das Baumaterial ist noch immer nicht da, so dass ich die Phase der Realisierung verpasse.

Am Tag der Abreise sitze ich, mitgenommen nach meiner rauschenden Abschiedsfeier, im Kies und starre auf die im Wind gegen die immer noch löchrige Fassade schlagenden Planen. Als ich schon im Begriff bin, meinen Rucksack aufzusetzen und eine Rikscha zum Bahnhof heranzuwinken, biegt ein LKW rückwärts in die Einfahrt.

»Endlich, die neuen Gestänge für den Garten sind da«, freut sich Freeman. Aber mir fällt auf, dass der LKW viel zu kurz ist, um die acht Meter langen Stahlträger mitführen zu können. Als der Fahrer die Heckklappe öffnet, im Begriff abzuladen, stellt Freeman ihn zur Rede: »Das sind nicht die von uns bestellten Gestänge. Unsere müssten doppelt so lang sein. Wir warten schon so verdammt lange darauf, dass ihr die Dinger endlich liefert, und jetzt bringt ihr uns tatsächlich die falschen.«

Dem Fahrer ist es sichtlich unangenehm, ertappt worden zu sein. »Unsere großen LKWs sind schon seit Wochen ausgebucht, aber wir wollten den Auftrag unbedingt fristgemäß erledigen.«

»Sie sind drei Wochen später als verabredet. Fristgemäß nenne ich das nicht.« Freeman klingt ruhig, aber bestimmt.

Der Fahrer fährt fort: »Und damit es nicht noch später wird, haben wir einen unserer kleineren LKWs nach China geschickt, dort die Stangen in der Mitte durchgesägt und sind so schnell es ging hier runtergefahren.«

Weder Freeman noch Eve oder ich zeigen eine Reaktion. Wir sind fassungslos. Dies ist einer jener Momente, in denen man loslassen muss. So groß die Enttäuschung und so groß der Unmut über die für mich sinnfreie Arbeitsweise des Lieferanten auch ist, eine Szene zu machen würde nichts an der Tatsache ändern, dass ich den vertikalen Gartenbau nicht mehr miterleben werde. Bis der Schweißer endlich aufgetaucht ist, um die Gestänge wieder miteinander zu verbinden, bin ich längst in einem weit entfernten Land, konzentriere mich auf eine neue Aufgabe und die damit verbundenen Herausforderungen.

Indien, die Gütige, die einem gerne mal mit flacher Hand eine schallende Ohrfeige verpasst, beschert mir natürlich einen aufregenden Abschied. Nach einer fünfundzwanzigstündigen Zugfahrt von Bangalore nach Mumbai warte ich vor dem Flughafen, bis man mich hineinlässt. In motziger Grundstimmung stelle ich mich in die Schlange vor dem Check-in, zwei Meter neben mir zwei Polizeibeamte, ein Spürhund und ein herrenloser Koffer.

»Was ist denn hier los?«, frage ich einen Flughafenangestellten.

Er erklärt: »Eine Vorsichtsmaßnahme. In dem Koffer, dessen Besitzer nicht auffindbar ist, könnte eine Bombe sein.«

Die Reise setzt mir dermaßen zu, dass ich mich nicht mehr zurückhalten kann. Wut steigt in mir auf.

»Wenn ihr das vermutet, warum sperrt ihr den Bereich nicht weiträumig ab und verlegt das Check-in an einen anderen Schalter? Falls es sich wirklich um eine Bombe handelt, dann fliegen wir alle in die Luft. Nur weil zwei Polizisten danebenstehen, wird die Wirkung der Explosion nicht verringert.«

Er lächelt nervös, weiß auf meine Bedenken keine beruhigenden Worte zu finden.

Mir reicht es. Während ich den Flughafenangestellten fixiere, weiß ich, dass in meinen Augen die Apokalypse tobt. Zu meinem und wohl auch seinem Vorteil fasst der Angestellte mich am Arm und zieht mich an der Warteschlange vorbei zum Schalter.

»Ich bitte vielmals um Entschuldigung«, sagt er auf dem Weg dorthin. »Bitte haben Sie Nachsicht. Es tut mir außerordentlich leid, der Herr.« Ich mag es nicht, wenn mir so etwas passiert, wenn ich die Kontrolle verliere. Ich schäme mich. Ich bin Gast in diesem Land und maße mir an, über die hiesige Kultur und Lebensweise zu urteilen. Nur weil ich etwas nicht verstehe, muss es nicht schlecht sein. Ich verstehe die Mathematik auch nicht, würde aber nie behaupten, dass sie wertlos sei.

Nach einem verlängerten Zwischenstopp in Kuweit wegen Triebwerksschaden schlage ich nach fünfundfünfzig Stunden Reise bäuchlings auf meinem Bett in Kairo auf. Endlich, nach einem Monat auf einer Isomatte wieder ein richtiges Bett. Mit Matratze, mit Lattenrost.

#5
ALLEIN IN ALEXANDRIA

Alexandria,
August - September 2010

Kairo verbinde ich vor allem mit einer Farbe: Beige. Vermutlich hat man in dieser Stadt irgendwann eingesehen, dass der Wüstenstaub im Laufe der Zeit jeden Anstrich überdecken würde. An den gleichförmigen Hochhäusern hängen zahlreiche Satellitenschüsseln. Wenn man mit dem Flugzeug über die Stadt fliegt, wirkt die Szenerie wie die Kulisse eines Science-Fiction-Streifens aus den Achtzigern. Während der ersten Tage wohne ich in einem Gasthaus nahe des Tahrir-Platzes mitten im Zentrum Kairos. Seit ich auf Reisen bin, habe ich noch kein Museum besucht, und das möchte ich nun nachholen. Auch die Pyramiden will ich sehen. Ich halte ein Taxi an, um mich zum Ägyptischen Museum bringen zu lassen. Ein Fehler! Ich komme gerade aus Asien, und vor allem in Indien herrscht auf den Straßen Chaos. Aber dort wird das Chaos zumindest in überschaubarer Geschwindigkeit (wenigstens innerhalb der Städte) zelebriert. Der ägyptische Taxifahrer rast durch die Stadt, als wären wir Teil einer Verfolgungsjagd. Dabei dreht er sich immer wieder zu mir um und führt mir seine Englischkenntnisse vor.

»Kairo ist schön, nicht wahr?«

»Ja, sehr schön«, nicke ich und kralle mich in die abgewetzten Lederpolster, während der Fahrer, ohne nach vorne zu schauen, um eine Ecke biegt.

»Warst du auch schon bei den Pyramiden?«

»Nein, und Sie?« Das klingt patziger als geplant. Aber der Mann scheint sich nicht an meinem Ton zu stören.

»Nee, ich war da noch nie. Wozu auch, die sind doch nix Neues. Das ist was für Touristen. Wir sind die älteste Zivilisation der Welt. Das muss ich mir nicht anschauen, das weiß ich auch so«, erklärt er und winkt ab.

»Wenn hier alle so durch die Gassen preschen wie Sie, frage ich mich, wie Ihre Zivilisation so lange überlebt haben kann.« Umgehend bereue ich meine Worte. Schon wieder so ein Kontrollverlust, der mich unfreundlich werden lässt. Vielleicht sollte ich doch einen Meister in Meditation konsultieren. Aber der Taxifahrer scheint von meiner Polemik nicht sonderlich angegriffen.

»Habe ein bisschen Vertrauen. Ich fahre hier schließlich seit über zwanzig Jahren Taxi.«

Er verlangsamt, als wir in eine schmale Gasse fahren. Uns gegenüber ein nagelneuer Landrover. Beide Wagen fahren langsam weiter. Ich sehe den Fahrer des anderen Fahrzeugs hinter seinem Steuer wild gestikulieren, höre meinen Taxifahrer auf Arabisch Verwünschungen aussprechen. Es knackt. Die Autos berühren sich an den Seiten. Es quietscht. Keiner der beiden will anhalten. Als die Fenster der Fahrertüren sich gegenüberliegen, gibt es eine kurze hitzige Diskussion. Dann fahren beide im Schritttempo weiter, bis das metallene Kreischen aufhört. Wir haben die Gasse passiert. Tiefe Kratzer im Lack zieren beide Autos. Und beide Fahrzeughalter fahren unbekümmert weiter.

»Wird die Reparatur nicht teuer?«, frage ich vorsichtig, immer noch außer Fassung wegen des Zwischenfalls. Da, wo ich herkomme, sind Autos Heiligtümer.

»Ach, ist doch nur Blech.« Er ist immer noch aufgebracht.

Der Fahrer setzt mich am Museum ab. Weil er kein Wechselgeld hat, bezahle ich wenig mehr als die Hälfte des Preises. Bekomme einen Handschlag, ein löchriges Lächeln und einen Gruß: »Willkommen in Ägypten.« Schon reiht er sich wieder in den fließenden Verkehr ein, natürlich ohne Schulterblick.

Es ist ein Segen, dass ich in Alexandria jemanden aus meinem Leben vor der Designwalz kenne. Die Vorstellung, erneut auf die Suche nach neuen Freunden und Verbündeten zu gehen, verursacht mir Unbehagen. Es würde mir schwerfallen, einen Ersatz für die intensiven Beziehungen zu finden, die ich mir in Bangalore aufgebaut habe. Christophe kenne ich seit meiner Schulzeit. Er ist der Grund, warum ich von Kairo den Weg hierhergemacht habe, denn die Firma, für die er arbeitet, wird ab sofort auch mein Arbeitgeber sein.

Mein Leben hier könnte in keinem größeren Kontrast zu dem der vergangenen Monate stehen. Ich habe ein eigenes Zimmer in Christophes Wohnung im Vorstadtbezirk Agami, nur zweihundert Meter vom Strand entfernt.

»Arbeitsbeginn ist um acht Uhr. Wir müssen also schon um sieben Uhr dreißig die Wohnung verlassen. Ist wohl eine Umstellung für dich, nach deiner Zeit in Indien?«, fragt Christophe. Als Kind einer mauritischen Mutter und eines deutschen Vaters könnte er äußerlich fast als Ägypter durchgehen.

»Ich werde auch immer wieder auf Arabisch angesprochen. Als ich neu hier war und die Sprache noch nicht beherrschte, war das ziemlich nervig.«

»Und wie sind die Arbeitsbedingungen generell? Ich meine, was Arbeitszeit und Aufgabenbereich betrifft?«, möchte ich wissen.

»Überstunden sind die Regel. Die Arbeitswoche geht von Samstag bis Donnerstag. Freitags ist Zeit für den Moscheebesuch – also für diejenigen, die das wollen.«

»Ich gehe davon aus, dass wir es uns dann am Strand gemütlich machen?«

Christophe lacht. »Ja, aber da werden wir nicht die Einzigen sein. Wir leben in einer Feriensiedlung, die hauptsächlich von reichen Ägyptern aus Kairo bewohnt wird. Die ziehen den Strand auch der Moschee vor«, erläutert er. »Ach, und im Büro gibt es einen Dresscode. Eigentlich besteht Anzugpflicht, aber ein Polohemd tut's auch. Ich kann mir vorstellen, dass das nicht zu deiner Reisegarderobe gehört. Aber ich habe mittlerweile so viele, da kann ich dir ein paar ausleihen.«

Yoga, Meditation und Kokosnüsse stehen in Kairo nicht auf dem Programm, höchstens ein paar Datteln zum Kaffee. Ich bin in einer Branche gelandet, welche die Superreichen dieser Welt bedient. *DeBirs Yachts* baut Luxusyachten. Das Unternehmen gehört zu den großen Werften im Mittelmeerraum. In meinem schlabberigen Polohemd sitze ich mit den Marketingleuten und der Innenarchitektin in einem klimatisierten Büro, getrennt durch ein Panoramafenster von der Produktionshalle, in der bärtige Männer und *Hijab* (Körperbedeckung für muslimische Frauen) tragende Frauen in Overalls an den riesigen Schalungen herumschleifen oder Glasfasermatten mit Epoxidharz verstreichen. Die Arbeiter werden von der Bürobelegschaft liebevoll »Maulwürfe« genannt. Von Yoga zu Yachten, das hier ist etwas ganz anderes als Jaaga.

Ich erwische einen denkbar schlechten Start, werde überrumpelt von meiner Vorgesetzten aus der Marketingabteilung, die in mir einen Hilfsarbeiter sieht, den sie mit undankbaren Aufgaben überhäufen kann. Nayla ist eine toughe Karrierefrau, die in den USA studiert hat. Sie teilt mir mit, woran ich in den kommenden Wochen arbeiten soll: »Wir haben eine wichtige Aufgabe für dich. Im digitalen Grundriss einer unserer Yachten fehlen die Beschriftungen. Die Vermerke liegen uns leider nur handschriftlich vor und müssten ins Digitale übertragen werden. Das kannst du erst einmal fertigmachen, und dann schauen wir, was du bei deinem Praktikum noch so alles für uns tun kannst.«

Da ist es wieder, dieses Unwort: Praktikum. Schon in China störte ich mich daran, Praktikant zu sein. In dem Wort schwingt, zumindest in der heutigen Zeit, immer etwas Abdingbares mit.

Ein Praktikant muss leicht ersetzbar sein, und deswegen sind seine Aufgaben nicht besonders wichtig. Und dass Nayla mir meinen Schreibjob als wichtige Aufgabe verkauft hat, macht sie mir auf Anhieb unsympathisch. Wer mag es schon, wenn ihm Instantkaffee als frisch gebrühter Mokka verkauft wird. So oder so. In meinem neuen Job ist Kreativität Fehlanzeige. Nach meiner verantwortungsvollen Aufgabe in Indien ist das hier ein eindeutiger Rückschritt. Wer jemals einen Mercedes gefahren hat, wird nur schwerlich wieder auf einen Opel Corsa umsatteln können. Eine Gehaltsabstufung bei gleichem Aufgabengebiet ist ein Selbstbewusstseinskiller. Und auch wenn ich kein Geld für meine Arbeit erhalte, erwarte ich das Vertrauen meines Arbeitgebers. Natürlich wusste ich, dass mir so etwas im Laufe meiner Reise theoretisch passieren könnte, aber als ich damals in Wiesbaden mein Walzkonzept ausarbeitete, sah ich mich von Station zu Station mit steigendem Erfolg gesegnet. Ich weiß, die Walzregeln besagen, dass jede mir aufgetragene Arbeit legitim ist, aber auch mein Wunsch, das bestmögliche Ergebnis für meinen Arbeitgeber zu erzielen, erscheint mir nachvollziehbar. Auf der Suche nach einer anderen, sinnvolleren Aufgabe versuche ich, Schwachstellen im Betrieb auszumachen. Fündig werde ich, als ich eine elektronische Einladung für die nächste Bootsmesse erhalte. Bald habe ich herausgefunden, dass die Außendarstellung eines Unternehmens dieser Größenordnung nicht würdig ist – eine Schwachstelle, die ich mit meiner Expertise in Graphikdesign vielleicht kitten könnte?

Auf meine Anregung hin lässt man mich eine Broschüre neu gestalten und überträgt mir schließlich die Komplettüberarbeitung des Corporate Designs, die visuelle Darstellung der Firma für den weltweiten Markt. Vom Praktikanten bin ich innerhalb von drei Tagen zum internen *Head of Design* befördert worden. Auch Nayla behandelt mich plötzlich ganz anders. Nicht dass sie mir nun jeden Wunsch erfüllen und alle meine Vorschläge für gut befinden würde. Aber seit ein paar Tagen werde ich in die Prozesse der Marketingabteilung mit einbezogen. Und nichts anderes wollte ich.

Christophe ist nicht nur mein Kollege und Mitbewohner, er ist auch mein Verbündeter. Wir verbringen fast jede freie Minute zusammen, kochen, spielen nach Feierabend Fußball am Strand oder unterhalten uns bis tief in die Nacht. Ramadan hat begonnen, der islamische Fastenmonat. Der neunte Monat des islamischen Mondkalenders, in dem nach religiöser Auffassung den Gläubigen der Koran gesandt wurde, kann für Ungläubige zur Herausforderung werden. Entweder man schert sich nicht darum und verhält sich wie immer, oder man versucht den Gläubigen ihre schwierige Aufgabe nicht auch noch zu erschweren. Wir könnten rauchend mit einer Flasche Wasser durch die Stadt schlendern und dabei Köstlichkeiten in uns hineinstopfen. Niemand würde es uns verbieten. Aber wer wollte so grausam sein? Seit meiner Ankunft hat es nicht geregnet, die Sommersonne brennt auf die Köpfe der Menschen nieder. Wohl dem, der sich mit einem großen kühlen Schluck Wasser die Kehle kühlen darf. Ich versuche das nur zu tun, wenn keiner hinschaut. Am Kaffee nippe ich ausschließlich, wenn ich weiß, dass mir kein gläubiger Muslim dabei zusieht. Möchte ich während meiner Bürozeiten eine Zigarette rauchen, verabrede ich mich mit Christophe auf ein Treffen hinter einer Hecke außerhalb des Werftgeländes. Manchmal steht auch Karim mit uns draußen. Wenn nicht gerade Ramadan ist, tut sich Karim vor allem als Kettenraucher hervor.

»Schon wenn ich nicht rauche, gibt es Pluspunkte. Wenn ich aber beim Rauchen zusehe und meinem Verlangen trotzdem Einhalt gebiete, wird Allah mir das umso höher anrechnen«, erklärt er uns.

Nachts wird in drei Etappen gegessen, was zur Folge hat, dass

Karim und seine Glaubensgenossen den Tag übermüdet antreten und dann ohne Essen und Trinken überstehen müssen. Dazu die trockene Hitze des ägyptischen Sommers. Nach zwei Wochen des Fastens sind die Gemüter aufgeheizt und unstet wie der städtische Asphalt. Die Aufmerksamkeit lässt nach, was sich besonders auf den Straßen bemerkbar macht. Die Zahl der Verkehrsunfälle steigt, die herbeieilenden Passanten sind mehr denn je bemüht, die Unfallparteien davon abzuhalten, aufeinander loszugehen.

Nach einem Freitag am Strand mit ein paar liberalen Ägyptern, denen das Gebot, keine nackte Haut während des Fastenmonats zu zeigen, nicht zusagt, fahren Christophe und ich kurz vor Iftar auf der verlassenen Hauptstraße zurück nach Agami. Die meisten Muslime sitzen jetzt mit der Familie beim Abendbrot. An einer Kreuzung halten wir an. Von links kommt ein Fahrzeug angerast, ein zweites Auto kommt direkt auf uns zu. Keiner der Wagen verlangsamt das Tempo.

»Uff«, bringe ich noch heraus, bevor sie mit den vorderen Kotflügeln ungebremst ineinanderkrachen. Plötzlich scheint sich alles in Zeitlupentempo abzuspielen. Das von links kommende Auto fungiert als Rampe für das andere, welches sich nun in der Luft befindet und direkt auf uns zugeflogen kommt. »Da fliegt ein Offroader auf mich zu«, geht es mir durch den Kopf. Ungefähr zehn bis fünfzehn Meter vor uns schlägt das Auto auf, rutscht an uns vorbei und kommt neben unserer Fahrerseite zum Stehen. Ich weiß nicht, wie viele Sekunden vergangen sind, als Christophe als Erster aus seiner Schockstarre erwacht.

»Ich glaube, wir sollten nachschauen.« Wir rennen zum Auto, einem neuen Modell. Während Christophe die Vordertür aufreißt, um den Fahrer aus den Airbagtürmen zu befreien, überprüfe ich den qualmenden Rückteil des Autos. Keine weiteren Insassen, Glück gehabt. Der Mann ist bei Bewusstsein und nur leicht verletzt. Mit unserer Hilfe kann er aussteigen. Noch mal

Glück gehabt. Ich drehe mich zu dem anderen Wagen um, wo bereits andere Unfallzeugen helfen. Es ist ein älteres Modell. Keine Airbags. Die Windschutzscheibe ist zerborsten, Splitter haben den Männern die Gesichter zerschnitten. Mehr kann ich nicht erkennen. Ich höre meinen eigenen Herzschlag, meinen Atem. Alles andere ist nur dumpfes Nebengeräusch, die Schreie weit entferntes Rauschen. Nach nicht einmal einer Minute kommt der Krankenwagen mit lauten Sirenen an. Doch anstatt anzuhalten, um die Verletzten zu versorgen, fährt er in seiner Eile fast ein paar Schaulustige um. Irgendwo gibt es wohl noch einen weiteren Unfall. Wir holen unsere Wasserflaschen aus dem Auto, damit den Männern das Blut aus den Augen gewaschen werden kann. Es ist Ramadan, niemand sonst hat Wasser dabei. Mittlerweile sind jede Menge Helfer vor Ort. Was ich anfangs für eine Ansammlung von Schaulustigen gehalten habe, sind tatsächlich Menschen aus der Nachbarschaft, die die zwei Männer versorgen und auf Arabisch diskutieren, was nun zu tun ist. Auch das ist Ramadan: Gemeinschaftsgefühl. Ein weiterer Krankenwagen kommt angerast und bleibt neben dem zertrümmerten Auto stehen.

»Ich denke, viel mehr können wir hier nicht tun«, sagt Christophe. Nach den Minuten des Horrors stehen wir jetzt etwas teilnahmslos herum.

Christophe und ich haben dem Tod gemeinsam ins Auge geblickt. Was, wenn das fliegende Auto genau auf uns gefallen wäre? Dieses Erlebnis macht uns zu noch engeren Verbündeten – bis er ganz plötzlich das Land verlassen muss. Nayla beordert ihn zu einer Bootsmesse nach Europa. Ich werde ihn für den Rest meines Aufenthalts in Ägypten nicht wiedersehen, und ohne Verbündeten, das habe ich mittlerweile gelernt, fühle ich mich in der Fremde immer ein Stück weniger lebendig. Das gemeinsame Erleben bestimmter Momente kann sie erst zu persönlichen Legenden machen. Aber nicht nur Christophe ist abgereist. Meine Nachbarn sind allesamt für die letzten zwei Wochen des immer noch andauernden Ramadans zu ihren Familien zurückgekehrt, nach Kairo oder sonst wohin. Ich wohne alleine in einer Geisterstadt. Zurückgebliebene Hausangestellte beäugen mich argwöhnisch, niemand spricht Englisch, mein Arabisch beschränkt sich auf das Nötigste. Der soziale Kontakt ist minimal. Die Marktschreier sind verstummt, das pulsierende Leben ist von den Straßen und Plätzen gewichen. Die sandigen Gassen werden vom Küstenwind glattgebügelt, so dass bald alle Fußabdrücke, die letzten Anzeichen der Zivilisation, verwischt sind. Als *DeBirs Yachts* sich entschließt, der Belegschaft für die letzten zehn Festtage freizugeben, nimmt für mich das Elend seinen Lauf. Schon nach drei Tagen als Zwangseinsiedler fühle ich mich dem Wahnsinn nahe. Das Internet ist lahmgelegt, die umliegenden Internetcafés sind geschlossen, und Telefonate nach Hause kann ich mir nur selten leisten. Der Kontakt mit anderen Menschen findet ausschließlich beim Bezahlen an der Supermarktkasse oder beim Obstladen statt. Ich kann meine Einsamkeit nicht mal in Alkohol ertränken, denn der Verkauf von Bier, Wein und Spirituosen ist während des Ramadans strengstens untersagt. Meine Lage erscheint mir schlichtweg aussichtslos. Ich müsste meinen Flug umbuchen, um ihr zu entfliehen, kann mir aber nicht mal ein Auslandstelefonat leisten. Wie sollte ich den Ticketaufpreis bezahlen? Außerdem arbeite ich noch an meinem Designjob für die Werft – und den habe ich mir schließlich selbst eingebrockt.

Den Großteil des Tages verbringe ich am Laptop, gestalte Broschüren, Newsletter und Einladungen. Spätestens gegen Mittag verspüre ich ein Kribbeln in Füßen und Händen, ein innerer Druck, der mich dem Wahnsinn Stück für Stück näher bringt. Jetzt muss ich mich bewegen. Meist gehe ich zum Strand, jogge die Promenade auf und ab, bis mir die Luft wegbleibt. Streunende Katzen werden meine Freunde. Ich koche täglich etwas mehr, um wenigstens irgendeine Seele um mich zu haben, wenn ich auf der Terrasse mein eigenes kleines *Iftar*, das erste Mahl nach Sonnenuntergang, feiere, nachdem der Muezzin das Startzeichen dazu gegeben hat. Am fünften Tag meiner Einsamkeit beschließe ich, den Regeln des Ramadans zu folgen. Wieso nicht, wenn ich schon mal hier bin? Ich will es als Chance sehen. Mein Abendessen nehme ich sowieso zu gebotener Stunde ein, und als mein Arbeitgeber die Pforten noch geöffnet hatte, versuchte ich auch schon mal mitzubeten, als mir mein eigener kleiner Teppich angeboten wurde. Alkoholkonsum fällt sowieso weg, und den letzten Rest Malibu-Likör meines ehemaligen Verbündeten rühre ich ohnehin nicht an. Schon am frühen Nachmittag gebe ich den Vorsatz auf, nichts zu mir zu nehmen. Mein Magen ruft schmerzend nach Nahrung. Außerdem ist mein Level an Nervosität mittlerweile so hoch, dass ich den Tag nicht ohne Zigarette durchstehe. Ein kläglicher Versuch.

Am siebten Tag hat sich mein Zigarettenkonsum bei der doppelten Menge eingependelt, die dunklen Ringe unter meinen Augen werden trotz ausreichendem Schlaf immer tiefer. Am achten Tag arrangiere ich die Inneneinrichtung neu. Das Gewicht der schweren Holzmöbel lindert die Ruhelosigkeit in Armen und Beinen. Am neunten Tag führe ich Gespräche mit den Katzen und mit mir selbst. Am zehnten Tag ist der Spuk vorbei. Als die Tochter meiner Nachbarn vor der Tür steht, mit einem Tablett voll orientalischen Gebäcks, um mich einzuladen, mit ihrer Familie *Eid*, das Ende von Ramadan, zu feiern, fürchte ich eine Fata Morgana. Bin ich einem Scherz aufgesessen? Ist sie ein Produkt meiner armen Phantasie? So weit ist es schon gekommen. Als mir der Duft der Süßspeisen in die Nase steigt, weiß ich, dass diese Szene Realität ist. Ich würde dem Mädchen am liebsten um den Hals fallen.

Was am Ende meiner vierten Walzstation bleibt, ist erneut eine Erkenntnis: Für mich war nicht ausschlaggebend, wo ich gewohnt habe oder welche Orte ich besuchte. Auch nicht die Situation, in der ich mich befand. Der Tag, an dem ich keinen Freund mehr hatte, war der Anfang einer furchtbar leeren Zeit. Das Einzige, was auf Dauer zählt, sind die Menschen, die uns begleiten – die guten.

#6
IN RASTAFARIS KAISERREICH

*Addis Abeba,
Oktober - Dezember 2010*

Die Wiege der Menschheit, Ursprungsland des Kaffees. Eine Kombination, die mir als Menschenfreund und Kaffeeliebhaber zusagt. Addis Abeba bedeutet in der amharischen Sprache »neue Blume«. Sie ist die Hauptstadt des ostafrikanischen Äthiopiens und liegt in 2400 Meter Höhe. Die Abende sind kühl, und es gibt hier kaum Moskitos. Wir haben eine ungleiche Beziehung, die tropische Mücke und ich. Ich hasse sie. Sie aber liebt mich, oder eher: mein Blut. Ich weiß nicht, ob ich eine natürliche Immunität gegenüber Malaria und Denguefieber entwickelt habe, aber wenn unter den Tausenden von Moskitos, die mir schon Blut abgezapft haben, kein Träger der berüchtigten Erkrankungen war, muss ich mit Glück gesegnet sein.

Wenn Berlin die größte Baustelle Europas ist, gilt das Gleiche wahrscheinlich für Addis Abeba auf dem afrikanischen Kontinent. Seit 2002 hat die Afrikanische Union ihren Hauptsitz in der äthiopischen Hauptstadt, und seitdem schießen hier neue Wohnanlagen aus dem Boden. Die ehemals maroden Hauptstraßen werden aufgerissen und neu geteert. Zum jetzigen Zeitpunkt ist es jedoch selbst mit einem Geländewagen schwierig, über all die Schlaglöcher und Krater von A nach B zu kommen. Die Hauptbeschäftigung der Straßen- und Bauarbeiter scheint deshalb darin zu liegen, alte Steine abzutragen und neue Steine anzuliefern – in Schubkarren, Plastikbeuteln oder einfach in ihren Händen. Ich bin erstaunt, dass ein Großteil der Arbeiter Frauen sind. Während sie die schweren Brocken vor dem Körper schleppen, tragen sie nicht selten einen Säugling auf ihrem Rücken, verschnürt in einem Stoffbündel. Der Name »Neue Blume« wurde der Stadt schon 1892 von dem damaligen Kaiser

Menelik II. gegeben, doch es scheint, als würden noch ein paar Jahre Sanierungsarbeiten ins Land ziehen, bevor Addis Abeba diesem Namen wieder gerecht werden kann.

Äthiopien ist meine fünfte Walzstation. Zum ersten Mal komme ich in einer Stadt an, ohne auch nur die geringste Idee zu haben, was ich hier tun kann. Ich habe eine Unterkunft, also keinen Zeitdruck, und meine Ausgaben sind minimal. Meine Schwägerin Sophia arbeitet für die GIZ (Gesellschaft für internationale Zusammenarbeit) in Addis Abeba, wohnt in einem Haus mit Garten und heißt mich mit den Worten »Nimm dir Zeit, entspann dich. Wenn du Lust hast, kannst du hin und wieder Abendessen kochen.« Willkommen. Das fühlt sich fast an wie die großen Ferien während meiner Schulzeit. Sorglos lebe ich in den Tag hinein, der Kühlschrank ist immer gefüllt, auch mit Köstlichkeiten der westlichen Welt. Familie, welch ein Luxus.

Ausgerechnet hier bekomme ich die erste Lebensmittelvergiftung meines Lebens. Übeltäter ist ein warmes Sandwich, bestrichen mit Butter, Erdnussbutter und Nutella und belegt mit einer Käsescheibe. Das Sandwich zu Babel mag wenig appetitlich wirken, aber nach zehn Monaten auf Reisen vermisse ich genau solche Snacks. Als mir auf einmal ein Arsenal europäischer Esskultur zur Verfügung steht, gibt es kein Halten mehr. Eine Stunde nach dem Verzehr fangen die Schweißausbrüche an, das Blut weicht aus meinem Gesicht. Bald hänge ich jaulend über der Toilettenschüssel. Es ist Zeit, mir einen Job zu suchen, sonst wird das hier kein gutes Ende nehmen.

Ich treffe Aida im Café des Goethe-Instituts. Über verschiedene Kontakte wurde ich an sie weitergeleitet. Aida ist die Direktorin des Modern Art Museum von Addis Abeba. Eine Äthiopierin, die in Kanada aufwuchs, sich jedoch vor ein paar Jahren dazu entschloss, in ihre Heimat zurückzukehren. Mit 35 Jahren ist sie als Fotografin in New York weit gekommen, aber auch sie ist der

Ansicht, dass Karriere nicht der einzig richtige Weg zu einem glücklichen Leben sein kann. Aida ist in ihre Heimat zurückgezogen und hat Großes vor. Ihr Traum ist es, das größte afrikanische Fotografie-Festival zu veranstalten, um die Fotokunst in ihrem Land und auf dem gesamten afrikanischen Kontinent zu stärken. »Es gibt sie auch hier«, verrät sie mir, »die Menschen mit Talent und dem Auge, das ein guter Fotograf braucht. Manche leisten sich sogar professionelles Equipment, und wenn sie Jahre dafür sparen müssen.« Trotzdem gingen die meisten Jobs, vor allem im Bereich des Fotojournalismus, an Ausländer. *National Geographic, Reuters* und all die anderen großen Zeitschriften und Presseagenturen ließen Europäer oder Amerikaner einfliegen, um das Leben in Afrika zu dokumentieren. Dass ein Einheimischer viel besser für diesen Job geeignet wäre, da er sich in seinem eigenen Land auskenne, falle niemandem ein. »Afrikanische Fotografen stehen nicht in den Karteien westlicher Agenturen. Qualität gibt es aber auch hier, und genau das will ich mit meinem Festival zeigen.« Aida klingt entschlossen.

»Das ist mutig und auch ehrenwert«, zolle ich meinen Respekt. »Es wäre mir eine Freude, das Addis-Foto-Fest mitorganisieren zu dürfen.«

»Ich hatte gehofft, dass du so denkst. Deine Anfrage kam zwar aus heiterem Himmel, aber ich habe von Anfang an auf Unterstützung gehofft. Dass mir jemand mit so viel Erfahrung helfen möchte, der in Deutschland studiert hat, damit hatte ich nicht gerechnet«, erklärt sie schüchtern. Man merkt ihr an, dass sie in dieser patriarchalischen Gesellschaft als Frau, die gerade erst in ihre Heimat zurückgekehrt ist, unter hohem Druck steht. Gerade in Hinblick auf die Organisation des Festivals. Allerdings weiß ich mit so viel Vorschusslorbeeren schlecht umzugehen.

»Ich freue mich auch, dass wir zusammengekommen sind«, stammele ich ungelenk. Nun bin ich es, der eingeschüchtert ist.

»Es ist nur so«, fährt Aida fort, »dass das Geld sehr knapp ist.

Die meisten Sponsorenzuschüsse fließen in die Spesen internationaler Fotografen, die für das Festival eingeflogen werden. Deswegen wird es schwer für uns, dir eine Unterkunft zu besorgen. Ich habe mich mit deinen Walzregeln vertraut gemacht und weiß, dass du für Kost und Logis arbeiten möchtest. Würde es dir etwas ausmachen, bei mir und meiner Schwester zu wohnen?«

»Ach, das ist kein Problem. Ich wohne bei meiner Schwägerin, bin also gut untergebracht. Ihr müsstet nur für meine Mahlzeiten aufkommen. Aber keine Angst, ich bin kein großer Esser. Und der Kaffee ist in Addis unschlagbar günstig. Mir ist bloß wichtig, dass ich nicht mit weniger Geld weggehe, als ich gekommen bin. Meine Reserven sind so gut wie aufgebraucht, und meine Reise ist noch lange nicht zu Ende«, erkläre ich ihr meine Bedürfnisse.

»Das bekommen wir mit Sicherheit hin«, sagt sie und grinst. Es ist das erste Mal, dass ich sie unverkrampft lachen sehe.

Aida spricht es zwar nicht aus, möchte aber wohl erst einmal meine Fähigkeiten testen. Meine erste Aufgabe ist es, die künstlerischen Fakultäten der Hauptstadtuniversität zu fotografieren. Mit Hilfe des Bildmaterials gestalte ich eine Jubiläumschronik. Nach drei Tagen liegt die druckfrische Broschüre auf Aidas Schreibtisch. Sie schlägt die erste Seite auf, blättert das Heft kurz durch und schaut mich prüfend an.

»Wir haben ein Problem«, sagt sie.

Ich verstehe nicht ganz. In so kurzer Zeit konnte ich nichts Besseres abliefern. »Unser Graphiker hat einen Großauftrag bekommen und musste abspringen«, fährt Aida fort. »Der Medienauftritt des Festivals beschränkt sich bislang auf ein Poster und eine halbfertige Website. Ich möchte, dass du die alleinige Verantwortung übernimmst. Es gibt sehr viel zu tun. Du musst Broschüren und Werbebanner gestalten, aber auch Ausstellungen planen. Traust du dir das zu?«

Ich bin seit einem knappen Jahr auf Designwalz, und mein Projekt läuft viel besser als erwartet. Mittlerweile bin ich so zuversichtlich, dass es kaum eine Herausforderung gibt, die ich ablehnen würde.

»Ich denke schon«, lautet meine Antwort.

Zusammen mit meinen neuen Kolleginnen Mignote und Fitsame, zwei Äthiopierinnen, die für Sponsoring und Ausstellungsplanung zuständig sind, beziehe ich unser Büro in der Nähe des *Sedist Kilo* am Fuße des Mount Entoto. Das Goethe-Institut hat uns die Räume zur Verfügung gestellt. Außerdem stößt Andy dazu, ein Kanadier mit senegalesischen Wurzeln, der die Pressearbeit übernimmt. Das Team wird komplettiert durch unsere Vorgesetzten Aida und David. David ist Franzose und neben mir der einzige Weiße im Trupp. Hin und wieder kommt auch Aidas Schwester Hejab nach der Schule vorbei, um uns zu helfen. Es ist ein kleines Team, und somit entsteht schon nach kurzer Zeit eine familiäre Atmosphäre. Morgens betrete ich das Büro des Addis-Foto-Fests oft mit einem breiten Grinsen. Ich bin gerne hier. Zwar muss ich wiederholt darum bitten, dass meine Kaffees bezahlt werden, aber ich bekomme so viel Zuspruch, dass ich die Überstunden mit Leichtigkeit wegstecke. Tatsächlich hoffe ich jeden Tag darauf, nach Büroschluss noch mit dem Team weiterzuarbeiten. Es ist die perfekte Kombination: ehrenvolle Arbeit plus nichtmonetäre Vergütung. Diese Rechnung ergibt bei mir ein verdammt gutes Gefühl. Vielleicht sollte ich diese Arbeitsweise auch nach meiner Rückkehr nach Deutschland in Erwägung ziehen.

Neuerdings koche ich mir vor dem Verlassen des Hauses keinen Kaffee mehr. Nicht aus Zeitmangel oder weil ich keine Lust habe, sondern weil ich ihn nicht besser zubereiten könnte als ein Äthiopier. Kaffee gehört zu meinen Hauptnahrungsmitteln, und die Äthiopier verstehen es, dem Getränk die Ehre zu erweisen, die ihm gebührt. Gleich mehrmals täglich veranstalten sie köstliche Kaffee-Zeremonien. Morgens schnappe ich mir meinen Rucksack mit Laptop und Kamera, gehe den schmalen Weg hinunter zur Hauptstraße, grüße den Hauswächter unserer Nachbarn mit Handschlag und springe an der Kreuzung in einen der wartenden Minibusse. Jeder der Busse hat einen Fahrer und einen Schreier. Letzterer hängt permanent bei offener Tür aus dem Fahrzeug und brüllt die Zielrichtung gen Bürgersteig. Problematisch ist, dass die Regierung im Zuge der großangelegten Stadtsanierung viele Straßennamen umbenannt hat. Die Bevölkerung hält jedoch an den altbekannten Namen fest. Mittlerweile weiß ich trotzdem, in welchen Bus ich einsteigen muss, um zum Goethe-Institut zu gelangen. Meinen Rucksack habe ich im vollbesetzten Fahrgastraum auf dem Schoß, umklammere ihn fest mit beiden Händen. Zu viele Geschichten habe ich schon gehört von aufgeschlitzten und leergeräumten Taschen. Ich trage achtzig Prozent meines Gesamtbesitzes mit mir herum – und wenn sie mir abhandenkämen, wäre meine Reise wohl vorüber. Am *Arat Kilo*, einem monströsen Kreisverkehr, lasse ich mich absetzen. In seiner Mitte thront ein riesiges Denkmal als Zeichen der Befreiung von der sechsjährigen Besetzung des faschistischen Italiens 1941. Unter dem Regime der Dergue in den siebziger und achtziger Jahren wurde es kurzerhand in ein sozialistisches Denkmal umgewandelt, bis es schließlich nach der Absetzung der Dergue wieder seinen ursprünglichen Zweck erfüllte.

Ich umrunde das Monument zur Hälfte und steuere eine kleine, zeltartige Hütte an. »Good morning«, sage ich zu Sitina, einer rundlichen alten Frau im *Habesha Qemis*, dem traditionellen Gewand, das aus gewebten Stoffstreifen genäht wird. Sie sitzt inmitten von Töpfen, Körben und Kübeln auf einem kleinen Schemel und bereitet Kaffee nach traditioneller Art zu. Zuerst röstet sie die frischen Bohnen über offener Flamme, dann mahlt sie diese mühsam in einem Mörser und kocht das feine

Pulver mit Wasser auf. Man muss sich schon etwas gedulden, wenn man seinen Kaffee bei Sitina trinken will.

»Good morning«, antwortet sie mit rauer Stimme. Es sind die einzigen Worte, die sie in englischer Sprache beherrscht. Ich bin mir nicht mal sicher, ob sie weiß, was sie bedeuten. Nach fast einem Jahr bin ich es müde, Vokabeln zu lernen, und bleibe in Äthiopien beim Englischen. Alles Weitere passiert mit »Fingerzeig«. Möchte ich eine Tüte *Kolo*, geröstete Gerste, dazuhaben, zeige ich einfach darauf.

»Ey maaaaan.« Jemand legt seine Hand auf meine Schulter. Es ist Samuel.

»Hey, Sam, wie geht's?«, begrüße ich den schlaksigen Rastafari mit Handschlag und Umarmung. Auch er folgt seiner Routine, trinkt wie jeden Morgen bei Sitina Kaffee.

»Alles klar. Bin noch etwas müde vom Konzert gestern Abend«, sagt er.

Sam ist Percussionist in einer Reggae-Band. Davon gibt es in Addis Abeba eine ganze Reihe. Schon in den ersten Tagen, als ich die Stadt besichtigte, fielen mir zahlreiche Bob-Marley-Doubles auf.

»Sag mal, warum gibt es hier eigentlich so viele Rastafaris?«, frage ich Sam.

»Mann, ist die Frage ernst gemeint? Du sitzt mitten im Heiligen Land, Bruder, und weißt es nicht?« Sam ist entgeistert.

»Nee, sorry. Aber wieso ist Addis Abeba das Heilige Land?«

»Sagt dir der Name Haile Selassie etwas?«, stellt er die Gegenfrage.

Ich zucke die Schultern. »Hmm, der war mal Kaiser hier vor ein paar hundert Jahren, glaube ich.«

»Fast richtig. Er wurde 1930 zum Kaiser gekrönt. In den 1920er Jahren entstand in Jamaika eine Bewegung, die die Nachkommen der Sklaven, die in die Karibik verschleppt worden waren, zur Rückkehr ins heimatliche Afrika aufrief. Irgendjemand kam dann mit der Prophezeiung um die Ecke, dass bald ein mächtiger Herrscher irgendwo in Afrika gekrönt würde. Als Haile Selassie Jahre später Kaiser von Äthiopien, einem nicht kolonialisierten afrikanischen Land, wurde, galt die Prophezeiung als bestätigt. Für uns Rastafaris ist Haile der wiedergekehrte Messias und eine lebende Gottheit. Ist dir schon mal aufgefallen, dass die Rastafari-Flagge dieselben Farben hat wie die äthiopische?«, fragt er mich.

»Ehrlich gesagt, noch nicht«, gebe ich zu. »Aber woher kommt der Name Rastafari?«

»Das ist eine Ableitung des Kaisertitels, den Haile Selassie trug: Ras Tafari Makonnen.«

»Das heißt also, die Rastafaris, die man hier in Addis sieht, sind keine Äthiopier, die sich dem jamaikanischen Glauben zugewandt haben, sondern ...«

»Genau«, unterbricht er mich. »Sie sind Jamaikaner, die sich einem längst verstorbenen äthiopischen Kaiser unterwerfen. Mein Vater kam mit meiner Mutter hierher, um das wahre, ursprüngliche Leben wiederzufinden. Ich bin hier geboren worden, aber als Rastafari aufgewachsen. Marihuana gibt's auch hier genug«, sagt er und lacht.

Es ist schon komisch, wie sich solche Zusammenhänge erschließen. Seit meiner Jugend sind mir Rastalocken ein Begriff, doch wäre ich nie darauf gekommen, dass sich das Wort von einem ehemaligen äthiopischen Kaiser ableitet – der selbst übrigens ausschließlich Afro trug.

»Ich muss los, schönen Tag, Sam«, verabschiede ich mich.

Er hält meine Hand einen Moment fest. »Kommst du heute Abend zu unserem Konzert?«

»Kann ich dir nicht versprechen, am Freitag feiert das Addis-Foto-Fest Eröffnung, und bis dahin gibt es noch viel zu tun.«

»Kein Problem. Immer schön entspannt bleiben«, gibt er mir mit auf den Weg.

Die Daumen in die Rucksackschlaufen eingehakt, gehe ich die steile Straße hinauf, der morgendlichen Sonne entgegen. Die meisten Menschen um mich herum sind arm, nach internationalem Maßstab leben sie unterhalb der Armutsgrenze. Ein paar Geschäftsleute mischen sich darunter, die wie ich auf dem Weg zur Arbeit sind, im Anzug, mit Aktenkoffer. Ich bin weit und breit der einzige Weiße und komme mir mit dem Rucksack voll teurem Equipment und in Klamotten, die wahrscheinlich in einem anderen Entwicklungsland geschneidert wurden, vor, als dürfte ich meine Fröhlichkeit nicht offen zur Schau tragen. Als dürfte ich hier nicht pfeifen, obwohl ich mich wohl fühle. Darf ich mich überhaupt wohl fühlen, bei dem, was ich tue? Was bringt meine Tätigkeit den Leuten auf der Straße? Ich bin kein Entwicklungshelfer und muss mich damit auseinandersetzen, dass mein Job an einen Äthiopier hätte vergeben werden können. An jemanden, der das Geld, das nun in weitere Ausstellungsstücke fließt, vielleicht gebraucht hätte, um seine Familie zu ernähren.

Aber ob nicht pfeifen eine angemessene Reaktion ist, wage ich zu bezweifeln. Wenn dieses Festival Erfolg hat und Aidas Traum der Realität ein Stück näher rückt, wenn einheimische Fotografen vermehrt von internationalen Agenturen angestellt werden, dann kann auch ich wieder mit ruhigem Gewissen pfeifend durch die Straßen von Addis Abeba ziehen.

»Was ist los?«, frage ich Mignote beim Mittagessen. Sie hat einen Lachkrampf, bringt kaum ein Wort heraus. Wir sitzen am Mittagstisch und essen *Injera*, das traditionelle äthiopische Gericht – einen sauren Teigfladen, der mit Gemüse oder Fleisch belegt wird. Wie in Indien wird hier mit den Händen gegessen, besser gesagt, mit der rechten Hand. Da ich aber noch nicht so gut darin bin, mir mundgerechte Stücke einhändig von dem Fladen abzutrennen, benutze ich meist auch die Linke zum Festhalten.

Dann rolle ich in dem Fladenstück ein bisschen Gemüse ein und schiebe mir den unschönen Klumpen in den Mund. Mignote hat mittlerweile ihre Sprache wiedergefunden.

»Tut mir leid.« Sie wischt sich die Lachtränen von den Wangen. »Aber es sieht schon sehr lustig aus, wie du das machst. Hier, ich zeig dir, wie es richtig geht.« Einhändig trennt sie einen perfekten Streifen von dem Fladen ab, belegt ihn mit ein wenig Gemüse und Hühnerfleisch und rollt ihn geschickt mit zwei Fingern auf.

»Hier gilt es als Freundschaftsbeweis, jemanden zu füttern. Essen ist das Wichtigste, ohne Essen gibt es kein Überleben. Deswegen ist Füttern eine Geste mit großer kultureller Bedeutung.«

Sie hält mir das perfekt aussehende Röllchen vor den Mund und legt es mir behutsam auf die Zunge. »Und jetzt versuche, dich auf die Nahrung in deinem Mund zu konzentrieren. Versuche alle Zutaten zu erschmecken, meditiere.« Ich schließe die Augen und kaue genüsslich, werde jedoch aus meiner Konzentration gerissen, als Mignote und Fitsame den nächsten Lachanfall bekommen.

»Sorry, das war kompletter Blödsinn. Also, nicht das mit dem Füttern, aber das mit dem spirituellen Kram. Iss einfach«, sagt Mignote. Fitsame fällt vor Lachen fast vom Stuhl. Grinsend esse ich mein *Injera* zu Ende.

Bis zur Eröffnung des Festivals bleibt uns noch eine Woche. Die Lachanfälle nehmen zu. In dieser Projektphase zeigt sich aber auch, wer dem erhöhten Stresslevel gewachsen ist. Persönlichkeitsveränderungen sind ein Zeichen, dass der Druck zu groß wird. Besonders Mignote leidet, sie wird von Tag zu Tag nervöser. Vor einer Woche war sie noch die Mensch gewordene Entspanntheit. Das liegt auch daran, dass David sich unter dem Stress zum Despoten entwickelt, sein Gespür als Führungskraft völlig verloren hat. Außer Anweisungen im Befehlston hat er nicht mehr viel für uns übrig. So kurz vor der Eröffnung fällt die bis dahin gute Stimmung rapide ab.

Zwei Tage vor der Eröffnung bringt David mich richtig zum Kochen. Er hat gerade Mignote angeherrscht, die den Tränen nahe ist. Nun kommt er zu mir. Ich weiß gar nicht, wie ich all die noch anstehenden Arbeiten bis zum großen Tag bewältigen soll. David weiß das. Er weiß auch, dass ich den Job hier nicht nur unentgeltlich mache, sondern dass ich meine Taxifahrten, Telefongebühren und Mahlzeiten selber zahle, dass ich ein Minus mache, obwohl mir Gegenteiliges versprochen wurde. Dennoch lädt er mir weitere Arbeit auf.

»Das wird nicht funktionieren, David. Die Eröffnung hat Priorität, und ich weiß schon jetzt nicht mehr, wie ich das alles bewerkstelligen soll«, versuche ich ihm zu erklären.

Doch das interessiert ihn nicht. »Lass dir was einfallen!« Ich springe auf, laufe rot an und fuchtele wild mit den Armen.

»Willst du es nicht verstehen? Selbst wenn ich alle noch zu erledigenden Arbeiten nur halb fertigmachen würde, während ich die nächsten achtundvierzig Stunden durcharbeite, könnte ich das nicht schaffen.«

David baut sich vor mir auf und brüllt mir ins Gesicht: »Ich treffe hier die Entscheidungen, und du tust, was ich dir auftrage!«

Ich werde ganz ruhig und bringe mein Gesicht nah an seines, flüstere: »Fuck you!«, wende mich ab und setze meine Arbeit fort. Ich weiß, er würde mich liebend gerne des Büros verweisen, aber er steckt in einer Zwickmühle. Der Erfolg des Festivals steht und fällt auch mit mir und meiner Leistung. Außerdem brauchte er Aidas Zustimmung für so eine Entscheidung. Ab sofort ist jegliche Kommunikation zwischen uns eingestellt. Die Szene zwischen uns hätte sich genauso in einem deutschen Büro abspielen können. Kultur, Religion, Gebräuche und Verhaltensweisen sind dabei nebensächlich.

Die Gäste der Eröffnungsausstellung drängen sich vor den Toren des *Gebre Kristos Center*, da hechten Fitsame, Mignote, Andy und ich noch quer durch die Hallen, um die Titel der Fotografien anzubringen.

»Akinbodes *Strandfotografie* hängt hier drüben.«

»*Straßenfotografie* von Endalkachev Tesfa am anderen Ende der Halle.«

»Ich brauche mehr Klebeband!«, schallt es durch die alten Gemäuer.

Schwitzend, mit geröteten Augen öffnen wir die Eingangstür mit einer halben Stunde Verspätung. Eine Woche lang wird das noch so weitergehen. Alles passiert auf den letzten Drücker. Dennoch läuft alles wie geplant. Es ist fast ein Wunder, wenn man bedenkt, wie wenig Menschen an der Planung und Ausführung beteiligt sind. »Ich bin dir unendlich dankbar«, sagt Aida nach der letzten Ausstellung zu mir.

»Und ich danke dir, dass du das Vertrauen in mich gesetzt hast. Genau das ist es, was ich wollte. Eine Extremsituation mit Happy End. Das Festival war großartig, und du kannst dir nicht vorstellen, wie glücklich es mich macht, dabei gewesen zu sein.« Ich übertreibe nicht. Dieser Job war die Krönung am Ende des ersten Jahres meiner Reise.

Aber ich bin auch froh, dass es vorbei ist. Endlich habe ich Zeit, die Stadt zu erkunden. Mit meiner Fotokamera und einem Stadtplan stürze ich mich ins städtische Leben, sauge die Gerüche im *Mercado* auf, erfreue mich an den Klängen der mir immer noch so fremden amharischen Sprache. Manchmal wünsche ich mir, ich hätte einen anderen Job. Denn egal, in welchem Land ich Designer, Fotograf oder Architekt bin, immer werde ich mit Leuten zusammenarbeiten, die sich teures Equipment und eine gute Ausbildung leisten können. Menschen, die einen Bezug zur westlichen Welt haben und des Englischen mächtig sind. In Ländern wie Äthiopien leben sie in einer Art Parallelgesellschaft. In Cherkos, einem Stadtteil, der von vielen als Slum bezeichnet wird, fällt die Schere zwischen Arm und Reich besonders auf. »Geh dort besser nicht hin«, werde ich mehr als einmal gewarnt. »Vor allem nicht mit deiner teuren Kamera.«

Also ab nach Cherkos, mit meiner Kamera. Und ja, ich habe stets eine Hand auf der Kameratasche liegen. Ohne sie wäre ich nur halb so viel von Nutzen für künftige Arbeitgeber. Außerdem ist es mir unangenehm, hier zu fotografieren. Wem, außer mir selbst, würde ein gutes Foto aus einem afrikanischen Slum nützen?

An einer staubigen Kreuzung halte ich an. Vor einer der Wellblechhütten steht ein alter Kicker, darum herum eine Gruppe Jugendlicher in abgewetzten Klamotten. Ich stelle mich dazu, mit dem Blick auf das Spielfeld. Die ausgelassene Stimmung schlägt blitzartig um, als mich die anderen Zuschauer registrieren. Ein Weißer, ein Tourist. Ein weißer Tourist mit großer Kameratasche steht zwischen ihnen am Kickertisch. Betretenes Schweigen, verstohlene Seitenblicke auf meine Tasche. Das Spiel wird unterbrochen, unberührt liegt der Ball auf dem Spielfeld. Ein paar Sekunden herrscht Anspannung. Ich tue so, als wartete ich auf die Fortsetzung des Spiels. Und die kommt tatsächlich. Das Spiel wird zu Ende gespielt. Aber anstatt weiterzuziehen, bleibe ich am Tisch stehen, schaue mir drei weitere Spiele an, bevor man mich anspricht.

»Willst du spielen?«, fragt der Gewinner auf Englisch. Er muss der Kickerkönig sein, denn er hat alle Spiele mit hohem Abstand gewonnen. Was hier niemand weiß: Ich habe mein Studium zum großen Teil am Kickertisch verbracht. Wäre das zulässig, würde ich mir Tischfußball als Zweitstudium anrechnen lassen.

»Ja, gerne.« Das Spiel gewinne ich mit knapper Punktmehrheit. Die folgenden drei Stunden stehe ich inmitten einer immer größer werdenden Menschenmenge. Zu meiner Linken trinken ein paar Männer irgendwas Selbstgebrautes, Hochprozentiges, zu meiner Rechten schnüffeln Jugendliche Klebstoff. Ich verliere, ich gewinne. Ich werde vielleicht nicht akzeptiert, aber geduldet. Ich schüttele als Gewinner und als Verlierer Hände. Auch, da bin ich mir sicher, weil ich meine Kamera in der Tasche gelassen habe. Es gibt Dinge, die passieren nur, wenn man sie nicht für die Ewigkeit festhalten will.

Das letzte Mal Minibus fahren, das letzte Mal mit einem *High Five* dem Busschreier und dem afrikanischen Kontinent auf Wiedersehen sagen und dabei den wohligen Winter mit Metteline vor Augen haben. Ja, die Kälte ist mir ein Gräuel, aber eine warme Umarmung ist daran das Beste. Meine selbstgesteckte Mindestgrenze von einem Jahr auf Reisen habe ich bald erreicht. Das heißt, ich könnte theoretisch einfach in Kopenhagen bleiben. Ab jetzt wird alles anders.

#7
WO DIE LIEBE HINFÄLLT

*Europa,
Dezember 2010 - März 2011*

Nachdem ich mit dem wichtigsten Walzgebot, ausschließlich für Kost und Logis zu arbeiten, schon während meiner ersten Station in Schanghai gebrochen habe, ist es nun an der Zeit, eine weitere Regel zu missachten. Sie besagt, dass ich mich meinem Heimatort nicht auf weniger als 300 km nähern darf – und sie erscheint mir aus heutiger Sicht überhaupt nicht mehr sinnvoll. Alle Erlebnisse dieser Tage gehören zu meinem Abenteuer, selbst das Nach-Hause-Kommen. Die Weihnachtstage läuten die Halbzeit meines Trips ein, dessen Fortsetzung auf meinem Heimatkontinent beginnt. Dänemark wird meine erste Station im neuen Jahr werden. Ich kann es kaum erwarten, Metteline wiederzusehen, bei ihr zu wohnen, mit ihr zu leben und endlich dauerhaft in ihrer Nähe zu sein. Insgeheim hege ich sogar die Hoffnung, das vergangene Jahr auf Reisen sei mir Auszeit genug gewesen und nun könnte ich mich in einem der bereisten Länder niederlassen – im besten Falle in Dänemark.

Zu Hause gelte ich als Heimkehrer, bekomme viel Schulterklopfen und Zuspruch. Eine Woche lang lasse ich mich im Schoße meiner Heimat hinter den Ohren kraulen. Ich genieße die weihnachtlichen Festtage zwischen Glühwein und Spekulatius und fühle mich pudelwohl dabei.

Kurz vor Neujahr fahre ich voller Erwartungen nach Kopenhagen. Doch es ist anders als sonst. Die Stadt ist die gleiche, die Menschen sind freundlich wie immer. Metteline jedoch ist distanziert. Ich vermute, wir brauchen Zeit, um uns wieder aneinander zu gewöhnen.

Silvester wird zum Desaster. Etwas Unausgesprochenes steht zwischen uns.

»Du bist mir fremd geworden«, sagt meine Freundin. »Ich weiß nicht, ob ich so weitermachen kann.«

»Wie meinst du das? Ich bin von Äthiopien über Frankfurt und Hamburg nach Dänemark gekommen, um dich endlich wiederzusehen. Wieso hast du mir das nicht vorher gesagt?«, frage ich vorwurfsvoll.

»Lass uns morgen darüber sprechen. Es ist Neujahr, wir sind bei meinen Freunden, und ich würde das ungern hier ausdiskutieren.« Der Silvesterabend ist ruiniert und bald auch der Jahresbeginn. Am Morgen des ersten Januar kommt das unausweichliche Gespräch.

»Ich kann das nicht mehr. Ich brauche dich hier. Ich habe darunter gelitten, dass du nicht hier warst.«

»Ja, ich weiß. Es tut mir leid. Aber wir wussten beide, dass das Jahr nicht einfach sein würde«, erwidere ich. »Ich wollte das erst ansprechen, wenn wir uns endlich wiedersehen, und jetzt bereue ich, dass ich es nicht vorher gemacht habe. Ich könnte mir vorstellen, meine Reise in Kopenhagen zu beenden. Dann bliebe ich hier, bei dir, wenn du das auch willst.« Ein paar Sekunden Stille.

»Fabian, so geht das nicht. Du warst ein ganzes Jahr auf Reisen, und ich habe hier mein eigenes Leben aufgebaut. Ein Leben ohne dich. Und ich weiß nicht, ob du darin einen Platz hast.« Wieder Stille.

»Wirklich? Das war es jetzt?« Ich weiß nicht, wie mir geschieht. »Einfach so? Zack, und wir sind nicht mehr zusammen?« Warum sagt sie es mir erst jetzt, da es schon längst zu spät ist?

»Ich kann es einfach nicht. Es tut mir leid«, sagt Metteline, den Blick auf den Boden geheftet.

Kopenhagen, das ist da, wo die Liebe hinfällt, ohne wieder aufzustehen. Was mache ich nun? Ich habe fast mein ganzes übriggebliebenes Geld in die Reise hierher gesteckt. Nun ist keines mehr da, um die Flucht in die Fremde anzutreten und einfach weiterzumachen wie bisher. Neben den finanziellen Mitteln fehlt mir auch der Elan. Die anfängliche Perplexität darüber, dass Metteline unsere Beziehung beendet hat, weicht bald dem Gefühl von Trauer und Ohnmacht. Ich bin nun tatsächlich auf mich allein gestellt. Nicht wie im vergangenen Jahr, als ich meine Sorgen und Freuden immer mit jemandem teilen konnte, einem Menschen, der mir unverwüstlich zur Seite stand, zumindest in Gedanken. Ich falle in ein tiefes Loch, aus dem ich nicht so schnell wieder herausklettern werde. *Das* ist mir jetzt schon klar. Als Leichtfuß kam ich nach Dänemark, mit seelischen Zementschuhen verlasse ich das Land wieder, nach nur zehn Tagen. Metteline bringt mich wie schon so viele Male zuvor zum Bahnhof. Eine letzte Umarmung und ja, ein allerletzter Kuss. Ich steige in mein Abteil und stelle mich ans Fenster. Warum liebt sie mich nicht mehr? Ein letzter Augenkontakt. Wie so oft winken wir uns zum Abschied, mit Tränen in den Augen, auf den Wangen, auf der Jacke. Zum letzten Mal.

Ich fahre nach Hamburg, zu meiner Mutter. Zwei Wochen in der mütterlichen Obhut – leiden, fluchen, leiden. Irgendwann Trotz, Gleichgültigkeit und das Eingeständnis, dass ich mich mit fast dreißig Jahren aus eigener Kraft aus der Misere ziehen sollte.

Die Fahnenflucht geht nach Sankt Gallen, zu meinem Bruder Simon. In seinem Wohnzimmer schlage ich für unbestimmte Zeit mein Lager auf. Es ist kalt, es schneit, und meine Laune ist meist so grau wie das flächendeckende Wolkenbollwerk über dem Alpenland. Eine riesige Fototapete ziert die Zimmerwand, darauf das Panorama einer fernen Strandlandschaft mit Meer und Palmen. Seit langer Zeit habe ich nun wieder einen Fernseher. Fast ganztägig läuft die internationale Berichterstattung vom arabischen Frühling, der mittlerweile in Ägypten angekommen ist. Ich erkenne die Straßen wieder, durch die ich mit dem verrückten Taxifahrer geheizt bin. Doch alles sieht anders aus. Soldaten und Rebellen in Gefechtsstellung, Feuer, Blut. Es erscheint mir unwirklich, fast wie Szenen aus einem Kriegsfilm.

Aber privat geht es bergauf, wenn auch in Zwergenschritten. Das Projektangebot eines ehemaligen Kunden aus Deutschland lockt mich schließlich aus meiner Erstarrung. Kleinere Jobs wie dieser haben mir schon auf meinen letzten Reisen immer ganz gut über die Runden geholfen und beispielsweise meine Flugtickets finanziert.

Auch die Wohngemeinschaft mit meinem Bruder tut mir gut. Manchmal muss man vielleicht erst abtauchen, um wieder wirklich eng zusammenzurücken. »Lass es dir einfach gutgehen«, rät mir Simon. »Die Schweizer sind freundlich, und die Lebensqualität ist nicht zu überbieten. Du hast gutes Essen, du hast die Berge, die Seen … Hier lässt es sich leben.«

»Aber was ist mit den Anfeindungen?«, frage ich. »Ich höre immer wieder, dass Deutsche in der Schweiz nicht sonderlich beliebt sind.«

»Es gab schon Momente, in denen ich das zu spüren bekam. Auf einem Volksfest zum Beispiel keifte mich eine junge Frau an, ich solle Schwyzerdütsch sprechen. Wir seien schließlich nicht in Deutschland. Aber damit kann ich umgehen. Solche Leute gibt es überall. Und abgesehen davon ist die Schweiz ein Traum. Ich liebe Frankfurt, das ist meine Heimat, dort sind meine Freunde. Aber wenn ich die Wahl hätte, würde ich mit Sophia in der Schweiz oder in Österreich leben.«

In diesen Wochen lerne ich meinen Bruder noch einmal neu kennen. So wie bei Sophia in Äthiopien spüre ich auch bei ihm eine gewisse Gelassenheit. »Wie macht ihr das, was ist euer Geheimnis?«, frage ich. »Du schreibst hier in Sankt Gallen an deiner Doktorarbeit. Deine Frau lebt und arbeitet auf einem anderen Kontinent – bereitet euch das etwa keine Probleme?«

»Na ja, wir sind ja auch mittlerweile echt lange zusammen.

Aber es ist auch für uns keine einfache Situation. Unsere Methode ist kein Geheimnis. Wir sprechen jeden Tag miteinander. Wir telefonieren oder reden über die Webcam, versuchen Normalität herzustellen. Ich vermisse Sophia wahnsinnig, aber solange wir unseren Alltag miteinander teilen, weiß ich, dass wir das hinbekommen. Außerdem fliege ich oft nach Addis Abeba, und sie besucht immer wieder Trainingsprogramme in Deutschland«, erklärt er. Vielleicht hätten Metteline und ich uns noch regelmäßiger sprechen sollen – trotz des Zeitunterschieds.

Auch der Kontakt zu meinen Eltern ist, seit ich auf Reisen bin, viel intensiver geworden. Vielleicht auch, weil die beiden das Wunder der Internettelefonie entdeckt haben und nun regelmäßig bei mir anrufen.

»Hallo? Bist du da?«, brüllen mich zwei riesige Augen und eine monströse Nase von meinem Bildschirm an.

»Ja, ich höre dich, Papa, du musst nicht so nah an die Kamera kommen.«

Nach einem Monat in der Schweiz fühle ich mich so weit, mit der Reiseplanung zu beginnen. Ich will weiter in den Westen, über den Atlantik. Vielleicht nach Kanada oder in die Staaten, dann nach Südamerika und zum Schluss nach Australien. Doch ich komme nicht sehr weit in meiner Planung. Bald hat sich herumgesprochen, dass meine Reiseroute noch nicht steht. Nicht nur im Freundeskreis zu Hause. Auch Freunde, die ich unterwegs gefunden habe, melden sich bei mir. Michelle von der Kuala Lumpur Design Week lädt mich für das diesjährige Festival ein, nachdem ich Azim in einer E-Mail von meiner Situation erzählt habe. Und Freeman beschwört mich, noch ein Projekt in Bangalore durchzuführen. »Eve hat gehört, dass du wieder solo bist. Falls du noch keine Pläne für die nächste Zeit hast, komm doch zu uns. Denk dir etwas aus, was du gerne hier machen würdest. Du hast unsere volle Unterstützung.« Ein sehr verlockendes Angebot. Eines, das ich nicht ausschlagen mag.

Die Aussicht auf einen Tapetenwechsel ohne das Gefühl der Fremdheit ist genau jene Art von Neu- oder Wiederanfang, den ich jetzt brauche.

»Mach's gut, Bruderherz. Ich fand es großartig, dich hier zu haben.« Mit einer festen Umarmung verabschieden wir uns. Zwei Brüder, die wieder näher zusammengerückt sind. Mein Zwischenaufenthalt in Europa hat mir eine Beziehung genommen, mir aber auch die Möglichkeit gegeben, eine andere wieder aufleben zu lassen. Ich bin jetzt bereit für neue Erkenntnisse.

#8
TANZEN UND
URINIEREN VERBOTEN!

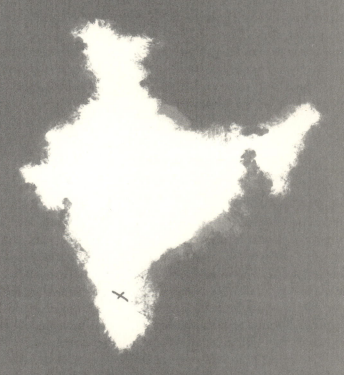

*Bangalore,
März - Mai 2011*

Drei Monate winterliches Europa liegen hinter mir, und ich gucke schon wieder über den Rand des Abgrunds, der mich in Kopenhagen verschlungen hat. Noch in der Schweiz, bereite ich mein neues Projekt in Bangalore vor. Ein Workshop in urbaner Fotografie für Einheimische, also Menschen, die diese Stadt weitaus besser kennen als ich und ihre Heimat aus einer anderen Perspektive sehen möchten. Jaaga wird den Workshop sponsern und die Ergebnisse in Freemans Supermarktregalhaus ausstellen. Es ist das erste Mal, dass ich den von mir geplanten vertikalen Garten zu Gesicht bekommen werde. Zu später Stunde fahre ich mit einer Autoriksha vom Flughafen in Richtung Hockeystadion. Meine Schuhe habe ich schon gegen Flip-Flops eingetauscht, meine Winterjacke im Rucksack verstaut. Die Straßenlaternen werfen kegelförmiges Licht auf die Heimatlosen, die auf dem brüchigen Bürgersteig eng beieinanderliegen. Frauen, Männer, Kinder. Straßenhunde verfolgen uns und versuchen, in die Reifen der Riksha zu beißen. Doch der Fahrer gibt Gas, so dass wir ihnen entwischen. Ich halte mein Gesicht in den Fahrtwind. Der Fahrer kaut genüsslich seine Betelnüsse und spuckt hin und wieder die rote, säuerlich riechende Flüssigkeit aus dem Fenster. Nach der Verfolgungsjagd hat er so sehr beschleunigt, dass wie aus dem Nichts einer seiner Spuckeplacken direkt unter meinem rechten Auge landet.

»Mann, passen Sie doch auf«, sage ich genervt. Ich bin noch nicht mal eine Stunde im Land, und schon wird meine Geduld wieder auf die Probe gestellt. Ich nehme es als Willkommensgruß – schließlich habe ich geahnt, dass Indien eine kleine Überraschung für mich bereithalten würde. »Entschuldigen Sie, der Herr. Kommt nicht wieder vor«, tönt es unbekümmert vom Vordersitz. Ich belasse es dabei. Es gibt nicht viel, was meine Stimmung in diesem Augenblick trüben könnte. Ich bin wieder in der Wärme. Glückshormone schießen durch meinen Körper.

Nicht nur die Obdachlosen sind auf ihren Bürgersteigen in tiefem Schlaf versunken, auch auf dem Jaaga-Gelände ist nur das Schnarchen des Nachtwächters zu hören. Dann stehe ich vor ihm, dem vertikalen Garten, fast ein Jahr nachdem ich ihn geplant habe. Nur wenige Stunden zuvor habe ich im Zug Richtung Frankfurter Flughafen in die ausdruckslosen Gesichter der Anzugträger auf dem Weg zur Arbeit geblickt. Jetzt bin ich in einem anderen Land, einer anderen Welt gelandet, überblicke unser gemeinsames Werk, eine riesige Wand aus Pflanzen, die sich wie der Rest der indischen Bevölkerung in einer lauen Nacht aneinanderschmiegen. Ich spüre förmlich, wie just in diesem Moment der emotionale Ballast der letzten Monate von mir abfällt.

Ich möchte niemanden im Apartment wecken, also verbringe ich die erste Nacht allein unter freiem Himmel. Auf einem Stück Rasen, das im Zuge des Gartenbaus auf der Dachterrasse angepflanzt wurde, breite ich meinen dünnen Schlafsack aus und verknote ein paar meiner Kleidungsstücke zu einem Kopfkissen.

Ich hatte sie nach einiger Zeit außerhalb der Tropen fast vergessen, aber es dauert nicht lange, bis sie sich mir wieder in Erinnerung rufen. Durch ein Geräusch wie das eines Zahnarztbohrers machen sie auf sich aufmerksam, als ich gerade im Begriff bin einzuschlafen – Moskitos! Schon bald finden die Blutsauger heraus, dass sie mich auch durch den dünnen Baumwollstoff des Schlafsacks anzapfen können. Da ich vergessen habe, Mückenspray mitzubringen, bleibt nur eine Möglichkeit: die Zwiebeltaktik. Ich ziehe mich an, als wollte ich im deutschen März auf die Straße gehen, mit Socken, Jeans und Pullover, wickele mir ein T-Shirt um Nacken und Gesicht, bis nur noch meine Nase freiliegt. Darüber ziehe ich den Schlafsack.

Am nächsten Morgen starre ich verwirrt in Freemans lächelndes Gesicht. »Da bist du ja«, sagt er. »Ich dachte schon, du wärst verschollen. Ich habe extra die Tür zum Apartment für dich offen gelassen.«

Schon oft bin ich am ersten Morgen in einem fremden Land aufgewacht und habe mich noch zu Hause geglaubt. Jetzt weiß ich überhaupt nicht mehr, wo ich mich befinde. Ich begreife nicht, was Freeman hier tut, und ich weiß auch nicht, ob ich noch in Afrika oder schon in Europa bin. Oder sonst wo.

Das soziale Gefüge der kreativen Gemeinschaft hat sich verändert. Waren im Jahr zuvor noch indische Programmierer in der deutlichen Überzahl, sind es nun die Ausländer, darunter natürlich US-Amerikaner, aber auch Italiener und Briten. Auch ein Deutscher ist hier gestrandet. Sie arbeiten alle am selben Projekt, einer großen interaktiven Technologieausstellung. Sie wird die letzte an diesem Standort sein, denn Jaaga muss umziehen. Herr Narsimhan, der Architekt, möchte auf dem Gelände seine Privatgalerie errichten.

Mittlerweile gibt es zwei mit Hochbetten ausgestattete Gästeapartments. Die Matratzen sind jedoch dieselben wie letztes Jahr, so dass mein Rücken sehr bald wieder anfängt zu schmerzen.

»Der vertikale Garten spendet tagsüber angenehme Kühle innerhalb des Gebäudes, auch der Lärmschutz funktioniert ganz gut. Zur Rushhour hört man natürlich schon etwas durch, aber um das einzudämmen, bräuchte man wohl eine meterdicke Mauer«, erklärt mir Eve bei meinem ersten Rundgang. Mir fallen deutliche Mängel auf. Einmal pro Stunde wird die Bewässerung eingeschaltet. Anscheinend wurde jedoch an den Verbindungsstücken gespart. Eve fährt fort: »Die Funktionalität ist noch nicht …« Mitten im Satz springt plötzlich die Pumpe an, die das Wasser durch kleine Schläuche zu den einzelnen Paneelen transportiert. An mehreren Stellen gibt es kleine Explosionen, es regnet auf uns herab, und wir müssen nach draußen flüchten. Auch die Wahl der Pflanzen lässt zu wünschen übrig. Die Hälfte der Setzlinge ist zu traurigem, braunem Stroh verblüht. Doch unsere Idee von beweglichen Gartenteilen wurde tadellos umgesetzt. Man kann die Paneele wie Drehtüren öffnen und schließen, so dass plötzlich variable Balkone aus der Fassade springen. Ich mag das Endprodukt. Es passt in jedem Fall sehr gut hierher, an diesen Ort der Experimente.

Mein Fotografie-Kurs läuft prächtig an. Aus über einhundert Bewerbungen habe ich fünf ausgewählt. Mit jedem der Teilnehmer verbringe ich einen Tag in der Stadt, um sein Projekt fotografisch umzusetzen. Am ersten Tag fahre ich mit einer jungen Biologiestudentin das städtische Busnetz ab. Den zweiten verbringe ich in der Gesellschaft eines Informatikstudenten mit Vorliebe für ausrangierte Kameras auf dem *Shantinagar*-Friedhof. Zwischen grasenden Kühen, auf Gräbern schlafenden Hunden und den auf dem Friedhofsgelände lebenden Menschen bilden wir sein Thema »Zwischen Leben und Tod« ab. An Tag drei besteige ich mit einem Modefotografen, der seinen Assistenten gleich mitgebracht hat, zahlreiche Baustellen entlang der neuen überirdischen Metrotrasse. Das Leben der Bauarbeiter, die hier oben nicht nur arbeiten, sondern auch schlafen, ist an diesem Tag Thema, und ich entdecke viele Parallelen zu der Baustelle in Schanghai. Tag vier führt mitten ins urbane Leben. Haustüren will die Workshopteilnehmerin, eine Graphikdesignerin, ablichten. Schon etwas erschöpft starte ich mit Dev, einem Hochzeitsfotografen, der eine ganz bestimmte Straße ins Visier nimmt, in den letzten Projekttag. Auf dem Weg dorthin erklärt er mir sein Thema.

»Die Straße liegt in der Nähe des *Russell Market,* und ich bin mir nicht mal sicher, ob sie überhaupt noch einen Namen hat. Es befinden sich allerlei kleine Läden dort, denn es ist eigentlich eine Einkaufsstraße. Doch den Mittelteil hat man ausgehoben, um neue Wasserleitungen zu verlegen. Dieser Plan ist inzwischen fast zwei Jahre alt«, erzählt Dev.

»Das heißt, die sind immer noch dabei, die Wasserleitungen zu verlegen, nach zwei Jahren? Wie lang ist die Straße denn?«, frage ich verwundert.

»Ich schätze mal, so an die einhundertfünfzig Meter.«

»Und dafür braucht man zwei Jahre?«

»Na ja, eigentlich nicht, aber nachdem die Straße aufgerissen worden war, ließ die Stadt das Unternehmen aus unerfindlichen Gründen stoppen. Seitdem brodelt und modert und stinkt es.«

»Und was ist mit den Anwohnern? Die stört das nicht?«

»Die Bewohner und die Ladenbesitzer finden das natürlich nicht vorteilhaft ... Aber sieh selbst.«

Der Geruch in der Straße ist kaum auszuhalten. Trotzdem bieten die Händler Gemüse und Obst, ja sogar Fleisch zum Verkauf an. Über wacklige Holzbretter haben sie sich kleine Zugangswege gebaut, die die beiden Straßenseiten miteinander verbinden. Das Leben geht weiter.

Etwas Ähnliches habe ich schon ein Jahr zuvor in Delhi gesehen. Die Commonwealth Games, das Olympia der Commonwealth-Staaten, standen kurz bevor, und die Regierung befürchtete ein Verkehrschaos. Man entschloss sich zur altbewährten Methode, der Straßenverbreiterung. In Paharganj, dem touristischen Zentrum, fuhren auf der Hauptstraße mit Marktständen, Geschäften und Restaurants schwere Baumaschinen vor. Das einzige Problem stellten die Gebäude zu beiden Seiten der Straße dar. Auf einer Strecke von fünfhundert Metern wurden kurzerhand alle Fassaden links und rechts der besagten Hauptstraße ungefähr um einen bis zwei Meter gekürzt. Was früher durch eine Fassade geschützte Badezimmer, Wohnzimmer, Schlafzimmer und Küchen waren, liegt nun bloß. Offene Häuser, so weit man blickt. Vom Bürgersteig aus schaut man in Gesichter, die sich das Baustellen-Spektakel in einer Mischung aus Lethargie und Gleichgültigkeit von ihren neuen Balkonen aus anschauen. Einen bärtigen Teeladenbesitzer aus Punjab fragte ich damals, ob man nichts dagegen tun könne. Er klang gleichgültig, als er erwiderte: »Was sollen wir denn dagegen tun, das ist von der Regierung beschlossen worden. Man hat uns vorher auch nicht gefragt. Sie kamen einfach und begannen, die Gebäude scheibchenweise abzutragen. Wann sie bei mir anfangen, weiß ich nicht. Täglich könnte eine der Metallkrallen durch die Decke stoßen – dann muss ich raus. Mir dann noch mal einen neuen Laden in der Nähe zu suchen ist fast unmöglich. Das Geschäft hat mein Vater vor über zwanzig Jahren gegründet, da war das noch finanzierbar.«

Auch bei meinem dritten Besuch bleibt mir die indische Mentalität ein Rätsel. Die englische Besatzung haben sie gewaltlos abgeschüttelt, aber die Willkür der eigenen Regierung ertragen sie ohne jegliche Gegenwehr.

Der Foto-Workshop geht mit einer fulminanten Ausstellung zu Ende, wir zählen fast fünfhundert Besucher. Überwältigend und ein weiterer Schritt aus der Melancholie, die ich auch in der Schweiz nicht ganz abschütteln konnte. Ich bin im zweiten Jahr meiner Walz angekommen und verspüre nun kaum noch zeitlichen Druck. Als ich erfahre, dass ein alter Bekannter, der auch Designer ist, durch Südindien reisen will, verabreden wir uns zu einem gemeinsamen Streetart-Projekt. Ich verlängere meinen Aufenthalt um ein paar Wochen, auch weil mich die Nachricht erreicht, dass die Kuala Lumpur Design Week von Mai auf September verschoben wurde. Kein Grund zur Eile also. Als Dean in Bangalore ankommt, tun wir uns mit einer Designerin und einer Künstlerin zusammen, um einen Plan für das Projekt zu entwickeln. Die beiden Inderinnen Ria und Shruti machen uns mit der traditionellen Handwerksszene vertraut. Wir stoßen auf die alte Zunft der Lithographiedrucker, die in großen Stückzahlen Poster herstellen, um die neuesten Bollywoodfilme anzupreisen. Mit handbemalten Druckplatten werden die Plakate hergestellt und in unglaublicher Geschwindigkeit aus den antiken, mit Diesel betriebenen Druckmaschinen geschossen. Was uns noch fehlt, ist das Thema des Projekts.

»Etwas, an das ich mich nie gewöhnen konnte, ist der Geruch in den Straßen. Es ist nicht so, dass ich davon Brechreiz bekäme, aber immerhin Kopfschmerzen«, erzähle ich in der Runde. Die Mischung aus Exkrementen, verwesendem Fleisch und anderen ungenießbaren Lebensmitteln wird mir auf die Dauer echt zu viel. Manchmal glaube ich den Geruch fast hören zu können, so intensiv ist er. »Ich hoffe, ihr fühlt euch von meiner Meinung nicht beleidigt. Wie seht ihr das denn überhaupt?« Ich wende mich Ria und Shruti zu.

»Glaub mir«, sagt Ria, »ich bin hier aufgewachsen und habe mich nie daran gewöhnen können. Eine besondere Komponente in diesem olfaktorischen Cocktail ist der Geruch von Urin. In einander überlagernden Schichten. Es fehlen einfach die öffentlichen Toiletten. Deswegen pinkeln die Männer meist gegen fremde Grundstücksmauern.«

»Und was machen die Frauen?«, fragt Dean.

»Die pinkeln gar nicht. Um unangenehme Situationen zu vermeiden, gibt es einen einfachen Trick: nicht trinken. Wie extrem ungesund das ist, vor allem bei Temperaturen, die einem schon beim Nichtstun die Schweißperlen auf die Stirn treiben, könnt ihr euch ja vorstellen. Der komplette Organismus leidet darunter«, sagt Ria.

»Das klingt, als würden diese Frauen ein Leben lang Ramadan abhalten, obwohl sie nicht einmal dem muslimischen Glauben angehören«, scherze ich.

»Es gab schon Vorfälle, bei denen Frauen in der Öffentlichkeit geschlagen wurden. Weil sie pinkeln mussten«, sagt Shruti. »Und vor zwei Wochen wurde eine Frau zu Tode geprügelt, die sich bei einem gerade urinierenden Mann beschwert hatte.«

»Man könnte also gleich zwei Probleme, das Urinieren in der Öffentlichkeit und die Situation der Frauen, mit einer einfachen Tat verbessern – öffentliche Toiletten bauen«, stellt Dean fest.

»Das wird schwer zu finanzieren sein«, wendet Shruti ein.

»Natürlich ist das utopisch – aber könnten wir nicht so etwas wie eine Ersatztoilette bauen, die auf das Problem aufmerksam macht?«

Als Ausländer läuft man gewöhnlich Gefahr, den Stempel des Kolonialisten aufgedrückt zu bekommen, wenn man in anderen Kulturen in Aktionismus verfällt, aber hier arbeite ich mit Menschen zusammen, die unter diesem Missstand leiden und liebend gerne etwas dagegen unternehmen würden. Ria und Shruti sind von meiner Idee begeistert. Unsere Aktion müsste beides sein: eine öffentliche Anklage gegen die Verantwortlichen in der Politik sowie der Versuch, das öffentliche Urinieren einzudämmen. Aber nicht mit erhobenem Zeigefinger, sondern mit Humor. Wir entschließen uns, bei den Lithographen Pissoir-Poster drucken zu lassen. Ein weißes Pinkelbecken vor einem gekachelten blauen Hintergrund. Mit Tüchern vermummt, ziehen wir durch die Straßen, um die bekannten Pinkelwände der Stadt zu pflastern. Einer filmt, zwei kleben und einer späht, ob auch keine Polizei in der Nähe ist. Was passieren würde, wenn man uns auf frischer Tat ertappte, wissen nicht mal Ria und Shruti.

»Hier ist alles möglich«, sagt Ria. »Würden Shruti und ich diese Aktion alleine machen, dann müssten wir womöglich um unser Leben fürchten. Aber ihr seid ja dabei, zwei Männer. Das macht die Sache sicherer. Zudem seid ihr Ausländer, Weiße, und damit habt ihr hier einen riesigen Vorteil. So rassistisch das auch klingt, solange ihr dabei seid, können wir uns aus jeder Konfrontation mit dem Gesetz freikaufen. Es gibt kaum Polizisten, die nicht korrupt sind. Aber darauf würde ich mich lieber nicht verlassen. Wir sollten wachsam sein.«

Ein Polizeiauto kommt auf uns zu, fährt im Schritttempo an der Wand vorbei. Doch die Beamten fahren weiter, anscheinend zu verwirrt, um genauer hinzusehen. Die Reaktionen der Passanten fallen ganz unterschiedlich aus. Viele wissen mit unserer Aktion nichts anzufangen, einige sind verärgert, da sie glauben, es sei die Werbekampagne eines WC-Herstellers. Aber wir sehen auch Einheimische mit einem Lächeln an den zweidimensionalen Pissoirs vorübergehen. Die Männer pinkeln natürlich noch immer gegen die Wand, aber sie gehen nun ein Stück weiter, bis um die nächste Ecke. Dorthin, wo keine Poster hängen. Wie auch immer spätere Reaktionen ausfallen, wir haben unser Ziel zumindest teilweise erreicht. Die meisten Passanten bleiben stehen, um zu überlegen. Ganz gleich, welche Schlüsse sie ziehen, sie kommen ins Nachdenken.

Vieles, was Inder als normal ansehen, ist für Europäer nur schwer begreiflich. Umgekehrt gilt das natürlich genauso. Während eines Vortrags in Jaaga legte mein Sitznachbar, ein fast fünfzigjähriger untersetzter Inder, plötzlich einen Arm um meine Schulter und eine Hand auf mein Knie. Ich wusste sofort, dass es eine ausschließlich freundschaftliche Geste war, denn ich hatte diese Art der körperlichen Zuneigung zwischen Heteromännern schon häufiger bestaunen dürfen. Homoerotik spielt bei diesen Berührungen keine Rolle. Und trotzdem, oder gerade deswegen, erstarrte ich – weil ich einfach nicht wusste, wie ich reagieren sollte. Sollte ich mich an den feisten Arm des Mannes kuscheln, seine Hand ergreifen oder ihm eine Haarsträhne aus dem Gesicht streichen? Wie weit darf ich gehen und wie weit muss ich gehen? Diese Frage konnte ich nicht beantworten und zog mich deshalb in die Bewegungslosigkeit zurück, während mein schwergewichtiger Sitznachbar in aller Natürlichkeit meine Finger umklammert hielt.

Ich kenne keine andere Kultur, die sich in ihrer sozialen Norm so sehr von der westlichen unterscheidet. Indien ist extrem fortschrittlich, sowohl wissenschaftlich als auch intellektuell, aber die soziokulturellen Verhaltensweisen folgen jahrhundertealten Mustern. Gäbe man mir den Auftrag, einen indischen Knigge zu schreiben, würde ich einfach alle deutschen Regeln ins Gegenteil umschreiben und der Lebenswirklichkeit damit womöglich relativ nahekommen. Was gut ist, was schlecht ist, was richtig und was falsch – das weiß ich nicht. Ich weiß, was ich gelernt habe. Oder zumindest, was man mir versucht hat beizubringen: Wie verhält man sich in Gesellschaft Einheimischer?

Nachts übernehmen die Hunde die Kontrolle über die Straßen. In Rudeln rotten sie sich zusammen. Wenn man zu später Stunde alleine auf solch eine Hunde-Gang trifft, kann das unschön werden. Einmal verfolgte mich mehr als ein Dutzend Hunde, der kleinste, ein mieser Kläffer, biss mir in die Wade. Das war wie ein Startsignal für die anderen. Ich konnte damals gerade noch rechtzeitig über eine Mauer fliehen und hatte Glück, dass der kleine Wadenbeißer kein Tollwutträger war. Sich dieses Problems anzunehmen, indem man ein Tierheim gründet, wäre aus westlicher Sicht durchaus legitim. Natürlich gibt es auch in Bangalore Tierheime, aber in so geringer Zahl, dass sie des Problems der Straßenhunde niemals Herr werden können. Kühe sind ein fast noch größeres Problem. Sie belagern die Städte, fressen Altpapier und laden nach mehrmaligem Verdauen Papyrusfladen auf der Straße ab. Dem hinduistischen Glauben nach sind diese Tiere heilig. Eine Möglichkeit wäre, den Tieren besser verdauliches Gras zu bringen – aber ist es an mir, mich an der heiligen Kuh der Inder zu vergreifen? Um jeden Preis will ich vermeiden, dass man mir sagt: »Hör auf, dich wie ein Kolonialherr aufzuführen, und misch dich nicht in unsere Angelegenheiten.«

Trotz dieser Bedenken kann ich mich nicht länger zurückhalten. Ich hege eine gewisse Faszination für den traditionellen Lithographiedruck, vielleicht, weil ich seit meinem Walzprojekt generell mit Zünften sympathisiere. Die Idee, noch ein Projekt mit den Männern aus der Druckerei in Bangalore durchzuführen, gefällt mir. Diesmal soll es um eine Ungerechtigkeit gehen, die mein Leben wie das meiner indischen Kollegen betrifft. Genauer gesagt, beschränkt sie uns in unserer Abendgestaltung. Bangalore zählte einst zu den Städten mit dem wildesten Nachtleben. Täglich gab es Konzerte und Partys bis in die Morgenstunden, man machte die Nacht zum Tage. Doch die Beschwerden der Anwohner häuften sich, genau wie körperliche Übergriffe gegen Frauen. Auch waren die Tanzbars, die indische Variante der uns bekannten Stripclubs, ein Dorn im Auge der konservativen Regierung. Und ich verstehe sie. Gegen nächtlichen Lärm, Vergewaltigungen und Zwangsprostitution muss etwas unternommen werden. Jedoch nicht so. Im Jahr 2006 wurde ein Gesetz erlassen, welches das Tanzen in der Öffentlichkeit verbot. Konzerte nach Sonnenuntergang waren fortan untersagt, die Nachtclubs verloren ihre Lizenz und mussten schließen. Die Sperrstunde wurde auf 23:30 Uhr vorverlegt. Niemand sollte sich mehr auf den nächtlichen Straßen vor Übergriffen fürchten müssen. Natürlich ging der Plan nicht auf. Bis auf den Lärm änderte dieses Gesetz nichts.

Ich tanze gerne. Nicht dass ich es besonders gut könnte. Aber meinen Körper zu pumpenden Bässen und tragenden Rhythmen zu schütteln finde ich befreiend. Alle Versuche, dieses Gefühl hier zu finden, scheiterten. Meist, weil die Jaaga-Crew zu spät loszog. Einige der Bars entzogen sich dem Gesetz wenigstens teilweise – mit Bestechungsgeldern an Polizisten, die fortan auf beiden Augen blind waren. Doch wenn eine halbe Stunde vor Mitternacht das Licht angeht, die Hälfte der Gäste noch am ersten Bier des Abends nippt und nur ein paar wenige Rebellen

»*Fuck the Police*« grölen, macht sich Unzufriedenheit breit. Vor der Tür werden dann noch Pläne geschmiedet für eine After-Club-Party, um der Politik Paroli zu bieten – bis sich die Straße spätestens um Mitternacht geleert hat und ein jeder seinen Weg nach Hause antritt. Es ist traurig, das mit anzusehen.

Wieder plane ich eine Protestaktion, doch diesmal möchte ich nicht nur die Einwohner der Stadt Bangalore erreichen, sondern die ganze Welt. Am besten funktioniert das über Social-Media-Kanäle, mit einem kurzen Video. Ich entwerfe ein Poster, auf dem ich als falscher Bollywood-Star zu sehen bin, eine Szene aus dem von mir geplanten Kurzfilm. Mit Hilfe der Lithographen gestalte und vervielfache ich es und tapeziere Mauern und Häuserwände damit. Der Clou ist, dass ich durch dieses Video tanze. Als Vorbereitung übe ich mich mit einem YouTube-Tutorial in den klassischen Bollywood-Tanzschritten. Es ist das erste Mal in meinem Leben, dass ich einen Tanzkurs absolviere. Fortan tänzele ich durch die Stadt, in der das Tanzen verboten ist. Ich tanze vor den Illustratoren, welche die Druckplatten bemalen, neben den schwitzenden Druckern im Takt der schweren Druckmaschinen und schließlich im Regen vor meinen eigenen Postern.

Die Reaktionen auf dieses Video übertreffen meine kühnsten Erwartungen. Nicht nur Inder amüsieren sich über meine Tanzversuche, aus aller Welt bekomme ich Zuschriften. Aber diesmal bleibt es nicht bei dem Erregen von Aufmerksamkeit. Ein paar aufständische Nachtschwärmer schließen sich zu einer Bewegung gegen das Gesetz zusammen, suchen sich Rechtsbeistand. Nach meiner Abreise erreicht mich eine Nachricht: »*Immer mehr Lizenzen werden für Nachtclubs freigegeben. Unser nächstes Ziel ist die Aufhebung der Sperrstunde.*« Ich kann es kaum erwarten, bei meinem nächsten Besuch in Bangalore zu tanzen, und das legal.

#9
REISERISIKEN
UND -NEBENWIRKUNGEN

*Kuala Lumpur,
Mai - Juni 2011*

Eine Rolltreppe trennt mich am Flughafen Kuala Lumpur von der Passkontrolle. Endlich wieder Malaysia. Endlich wieder mein eigenes Zimmer und meine eigene kleine malaysische Familie mit Azim und Michelle. Vor der Rolltreppe steht eine rundliche ältere Dame im Hijab. Ein etwa fünfzigjähriger Mann, womöglich ihr Sohn, versucht sie zu überzeugen, dass die rollende Treppe nichts mit schwarzer Magie zu tun hat. Irgendwann wird mir das Warten lang, und ich quetsche mich an den beiden vorbei. Damit ermuntere ich die Frau offenbar, es mir gleichzutun. Sie setzt den linken Fuß auf die Rolltreppe. Sofort wird sie vom Stand in den Spagat gezogen, schreit hysterisch und fällt gesäßwärts auf die Stufen. Schockiert beobachte ich, wie sie die Stufen hinunterrollt und gleichzeitig wieder treppauf gefahren wird. Sie rollt und überschlägt sich, bleibt dabei jedoch fast auf gleicher Höhe, irgendwo am unteren Ende der Rolltreppe. Der etwas jüngere Mann fällt bei dem Versuch, sie aufzurichten, ebenfalls hin, was zur Folge hat, dass beide nun in einem Knäuel aus Gepäck und Mensch rollen und fallen und schreien. Es ist Slapstick, und Slapstick kann schmerzhaft sein. Ich renne die Treppe hinunter, will den beiden zu Hilfe eilen. Der Mann ist mittlerweile fast am unteren Ende der Rolltreppe angekommen, seine Mutter hat es geschafft, die Purzelbewegung zu stoppen. Sie fährt liegend, den Kopf treppab gerichtet, rückwärts ins zweite Stockwerk, jammert und stöhnt. Als ich sie unter den Armen packe und versuche, sie wieder aufzurichten, wehrt sie sich, zappelt und schreit Verwünschungen. Aus religiöser Sicht begehe ich wahrscheinlich gerade eine Todsünde: Ich fasse eine Frau an, mit der ich nicht verheiratet bin. Nachdem ich ihren massigen Körper in Sitzposition gebracht habe, belasse ich es dabei. Da kommt auch schon ihr Sohn und übernimmt, während sie mich weiterhin ankeift. Ich verdrücke mich, als Sicherheitsbeamte am oberen Ende der Treppe ankommen. Als der Einreisenachweis in meinen Pass gestempelt wird und ich offiziell in Malaysia ankomme, sehe ich die Menge immer noch an der Rolltreppe stehen. Die Frau sitzt noch immer auf dem Boden, Sicherheitsbeamte sprechen in ihre Funkgeräte. Vermutlich versuchen sie eine Kollegin zu finden, die stark genug ist, die gewichtige Dame wieder aufzurichten. Eine solche Situation wäre bei uns in Deutschland undenkbar. Das, was mir bisher die größten Schwierigkeiten im Umgang mit anderen Kulturen bereitet hat, ist der »deutsche Effizienzgedanke«. Er setzt sich über alles hinweg, sogar über die Religion. Wenn ich es nüchtern betrachte, muss ich mir eingestehen, dass Effizienz der eigentliche Gott der Deutschen ist, und so weltoffen ich mich gerne sehen würde – auch ich bin ein Gläubiger.

Ich beziehe ein anderes Zimmer, eines mit Klimaanlage. Ansonsten hat sich am Zusammenleben mit Azim und Michelle wenig geändert. Die beiden werkeln an der kommenden Ausgabe der Kuala Lumpur Design Week, sind wie gewohnt überaus geschäftig. In ihrer Freizeit besuchen sie mit mir meine Lieblingsrestaurants, und wir essen *Satay* oder Hühnchenschenkel in einer Kruste aus vergorenem Tofu. Ich plane, ein paar Tage hier zu verbringen, um meine Freunde zu besuchen und meine Weiterreise nach Australien vorzubereiten. Als ich im Internet nach Fotografen in Sydney suche, spricht Azim mich an. »Hättest du Lust, bei der diesjährigen Kuala Lumpur Design Week mitzuarbeiten?«

»Ja, natürlich. Wir haben doch schon besprochen, dass ich nach meinem Australienaufenthalt wieder zurückkomme, um als internationaler Botschafter dabei zu sein.«

»Ich meine, möchtest du mir bei der Planung helfen? Ich habe für dieses Jahr eine Parallelveranstaltung vorgesehen. Ein Fotografie-Festival, das unter dem Dach der Design Week laufen wird. Und ich glaube, du wärst der Richtige, diese Ausstellung zu konzipieren. Als Kurator.«

Vor meiner Reise fragte mich ein Bekannter, welche Jobs ich mir vorstellen könnte und ob ich damit rechnete, dass mir verantwortungsvolle Aufgaben übertragen würden. Kurator für ein internationales Festival lag damals für mich außerhalb des Vorstellbaren.

Ich verlängere meinen Aufenthalt auf unbestimmte Zeit, um vor Ort alles vorzubereiten, was so eine Veranstaltung ausmacht, und um während meiner Zeit in Australien daran weiterarbeiten zu können. Natürlich gehört es wieder zu meinen Aufgaben, Azim zu verschiedenen Treffen mit unseren Geschäftspartnern zu begleiten, darunter Sponsoren, Mitorganisatoren und Fotografen. Neben einer großen Freiluftausstellung stehen Vorträge von internationalen Künstlern zum Thema Fotografie auf dem Programm – und diesmal soll auch ich eigene Bilder präsentieren und einen Vortrag halten.

Mein geplanter einwöchiger Ferienaufenthalt wächst sich zu einem arbeitsreichen Monat voller Meetings aus, an denen ich nicht nur teilnehme, um Hände zu schütteln. Ich verhandele um Austragungsorte, Teilnehmer und auch um Geld. Um viel Geld. Es ist merkwürdig, um hohe Summen zu pokern, wenn die eigene Vergütung aus Kost und Logis besteht. Mir fällt gerade bei diesem Projekt auf, wie sehr sich die hiesige konzeptuelle Planung von allem, was ich in Deutschland gelernt habe, unterscheidet. Während meines Studiums wurde mir beigebracht, immer realistisch zu bleiben. In Malaysia wird ganz und gar unrealistisch entworfen und die Idee dann langsam, Stück für Stück dekonstruiert, bis man vor einem Ergebnis steht, das zwar zufriedenstellend ist, aber nur noch wenig mit dem Erstentwurf gemein hat. Nach eineinhalb Jahren Designwalz fällt es mir relativ leicht, andere Methoden und Vorgehensweisen zu adaptieren. Trotzdem bleibt mir vieles unverständlich. Wenn ich Azim frage: »Was erhoffst du dir von der Ausstellung? Werden wir ausreichend Gewinn machen, um das nächste Festival zu finanzieren?«, und die Antwort lautet: »Wahrscheinlich nicht, aber man weiß nie«, frage ich mich, wie es möglich ist, dass dieses Festival schon im dritten Veranstaltungsjahr steht. Wie funktioniert das? In Deutschland ist unser Leben und allem voran unsere Arbeit auf Effizienz ausgelegt, jeder Arbeitsschritt wird geplant. Sicherheit spielt eine große Rolle. Mit der Einstellung »Wir machen etwas Gutes, also kommt die Unterstützung von ganz alleine« gewinnt man dort wenig Mithelfer. Hier in Malaysia stehen aber jetzt schon alle nationalen Designergrößen bereit, um auch dieses Jahr wieder mitzuarbeiten. Warum? »Weil es gut für uns ist.«

Das Wira-Foto-Fest nimmt Gestalt an. Neben malaysischen Fotografen werden auch Amerikaner und Briten teilnehmen. Während eines Treffens mit einem der strategischen Partner wird mir ein weiterer Job angeboten. Die Modelagentur AMAZE plant einen Modelwettbewerb und hätte mich gerne als Juror mit an Bord. Ein Job, den ich mir nie hätte träumen lassen, aber ich nehme ihn gerne an. Nach dem Motto: »Dabei sein ist alles« – und ohne den Anspruch, aus dieser Veranstaltung große, zukunftsweisende Erkenntnisse zu ziehen.

Ich habe die letzten Wochen auch genutzt, um in Australien nach einem Job zu suchen. Auf knapp einhundert E-Mails bekomme ich ganze vier Rückmeldungen, die sich alle ähnlich anhören. »Super Projekt, leider können wir dich aber nicht aufnehmen.« Es wird wohl das Beste sein, ich höre mich vor Ort um.

Ein paar Tage vor meiner Weiterreise nach Australien lädt Azim zum Abendessen ein, er möchte traditionelle Gerichte aus seiner Heimat Kelantan im Nordwesten des Landes zubereiten.

Auch ein weiterer Freund der Familie ist eingeladen. Norman kommt aus Deutschland, wohnt allerdings seit sieben Jahren in Kuala Lumpur. Er trägt einen nahezu unzähmbaren Wust Locken auf dem Kopf und ein Dauergrinsen im Gesicht. Norman ist der klassische Aussteiger. Mit neunzehn Jahren zog er 2004 aus dem Ruhrpott mit seinem Rucksack los, überlebte in Sri Lanka den verheerenden Tsunami, weil er sich von einem einheimischen Reiseleiter zu einem Dschungeltrip überreden ließ, und schloss sich daraufhin dessen Trekkingfirma an. Seit einigen Jahren wohnt er am Rande von Kuala Lumpur in einer geräumigen Wohnung mit Blick über die ganze Stadt und verkauft Abenteuerreisen nach Sri Lanka vom Computer aus. Ich habe ihn schon vor ein paar Wochen kennengelernt und mich auf Anhieb mit ihm verstanden.

Zum Abendessen kommt er in Begleitung einer Freundin. Jasmine, eine stark tätowierte Malaysierin chinesischer Abstammung, wirkt wie die klassische Punkgöre. Sie ist eine der wenigen Malaysierinnen, die kein Blatt vor den Mund nehmen und ihre Scham nicht hinter einem Lächeln verstecken. Da Norman einen Tag später zu einem Familienbesuch nach Deutschland reist, schlägt er vor, dass Jasmine mir das Nachtleben zeigt. »Ihr beide solltet mal zusammen ausgehen. Sie kennt sich sehr gut aus in der Szene. Mit Azim gehst du wahrscheinlich eher selten einen trinken, was?« Das stimmt. Mit einem fünfzigjährigen Muslim ist das eher eine Seltenheit. Am darauffolgenden Donnerstag holt mich Jasmine ab.

Die Odyssee beginnt.

22:00. In meinem Alltags-Outfit öffne ich die Beifahrertür und setze mich neben Jasmine. Sie trägt ein knappes schwarzes Kleid mit tiefem Ausschnitt. Als sie meinen Blick bemerkt, sagt sie: »Was denkst du denn, wie ich zu einem Date komme? Man merkt, dass du schon länger kein Mädchen mehr getroffen hast.« Und sie hat recht, es ist tatsächlich lange her. Das fällt mir nun auch auf.

Anstatt in irgendeiner ranzigen Konzerthalle bei einem Hardcore-Konzert die Ellenbogen auszufahren, sitzen wir kurz darauf auf einer weißen Couch in der Lounge einer Bar, in der Jasmine früher gearbeitet hat. Das Licht ist grün, blau und pink, aus den Lautsprechern schallen die Top Ten der internationalen Popcharts. Das Gute an dieser Bar ist, dass der Alkohol für ehemalige Mitarbeiter von unterhalb der Theke kommt. Jasmine und ich ziehen einen Mojito nach dem anderen durch den Strohhalm. Ihr Auftreten und Aussehen sind nicht gerade landestypisch, aber ihre Art, mich anzumachen, ist durch und durch asiatisch. Mit kleinen Sticheleien macht sie sich über mein plumpes westliches Auftreten lustig, vor allem über die Wahl meiner Klamotten, geht jedoch nie so weit, mich zu beleidigen.

01:00. Zugegeben, nach dem Aus mit Metteline habe ich mir eine weitere inoffizielle Regel auf die Fahnen (und sogar in mein Notizbuch) geschrieben, die besagt, mit keinem Mädchen in einem meiner Reiseländer etwas anzufangen. Größtenteils, weil ich nicht wusste, welche Schwierigkeiten mir eine solche Liaison einbringen könnte. Vielleicht würde die Frau trotz gegenteiliger Ansage hoffen, dass ich doch nicht weiterreiste? Oder die Menschen aus meinem direkten Umfeld würden mein Verhalten aufgrund ihrer religiösen oder kulturellen Normen verurteilen. Oder da wäre ein Dritter, dem ich die große Liebe raubte. Aber Norman kommt aus meinem Kulturkreis und hat sogar vorgeschlagen, dass Jasmine und ich miteinander ausgehen. Und Azim hat immer ein paar Anekdoten aus seiner wilden Jugend parat. So schlimm kann es also nicht werden.

03:00. Es kommt, wie es kommen musste. Wir fahren zu ihr, landen in ihrem Bett. Vollkommen ausgelaugt liegen wir danach nebeneinander. Als ich an mir herunterschaue, die Schrecksekunde: Ein langer Riss durchzieht das Kondom. »Oh, bitte nicht. Fuck!«, sage ich leise und bedecke meine Augen mit einer Hand. Mir wird schwindelig. Wozu gibt es Regeln? Und die gerade gebrochene Regel hatte ich wohlweislich sogar selbst aufgestellt.

Jasmine gerät in Panik. »Ich habe doch gesagt, dass wir es besser ohne machen und dann einfach vorher aufhören. So hat das bisher immer funktioniert.«

Ich schaue sie entgeistert an. Noch immer nur mit einem defekten Präservativ bekleidet, fühle ich mich weder in der Lage, ihr die fehlenden Verhütungsqualitäten des Coitus interruptus zu erklären, noch die Zusatzqualitäten eines Kondoms in Hinblick auf Krankheitsverhütung.

»Hoffen wir einfach, dass ich nicht in der richtigen Phase bin, um schwanger zu werden. Ich muss erst mal einen rauchen.«

Sie rollt sich einen Joint, zündet ihn hektisch an. Grasgeruch steigt mir in die Nase.

»Was ist mit der Pille danach? Braucht man dafür in Malaysia ein Rezept?«, frage ich.

»Die was?«, stellt sie die Gegenfrage, während sie eine riesige Wolke süßen Rauchs in meine Richtung pustet.

»Na, diese Pille, die man direkt im Anschluss an so einen ›Unfall‹ nehmen kann. Das ist mir heute zum ersten Mal passiert, deswegen weiß ich auch nicht genau, was es damit auf sich hat. Aber es ist eine Überlegung wert.«

Jasmine erfährt zum ersten Mal von der Pille danach. Das lässt sich ihrem Blick unschwer entnehmen.

»Heilige Scheiße«, sagt sie jetzt. »Ich brauche diese Pille. Wo bekommen wir die her?« Ein mulmiges Gefühl überkommt mich, dass ich das hier mit einem Mädchen erlebe, das ganz offensichtlich weder in der Schule noch zu Hause aufgeklärt wurde.

»In Deutschland müsste man zum Arzt, um sich ein Rezept zu besorgen. Vielleicht bekommt man die Pille hier aber auch ohne Verschreibung in der Apotheke. Funktioniert ja auch mit Antibiotika. Auf jeden Fall sollten wir nicht zu lange warten, da man nur ein oder zwei Tage Zeit hat nach dem … Na ja, du weißt schon.«

»Die Apotheken haben jetzt alle geschlossen. Am besten, wir fahren direkt ins Krankenhaus.«

»Ja, lass uns los. Moment, kannst du überhaupt fahren?«

»Hast du vergessen, dass ich uns auch hierhergefahren habe? Ich bin auf jeden Fall wacher als während der Hinfahrt, das kannst du mir glauben.« Hastig schlüpft sie in ihr Kleid.

04:45. Wir erreichen die Notaufnahme des öffentlichen Krankenhauses.

»Entschulden Sie, wo bekommen wir die Pille danach?«, frage ich am Schalter nach der gewünschten Medizin, als handele es sich um ein Hustenmittel. Ich muss fürchterlich riechen, nach Alkohol, Rauch und Schweiß.

»Gehen Sie morgen früh um acht Uhr mit der Patientin in die Urologie«, rät mir der Wachmann hinter der Glasscheibe. Er lächelt, wie bei jedem Notfall. Für uns hört sich das schon nach einem Teilerfolg an. Jasmine fährt mich zurück zu Azim, wir verabreden uns für halb acht am nächsten Morgen, also in zwei Stunden. Trotz totaler Erschöpfung schaffe ich es nicht, auch nur für ein paar Minuten einzuschlafen. Wilde Visionen von einem deutsch-malaysischen Kleinkind wabern durch meine Gedankenwelt.

08:30. Jasmine wartet auf der Straße. Mit einer Stunde Verspätung fahren wir endlich zurück zum Krankenhaus. Urologische Abteilung, Gebäude 1, Abschnitt 5. Es ist so voll hier, dass wir nicht mal einen Stehplatz ergattern. Die Arzthelferin am

Schalter hat Mühe, den Ansturm von Anmeldungen entgegenzunehmen. Es würde mindestens eine Stunde dauern, bis wir angemeldet wären. Ich halte einen Arzthelfer an, der auf dem Weg in die Klinik ist. »Entschuldigen Sie, wo bekomme ich die Pille danach?«

»Die bekommen Sie hier gar nicht«, lautet seine Antwort. »Da müssen Sie erst einen Arzt aufsuchen. Sie brauchen ein Rezept. Gebäude 16, Abschnitt 1. Einfach die Straße runter.« Also doch. Auch hier besteht Rezeptpflicht für derlei Mittelchen.

Der Krankenhauskomplex ist eine Kleinstadt für sich. Es dauert weitere fünfzehn Minuten, bis wir die Sprechstunde erreichen. Hier bietet sich uns das gleiche Bild, nur in einer größeren Dimension. Ein Raum, so groß wie eine Turnhalle, zehn Schalter hinter Glasscheiben. Es erinnert eher an eine Bankfiliale als an ein Krankenhaus. Der Wartesaal dagegen sieht aus wie ein Flughafengate. Wartende Menschen überall, manche davon in Schlaf versunken.

09:45. Das Warten beginnt. Eine Stunde vergeht, ohne dass sich etwas tut. Wir gehen vor die Tür, um ein paar weiche, süße *Roti,* Zuckerbrötchen, zu essen. Dazu einen nach Plastik schmeckenden Kaffee – alles ist mir jetzt recht, um den Restalkohol aus meinem Kreislauf zu spülen. Jasmine wirkt unnatürlich entspannt. »Wenn wir unsere Wartenummer haben, erledigt sich alles von selbst.« Ich teile ihre Zuversicht nicht, denn die Nummern werden nur bis zwölf Uhr ausgegeben. Außerdem bin ich müde, möchte nichts lieber als ein wenig die Augen schließen.

11:45. Eine Durchsage auf Bahasa. Die Menschenmasse gerät in Bewegung. Wie ein Fischschwarm steuert sie auf die Schalter zu. Menschen rennen, schubsen, drängeln, um so nahe wie möglich heranzukommen. Auch wir werfen uns in die Menge, um unsere Chancen zu erhöhen, einen der Ärzte zu sehen. Ich fühle mich wieder wie sechzehn, vor dem Ticketschalter eines Open-Air-Festivals, nur dass ich diesmal nicht meine Ellenbogen ausfahre, um bei *Rage Against the Machine* in der ersten Reihe zu stehen, sondern um eine Pille zu erstehen, die mein Leben vor einer großen Veränderung bewahren könnte. Dies ist die letzte Runde. Danach werden keine Wartenummern mehr ausgegeben.

Wir erreichen den Schalter, bekommen unsere Wartenummer, die Zimmernummer und eine Rechnung. Bezahlt wird im Voraus. Fünf Ringgit, ungefähr 1,25 Euro, kostet die ärztliche Beratung in einem öffentlichen Krankenhaus.

12:00. Wieder warten. Als endlich unsere Nummer erscheint, biete ich Jasmine an, sie zu begleiten. Doch sie winkt ab. »Das schaff ich schon.«

Nach nur zwei Minuten kommt sie wieder aus dem Sprechzimmer. Sie lächelt, sieht aber nicht zufrieden aus. Meine Güte, sosehr ich das malaysische Lächeln mag, manchmal wäre mir eine eindeutigere Mimik doch sehr recht.

»Ich habe direkt nach der Pille danach gefragt«, erzählt Jasmine, was sich hinter geschlossenen Türen zutrug. »Der Arzt fragte daraufhin, ob mein Ehemann wüsste, dass ich hier sei. Da erklärte ich, dass ich nicht verheiratet sei. Der Arzt meinte, solche Methoden verstießen gegen die Religion dieses Landes und er händige die Pille nicht aus, schon gar nicht an eine unverheiratete Frau, die sich vor der Ehe anderen Männern hingäbe. So ein Arschloch! Warum sagt er mir nicht gleich, dass ich die Pille hier nicht bekomme, anstatt mir einen Vortrag zu halten.«

»Und jetzt?« Ich kann nicht fassen, dass es das gewesen sein soll. Eine zweiminütige Abspeisung nach stundenlangem Kampf.

»Er meinte noch, dass wir es in der Privatklinik versuchen könnten, aber das sei sehr teuer.« Doch noch eine Möglichkeit? »Lass uns fahren, ich zahle.« Plötzlich bin ich wieder hellwach.

12:30. Eine Metallkralle blockiert unseren Reifen, die Verkehrspolizei ist schon längst weitergezogen, um an anderer Stelle Krallen zu verteilen. Sie seien in zehn Minuten da, erklären sie uns am Telefon. Fünfundvierzig Minuten später sind sie es tatsächlich. Mit zwanzig Euro weniger in der Tasche nehmen wir das Rennen gegen die Zeit wieder auf.

13:30. Stau.

14:00. Während wir auf den Parkplatz der Privatklinik einbiegen, scheint die Sorge plötzlich von Jasmine abzufallen. »Ich glaube, wenn wir diese Pille hier auch nicht bekommen, behalte ich das Kind.«

»Kannst du ... jetzt ... also ... Hörst du bitte mal auf, solche Sachen zu sagen.« Es ist nun kein Spiel mehr. Ich weiß, wenn es hier nicht klappt, dann können wir nur hoffen. Und ich muss mir möglicherweise doch noch einen bürgerlichen Lebensplan zurechtlegen. Werde ich ein Vater, der nie anwesend ist und den sein Kind nur in 2-D vom Computerbildschirm her kennt? Ziehe ich nach Kuala Lumpur, oder nehme ich meine neue Familie gar mit nach Deutschland?

»Ich will aber nicht abtreiben«, gesteht Jasmine, nun wieder den Tränen nahe.

Ich kann sie nur schwer beruhigen. Auch merke ich, wie ihre Verzweiflung sich langsam auf mich überträgt.

An der Rezeption der Klinik kommt dann der alles entscheidende Schlag, der uns den Knockout verpasst.

»Die Pille danach wird in Malaysia nicht mehr produziert, da sie gegen die Grundlagen unserer Religion verstößt«, erklärt man uns. Ich schließe die Augen und lasse meinen Kopf auf den Tresen sinken. Es ist vorbei. Jetzt heißt es hoffen, dass einer von uns beiden unfruchtbar ist. Soll ich meine Reise schon morgen abbrechen oder Australien noch mitnehmen? Anscheinend habe ich mit meiner Geste Mitleid bei der Arzthelferin hervorgerufen, denn sie fährt plötzlich fort: »Eigentlich dürfte ich euch das nicht sagen, aber ...« Ich reiße meinen Kopf hoch. »Ja?«

Sie schaut sich argwöhnisch um, senkt ihre Stimme. »... es gibt mit Sicherheit ein paar Apotheken in der Stadt, die noch einen Restbestand des Präparates haben.«

Und wieder hat sich die Tür zur Erlösung einen Spaltbreit geöffnet.

»Welche Apotheken?« Ich würde am liebsten über den Tresen springen und sie am Kragen packen, um ihr die Dringlichkeit unserer Mission zu erläutern.

»Das weiß ich wirklich nicht. Tut mir leid.«

Die Suche geht weiter.

14:20. Am Schalter der Apotheke nahe Bukit Bintang.

»Ja, die haben wir noch hier.«

O Mann, o Mann, o Mann.

»Allerdings ist der zuständige Apotheker nicht mehr da. Ich kann sie Ihnen leider nicht aushändigen. Am Montag ist er wieder hier – wenn es bis dahin nicht zu spät ist.«

O Maaaann. Als Apothekerin sollte sie wissen, dass das allerdings zu spät ist.

»Aber versucht es mal am KLCC. Soweit ich weiß, bekommt man sie dort.«

14:30. Stau.

15:15. Wir erreichen das KLCC, das Kuala Lumpur Convention Center, die Twin Towers, Wahrzeichen der Stadt, Touristenmagnet. In der dortigen Apotheke fragen wir nach der gewünschten Pille, bekommen eine Packung über den Tresen geschoben, nehmen noch eine zweite dazu, zahlen umgerechnet einen Euro und fünfzig Cent, verlassen die Apotheke und liegen uns für eine unbestimmte Zeit in den Armen. Es ist überstanden.

Hätte ich als Wandergeselle im Mittelalter einen so schwerwiegenden Regelbruch begangen, hätte man mir wohl meinen goldenen Ohrring ausgerissen – den Ohrring, den ich laut traditionellem Zunftgesetz hätte tragen müssen. Unehrenhaft wäre ich aus der Zunft entlassen worden und hätte mich fortan als »Schlitzohr« beschimpfen lassen müssen. Als Designgeselle im Medienzeitalter verzeichne ich den Horrortrip als lehrreiche Erfahrung und komme mit dem bloßen Schrecken davon.

An meinem letzten Abend sitze ich mit Azim auf der Terrasse. Wir trinken Tee und essen frische Mangos, als er fragt: »Sag mal, was war eigentlich los in dieser Nacht? Michelle erzählte mir, sie sei dir zweimal in der Wohnung begegnet, als sie sich etwas zu trinken geholt hat.«

Nachdem die Sache glimpflich ausgegangen war, hatte ich keinen Grund gesehen, jemandem von der Nacht zu erzählen – nicht nur aus kulturellen Gründen, sondern vor allem, weil mir das Ganze unglaublich peinlich ist. Die letzten Wochen habe ich jedoch so viel Zeit mit Azim verbracht, dass wir zu engen Freunden geworden sind. Außerdem scheint mir, als mein Gastgeber habe er eine Erklärung für mein merkwürdiges Verhalten verdient. Ich lasse kein Detail aus. Er scheint sich köstlich zu amüsieren. Als mein kleiner Bericht dieser ominösen Jagd vorbei ist, lehnt sich Azim genüsslich zurück. »Du weißt, dass du mit mir über alles reden kannst. Hättest du mir von dieser Sache erzählt, hätte ich dir gleich gesagt, wo du die Pille danach bekommst. Ich habe überall meine Kontakte, das weißt du doch.«
Ja, das weiß ich wohl.

Durch die Straßen von Chinatown weht der Föhn, nicht erfrischend genug, um die Hitze erträglicher zu machen. Gegen Ende der Regenzeit fühlt sich die feuchte Luft an wie ein lauwarmes Bad in der Wanne. Der Dunst der Garküchen schwängert sie mit würzigen Geschmäckern – ja, hier kann man die Luft beim Einatmen schmecken. Ich bin alleine hier, lasse das letzte Mittagessen mit Azim und Michelle ausfallen, um mich gedanklich auf Australien vorzubereiten. Heute Abend geht mein Flug nach Brisbane. Zurück in die westliche Kultur, auf den östlichsten Kontinent der Welt. Nach langer Zeit werde ich wieder in die Fremde aufbrechen, denn meine Rückkehr nach Bangalore und Kuala Lumpur war alles andere als eine Entdeckungsreise – obwohl es teilweise sehr abenteuerlich zuging. Mit Kopfhörern in den Ohren schlendere ich im Takt zu Bon Ivers »*For Emma, Forever Ago*« an den Ständen der Straßenhändler vorbei. Ich bin nicht hier, um mir eine gefälschte Markensonnenbrille oder T-Shirts mit unlustigen Sprüchen zu kaufen. Ein letztes Mal will ich mich an der visuellen Kraft dieser Stadt berauschen, mich meiner Melancholie hingeben. Was wäre, wenn ich in Kopenhagen geblieben wäre, wenn Metteline und ich es geschafft hätten, unsere Beziehung durch das schwierige erste Jahr zu retten?

Ich fand Zuflucht in Deutschland, in der Schweiz, in Indien und Malaysia, bei meiner Familie und meinen Freunden, aber meine Abenteuerlust hat sich unterwegs verabschiedet. Australien macht mir Angst. Nicht das Land an sich, sondern die Abwesenheit meiner Vertrauten. Azim, Michelle, Freeman und

Eve, Simon, meine Eltern – ich konnte in den letzten Monaten immer auf Verständnis hoffen.

»*Come on skinny love just last the year*«, singt Justin Vernon.

Wenn ich es mir recht überlege, kostet mich die anstehende Reise viel mehr Überwindung als der Aufbruch nach Schanghai. »Ich habe nichts zu verlieren«, dachte ich damals. Und jetzt, da ich wirklich nichts zu verlieren habe, verlässt mich der Mut.

Die chinesischen Verkäufer winken mich zu ihren Ständen. Ich kann sie nicht hören, sehe bloß die Bewegung ihrer Münder, die mir einen guten Preis versprechen. Ich glaube, es ist das erste Mal, dass ich so etwas wie Heimweh verspüre. Nicht das Ziehen der Sehnsucht, sondern ein Bedürfnis nach Geborgenheit.

»*And I told you to be patient,*
and I told you to be fine,
and I told you to be balanced,
and I told you to be kind.«

Allein bei dem Gedanken an Australien fühle ich mich einsam.

#10
IM TOLLHAUS

*Brisbane,
Juni - August 2011*

Warum Brisbane? Die Absagen auf meine E-Mail-Anfragen nahmen kein Ende. Die Anfragen in den kreativen Hauptstädten Australiens, Sydney und Melbourne, blieben erfolglos, und auch in Perth schien sich niemand für meine Arbeit zu interessieren. Noch nie war es bisher so schwierig gewesen, einen Job zu finden.

Brisbane liegt in Queensland, in der südlichen Hemisphäre. Auch im Winter herrschen dort angenehme Temperaturen. Zudem ist der Flug von Malaysia aus für mich gerade noch bezahlbar. Zum ersten Mal während meiner Walz reise ich in ein sogenanntes Erste-Welt-Land, um dort auf Arbeitssuche zu gehen – und werde schon am Flughafen ganz anders in Empfang genommen. Ich stehe um sieben Uhr morgens am Gepäckband, als mich eine Sicherheitsangestellte zu dem Zweck meines Besuchs befragt.

»Reisen und ein bisschen für Kost und Logis arbeiten«, gebe ich offen zu. Australien ist das erste Land auf meiner Route, das es mir gestattet, mit einem Touristenvisum unentgeltliche Arbeit zu leisten. Hier darf ich meine Dienste ganz legal für Kost und Logis anbieten.

Nachdem ich die Fragestellerin zufriedengestellt habe, geht es durch die Sicherheitsschleuse, wo ich weitere Fragen beantworten muss.

»Wo kommen Sie gerade her?«

»Malaysia.«

»Waren Sie dort im Dschungel unterwegs?«

»Äh, ich war letzte Woche in einem Fluss im Dschungel baden, ja.«

»Mit diesen Schuhen?«

»Ähm, ich bin mit diesen Schuhen zum Fluss gelaufen, ja«, gebe ich verwirrt zu.

»Könnten Sie die bitte ausziehen?«

Es sind die einzigen Schuhe, die ich – abgesehen von meinen Flip-Flops – dabeihabe, und sie sind ziemlich ausgelatscht. Sie riechen auch. Ich schlüpfe dennoch bereitwillig heraus, denn der grauhaarige Sicherheitsbeamte sieht so aus, als würde er es ernst meinen.

»Wozu brauchen Sie die denn, und bekomme ich sie wieder?«, frage ich bei der Übergabe.

»Das werden wir sehen«, sagt er und streift sich Gummihandschuhe über. »Ich muss nachschauen, ob sich Pflanzenrückstände im Sohlenprofil befinden. Die Einfuhr von Pflanzen oder Samen sowie von Tieren, die hier nicht heimisch sind, ist strengstens untersagt. Aber wie ich sehe, sind die Sohlen so abgenutzt, dass sich darin nichts mehr verstecken könnte. Sie dürfen Ihre Schuhe wieder anziehen.«

Wer hat noch nicht von den giftigen Riesenkröten, den Kaninchen, Käfern und Schlingpflanzen gehört, die versehentlich oder bewusst nach Australien eingeschleppt worden sind. Lebewesen, die dort keine natürlichen Feinde haben und sich über die Jahrzehnte hinweg zu regelrechten Plagen entwickelt haben. Eine reine Vorsichtsmaßnahme.

Mit dem Bus fahre ich zum Bahnhof der Gold Coast, um dort in den Zug nach Brisbane umzusteigen. Es ist Freitag früh, kurz vor Schulbeginn. In den kleinen Siedlungen entlang der Busstrecke steigen Schüler aller Altersklassen in ihren blauen Schuluniformen zu, tragen lautstark Meinungsverschiedenheiten aus oder tratschen über den gestrigen Tag. Ich fühle mich fehl am Platz. Gerade eben war ich noch in einer asiatischen Großstadt, nun fahre ich am Ende der Welt durch eine nordamerikanisch wirkende Vorstadtkulisse. Bloß, dass es keine Vorstadt ist. Oder besser gesagt: Alles hier an der Gold Coast ist Vorstadt. Und die Summe dieser Vorstädte ergibt eine Stadt.

Ich entspanne mich etwas, als ich in Brisbane ankomme. Hier gibt es zumindest ein paar kleinere Hochhäuser. Nicht dass ich ein Freund von Großstädten wäre, aber für mein Vorhaben rechne ich mir in Ballungsorten mehr Chancen aus.

JC trägt einen Anzug und fährt Audi. Er holt mich in seiner Mittagspause vom Bahnhof ab, um mich in seine Wohnung am Kangaroo Point zu bringen. Da ein Mehrbettzimmer in Australien ab fünfzehn Euro aufwärts kostet, bin ich diesmal auf den Service der Website *Couchsurfing* ausgewichen. In dieser Online-Community versammeln sich Leute, die Reisenden ihre Couch oder ein Extrabett anbieten. Kurz vor meiner Abreise aus Kuala Lumpur schrieb ich sechs Personen an, drei von ihnen gaben mir eine positive Rückmeldung. JC war meine erste Wahl, weil sein Profil einen netten Eindruck machte. Dass man sich im Internet gemeinhin so darstellt, wie man gerne wäre, schmälert für mich nicht den Reiz dieser Idee. Die Begegnungen haben etwas von einem Blind Date – Überraschung und gewiss auch ein bisschen Risiko. Womöglich ergeben sich über *Couchsurfing* sogar neue Kontakte. JC hat einen etwas gewöhnungsbedürftigen schrägen Humor, aber unsere Interessen sind ähnlich – ich bin ein Weitgereister, und er trägt seinen Anzug bloß, weil er so schnell wie möglich an Geld kommen möchte, um seine nächste Weltreise zu finanzieren.

Sein Apartment liegt direkt am Brisbane River. Es ist modern eingerichtet, besteht aber aus nur einem Zimmer. Darin stehen ein Bett und eine Couch – meine Schlafgelegenheit. Die Aussicht, neben einem Fremden zu schlafen, macht mich nicht gerade glücklich, vor allem jetzt, wo ich aus meinem luxuriösen Zimmer in Kuala Lumpur komme. Ich bin gerne unter Menschen, auch auf engstem Raum. Geht es aber um meinen Schlafplatz, bevorzuge ich es, nur von vier Wänden umgeben zu sein.

Deswegen nutze ich die Gelegenheit für ein Nachmittagsschläfchen, als JC wieder zur Arbeit fährt.

Abends kochen wir vegan zusammen. JC kennt nicht viele Leute in Brisbane, wie er mir erzählt. Offenbar ist er tatsächlich nur hier, um diesen Job als Versicherungsvertreter zu machen. Einen Job, den er hasst, »der mich aber auf dem schnellsten Wege zum Around-the-world-ticket führen wird«. JC redet gern und wenn niemand in der Nähe ist, der ihm zuhört, unterhält er sich eben mit sich selbst. Während er die aktuellen Sportwetten ausfüllt, fällt mir das besonders auf.

»Ich hab doch gesagt, die verlieren.« Er grinst. »Na, dann setzen wir beim nächsten Mal wieder gegen euch. Wär doch gelacht, wenn ich euch nicht noch mal drankriege.« Es folgt irgendetwas Unverständliches.

»Bitte was?«, frage ich.

»Ach, nix«, antwortet JC.

Zugegeben, die Selbstgespräche machen die Tatsache, dass ich heute Nacht neben ihm schlafen werde, nicht angenehmer. Menschen, die Selbstgespräche führen, waren mir schon immer ein bisschen unheimlich.

Bei der Jobsuche kann JC mir ohne jegliche Kontakte natürlich nicht helfen, also schreibe ich wieder E-Mails, jetzt mit dem Angebot, persönlich vorbeizuschauen.

Nach drei Tagen ziehe ich wie vereinbart um. Es geht nach Oxley, in die tiefste Vorstadt. In Oxley sucht man etwas länger nach einem Supermarkt oder Orten sozialer Zusammenkunft. Ich beziehe mein eigenes Zimmer im Haus von James, einem IT-Sicherheitsberater der Regierung, fünfundvierzig Jahre alt. Florence bewohnt ein weiteres Zimmer, eine Französin, die ausgewandert ist und sich in Australien niederlassen möchte. Sie ist seit drei Monaten auf Jobsuche. Nicht nur die Umgebung, auch die Wohnung versprüht den Charme muffiger Vorvorstadtatmosphäre. Schon am ersten Abend wird deutlich, dass es kein

Thema gibt, über das meine Mitbewohner und ich mehr als zwei Sätze tauschen können.

»Und was machst du in Australien? Gehst du auf einen Roadtrip?«, fragt mich James nach meinen Plänen.

»Nein, das habe ich eigentlich nicht vor. Ich mache ein Projekt. Ich reise um die Welt und arbeite als Designer, Fotograf und Architekt, verlange dafür aber kein Geld, sondern ausschließlich …« James hat seine Aufmerksamkeit längst wieder auf seine Facebook-Pinnwand gerichtet.

»Ja, vielleicht gehe ich auch noch auf einen Roadtrip«, beende ich meine Reiseerzählung.

»Ah-ha, hmm ja, mach das. Ist ein schönes Land«, murmelt James.

Reihum wird gekocht. Heute ist Florence dran, die uns den Mund wässrig redet.

»Ich mache heute meine Lieblingspasta. Da freue ich mich schon drauf. Du dich auch, James?«

»Mhhh, die Pasta, die du ganz zu Anfang mal gemacht hast? Lecker.«

Schließlich stellt sie eine Pfanne mit matschigen Spaghetti, Eiern und Ketchup auf den Tisch. Ich bin nach diesem Abendessen fest davon überzeugt, dass sie wegen ihrer kulinarischen Fehlleistungen aus dem Land der Feinschmecker ausgewiesen wurde. So etwas wird in Frankreich bestimmt nicht geduldet.

Sobald die Sonne untergeht, wird es kalt. In Oxley gehen die Temperaturen runter bis auf fünf Grad. Die Wände der Häuser sind meist aus dünnen Holzplanken gebaut, die Fenster einfach verglast. Bei neun Monaten Hochsommer im Jahr ist das durchaus plausibel. Aber während der restlichen zwölf Wochen kann es verdammt ungemütlich werden. Schon nach meiner ersten Nacht wache ich mit kratzigem Hals und Schnupfen auf.

Das Jaaga Team plant Baumaßnahmen

Der vertikale Garten entsteht

Eine dreißig Meter lange Yacht in der Produktionshalle von DeBirs

Leere Strände am Mittelmeer

Einsame Tage während Ramadan

Vor dem Start des *Great Ethiopian Run*

Straßenkinder in Addis Abeba

Zusammen mit dem äthiopischen Langstreckenläufer Haile Gebrselassie

Neugierige Kinder in Bangalore

Indien ist Weltmeister im Cricket

Mittagsschlaf auf einem Hindu-Friedhof in Bangalore

Projektvorbereitung für
The Bollywood Movie Star
Straßenarbeiten in Delhi ▶

Meine Arbeitgeber von Bedlam Records in Brisbane

◂ Endlose Weite auf australischen Straßen
Rasten im Hinterland von Queensland ▸

Florence geht mir unglaublich auf die Nerven. Nicht dass sie mich mit Monologen bombardieren würde, ganz im Gegenteil: Sie ignoriert mich. Wenn ich sie anspreche, weil ich eine Frage habe, schaut sie erst nach mehrmaligem Nachfragen über den Rand ihrer Brille und zieht fragend die Augenbrauen nach oben. Nach drei Versuchen, mit ihr ins Gespräch zu kommen, sehe ich von weiteren Annäherungen ab. Wenn James abends nach Hause kommt, überprüft er als Erstes seine Facebook-Pinnwand, um uns Neuigkeiten von seiner Freundin zu erzählen. Auf einem Foto zeigt er mir eine phantastisch aussehende Blondine, die in der Ukraine wohnt. James ist klein, untersetzt, trägt eine Hornbrille und wirkt ein bisschen wie ein kleiner Junge, für den eine Welt zusammenbrechen würde, wenn man ihm erzählte, es gäbe keinen Weihnachtsmann. Und wenn er von seiner Freundin erzählt, die ihm täglich Liebesgrüße aus der Provinz schickt, blüht er so richtig auf. Er ist, genau wie JC und auch Florence, ein einsamer Mensch.

»Vielleicht würden James und Florence ein nettes Paar abgeben?«

»Vielleicht aber auch nicht.« Auch bei mir schlägt die Einsamkeit langsam durch. Noch finden die Selbstgespräche nur in meinem Kopf statt, aber das kann sich täglich ändern.

Nach drei Tagen bin ich endlich zurück in der Innenstadt. Im Bezirk St. Lucia befindet sich die große *University of Queensland*. Trotzdem ist es hier recht ruhig. Das mag sich anhören, als sei Brisbane die langweiligste Stadt der Welt, aber ich muss gestehen, dass sie mir von Tag zu Tag sympathischer wird. Selten habe ich eine so grüne Stadt gesehen, und die Leute hier machen einen extrem gelassenen Eindruck.

Es geht zu Teri, meiner dritten Couchsurfing-Gelegenheit. Sie ist eine aufgedrehte Zwanzigjährige mit Pausbacken und Kurzhaarschnitt. Die nächsten vier Wochen will sie auf einem Workshop der australischen Linken irgendwo im Outback verbringen. Da die Semesterferien bald beginnen, werden auch ihre Mitbewohner die Stadt verlassen. Ich werde ein komplettes Haus mit Swimmingpool für mich alleine haben. Vertrauen in Fremde haben sie, diese Australier.

Seit zwei Wochen bin ich nun an der Ostküste des Kontinents, habe aber noch immer keinen Job in Aussicht. Immerhin ist ein Fotograf von der Gold Coast so angetan von meinem Projekt, dass er mich in Brisbane besuchen kommt. Beim gemeinsamen Abendessen klärt er mich darüber auf, warum ich bei der Arbeitssuche solche Probleme habe.

»In der kalten Jahreszeit liegt die Branche im Winterschlaf. Viele der australischen Fotografen gehen für die kommenden Wochen nach Europa oder in die USA, weil die Auftragslage dort sehr viel besser ist.«

Ich bin zur völlig falschen Zeit am falschen Ende der Welt. Thor, der aus Norwegen hierher ausgewandert ist, hat aber noch eine andere Theorie: »Australien ist mit Menschen besiedelt, die ursprünglich aus Europa stammen. Ihre Vorfahren wurden vor Jahrhunderten als Strafgefangene hierher verschleppt. Nun leben sie im äußersten Winkel der Welt, noch hinter dem asiatischen Kontinent. Das nagt an ihrem Selbstwertgefühl. Und dann kommt ein Deutscher daher und bietet ihnen Almosen, seine Kreativität im Tausch gegen Essen und einen Schlafplatz. Da blocken sie sofort ab. Bitte die Australier um eine Unterkunft und Essen ohne Gegenleistung, und sie werden dich aufnehmen. Du kannst ihnen deine Arbeit immer noch irgendwie unterjubeln, wenn du erst mal dort bist.«

Es soll nicht so weit kommen, dass ich jemandem meine Arbeit unterjubeln muss. Am Tag nach dem Treffen mit Thor geht eine Antwort auf eine meiner älteren Couchanfragen in meinem Mailaccount ein:

»Hi, Fabian, ich bin gerade auf den Malediven und kann
nur sporadisch ins Internet, deswegen konnte ich nicht früher
schreiben.
Leider kann ich dir keinen Schlafplatz anbieten, aber mein
Kumpel Duncan hat vor einiger Zeit ein Musiklabel gegründet
mit einem eigenen Aufnahmestudio. Falls du noch nach
einem Job suchst, frag auf jeden Fall bei ihm an.
Cheers
Jacob«*

Nach drei Wochen finde ich endlich auch in Australien einen Job. Duncan gefällt die Idee, dass ich am öffentlichen Auftritt seines Labels arbeiten könnte. *Bedlam Records* ist noch recht jung, deswegen gibt es viel zu tun. Duncan plant zwar in Kürze eine mehrwöchige USA-Reise, wird mich aber während dieser Zeit in seinem Zimmer wohnen lassen. Und die anderen Jungs vom Label sind alle vor Ort, um mit mir zu arbeiten.

Um fünfzehn Uhr bin ich mit Tom verabredet, einem von Duncans Mitbewohnern, der auch Teilhaber des Labels ist. Es gibt keine Klingel an dem Einfamilienhaus, aber die Tür ist unverschlossen, und so trete ich ein. Niemand scheint zu Hause zu sein. Große Sofaecke im Wohnzimmer, hinter einer Glaswand ein weiteres Zimmer, ausgestattet mit mehreren Couchen, einem Flatscreen-Fernseher und Spielkonsolen. Eine riesige hölzerne Veranda zieht sich über die ganze Breite der Hauswand. Ich nehme am Gartentisch Platz, um zu warten. Merkwürdig, dass ich wie selbstverständlich auf der Terrasse eines fremden Hauses sitze und die Sonne genieße – aber ich fühle mich nicht fehl am Platz. Auch der muskelbepackte Blonde, der sich augenreibend einen Kaffee in der Küche zubereitet, wirkt nicht überrascht, mich hier zu sehen.

»Hi, willst du auch einen Kaffee?«
»Ja klar, danke.«

»Ich heiße Chris, aber alle nennen mich Crank«, stellt er sich vor, ohne Interesse daran zu zeigen, wer ich bin und was ich hier auf seiner Veranda tue.

»Ich komme aus Michigan, USA, und habe hier in Brisbane meinen Master in International Business Relations gemacht. Gerade bin ich auf Jobsuche, aber ich bin vor allem Schlagzeuger der Band *Swim*, in der auch Duncan und Tom spielen.«

»Aha.« Ich weiß nicht recht, wie ich auf diesen Informationsschwall reagieren soll.

»Tom war gestern bis in die Morgenstunden im Studio, um Songs abzumischen. Ich habe ihn aber schon auf dem Weg ins Badezimmer getroffen. Kann nicht mehr lange dauern, bis er hier auftaucht und seinen Kaffee abholt«, erklärt Crank. »Du bist Fabian, richtig? Duncan hat uns gestern vor seiner Abreise von dir erzählt. Hört sich ziemlich spannend an. Würde ich auch gerne machen, so eine Reise. Aber ich will erst mal arbeiten, Geld verdienen. Wenn möglich, viel Geld.«

Beinahe hätte ich es überhört. Er weiß also Bescheid, deswegen findet er auch nichts Ungewöhnliches daran, mich im Haus anzutreffen.

Tom erscheint mit verwuschelten Haaren, bekleidet mit Boxershorts.

»Hey, ich bin Tomas, aber alle nennen mich Tom«, stellt er sich in breitem australischem Englisch vor. Tom ist Mitbegründer des Labels. Während Duncan für die geschäftlichen Dinge zuständig ist, übernimmt Tom den kreativen Part. Sein Arbeitsplatz ist das Studio, das die Jungs in der Garage des Hauses eingerichtet haben. Er ist 21 Jahre alt, Duncan 22. Und schon Besitzer eines Musiklabels. Auch wenn sein Unternehmen noch in den Kinderschuhen steckt, bin ich beeindruckt von seiner Zielstrebigkeit. Ganz besonders freut es mich, dass ich bei *Bedlam Records* viel mit einer meiner Leidenschaften zu tun habe – der Musik. Als Kind habe ich Trompete und Klarinette gespielt, bevor ich als Jugendlicher zur E-Gitarre wechselte. Bis zu meiner Diplomarbeit habe ich immer in unterschiedlichen Bands gespielt. Nach fast drei Jahren Pause bin ich jetzt endlich wieder von musikbegeisterten Menschen umgeben.

Nachdem Tom und Crank mir von ihrer Band und dem Label erzählt haben und wir einige Ideen zusammengetragen haben, was ich hier tun könnte, tritt ein Sunnyboy auf die Terrasse: groß, muskulös, die Haare vom vielen Surfen ausgebleicht.

»Hi, ich bin Junky.« Junky ist Jacks Spitzname, der aus seinem Künstlernamen geformt wurde. Unter dem Pseudonym Junkyard Willy legt er als DJ auf. Er wohnt ein paar Straßen entfernt bei seinen Eltern und ist mit 24 Jahren einer der Ältesten aus der Gruppe.

Das Haus ist ein Transitraum. Immer wieder schauen junge Leute vorbei, rauchen eine Zigarette und werden schon bald vom nächsten Kurzbesucher abgelöst.

Am späten Nachmittag erscheint das letzte Bandmitglied. Noch bevor ich einmal in sein Gesicht geschaut habe, ist der Junge mehrmals zwischen seinem Zimmer im Untergeschoss, der Küche, dem Badezimmer, dem Wohnzimmer und dem Obergeschoss hin und her geflitzt. Flasha wirkt, als wäre er dauerhaft auf Speed. Er ist der Gitarrist von *Swim*, redet unaufhörlich, meistens mit sich selbst. Er legt einen Song in seinem Zimmer im Untergeschoss auf, schwärmt davon, wechselt nach zwanzig Sekunden die Platte, um von einem anderen zu schwärmen, brüht sich in Rekordzeit einen Kaffee auf und legt einen weiteren besten Song aller Zeiten auf. Er hat die Aufmerksamkeitsspanne eines Welpen. Und er macht mich nervös. Unsere erste Unterhaltung spielt sich in Form eines dreißig Sekunden langen Monologes ab. Flasha erzählt mir von seiner Idee, ich könnte ein Musikvideo von der Band drehen. Er bricht abrupt ab, als ihm einfällt, welcher Song jetzt besonders gut zu seiner Stimmung passen würde.

Gegen Abend, als die Sonne untergeht, ziehen wir uns in den Raum hinter der Glasscheibe zurück. Es läuft ein wichtiges Rugbyspiel der Reds, dem heimischen Verein, gegen den Rivalen aus Melbourne. Ich komme nicht nach mit dem Zählen der Joints, die seit meiner Ankunft kreisen. Nur Junky bevorzugt seine selbstgebaute Bong, was mich nicht weiter überrascht.

Toms Freundin Lucy kommt vorbei, ein Energiebündel, das ich für den Rest meines Aufenthalts stets mit einem Longdrink in der Hand treffen werde. Mit ihr taucht Chrissie auf, ein stilles Mädchen im Batik-Pulli, mit kurzgeschorenen Haaren und einem bekifften Grinsen im Gesicht. »Keiner weiß genau, wer Chrissie ist«, erklärt mir Tom. »Sie ist eben Chrissie, das Mädchen auf der Couch.«

Jess, eine weitere Dauerbesucherin und Duncans Groupie, kommt herein, nachdem Lucy sich auf einen der Sitzsäcke hat plumpsen lassen und dabei den Burmakater Munka von seinem Schlafplatz katapultiert hat. Jess steigt über die quer im Raum liegende Lucy, setzt sich auf den Boden und holt eine Tüte Gras aus ihrem BH, um den gefühlt fünfhundertsten Joint des Tages zu bauen. Alleine das Passivkiffen macht mich so stoned, dass ich die *Spliffs* einfach weiterreiche. Sechs Wochen werde ich diesen Konsum nicht durchhalten.

Ganz und gar westlich präsentiert sich die kleine Eigenwelt von *Bedlam Records* am anderen Ende des Planeten. Stereotypischer könnte das Leben junger Leute am Anfang ihrer Zwanziger nicht sein – ich befinde mich in einem Hollywoodfilm, der alle Klischees bedient. Ein Film, von dem man nachher sagt: »Zu übertrieben in der Charakterzeichnung.« Manchmal ist die Wirklichkeit überzeichneter, als es der gute Geschmack erlaubt.

Nach dem Spiel stößt eine Gruppe von zehn weiteren Leuten zu uns. Jeder trägt ein Sixpack Bier. Johnson, Maddy, Lori, Steve, es sind einfach zu viele Namen für meinen ersten Tag. Während wir auf den Sofas im Wohnzimmer Platz nehmen, bleibt

Lucy regungslos auf ihrem Sitzsack liegen. Wie ein Chamäleon scheint Chrissie mit ihrer Couch zu verschmelzen.

Ich bin wieder zwanzig und nehme an einem Trinkspiel teil. In einer schwarzen Trainingsjacke und mit einer gelb getönten Fliegersonnenbrille, die ich in einer Ecke des Wohnzimmers gefunden habe, sitze ich stark angeheitert zwischen den anderen, grinse im THC-Rausch in die Runde und trinke mein Glas leer, sobald ich die geforderte Zahlenreihe nicht vervollständigen kann. Plötzlich ruft jemand, der mich schon die letzten Minuten auffällig gemustert hat: »Holy shit, du siehst aus wie Kavinsky.« Ich kenne Kavinsky. Er ist DJ des bekannten französischen Labels *Ed Banger*.

»Ja, Mann, du bist Kavinsky.« Zustimmung aus der Runde.

»Hey, Kavinsky, willst du nicht ein bisschen für uns auflegen?« Nach nicht einmal acht Stunden habe ich meinen eigenen Spitznamen. Jetzt setzt die kreative Phase ein, und grandiose Ideen werden ausgebrütet.

Tom schlägt vor: »Wie großartig wäre das, wenn wir zur Releaseparty unserer Wintercompilation am Freitag das Gerücht streuen würden, Kavinsky sei zu Besuch.«

»Sicher, warum nicht«, gebe ich mein Einverständnis.

Junky wird mir einen Crashkurs am Mischpult geben, damit ich ein paar wenige vorgemixte Songs präsentieren kann. Als DJ-Double sollte ich zumindest wissen, an welchen Knöpfen ich keinesfalls drehen darf. Eine Premiere: Als Improvisationsdarsteller habe ich bisher noch nicht gejobbt.

Am Tag nach dem Gelage lese ich einen Hinweis auf die kommende Releaseparty in Bedlams Labelprofil auf Facebook. »Man munkelt, Kavinsky sei in der Stadt«, und am großen Tag verbreiten die Jungs ein Foto von mir von besagtem Abend mit der Überschrift: »Kavinsky chillt im Bedlam-Hauptquartier vor seinem Auftritt mit Junkyard Willy.« Jetzt wird tatsächlich ernst gemacht. Bis heute hatte ich nicht wirklich daran geglaubt, dass wir die Sache durchziehen würden. Nun packt mich das Lampenfieber, ich schaue mir auf die Schnelle noch ein paar Videos von meinem Vorbild an, studiere Kavinskys Art zu reden ein, seine Gestik und Mimik. Und jetzt, da ich ihn in Aktion sehe, kann ich kaum eine Ähnlichkeit zwischen uns erkennen. Sogar seine Trainingsjacke und seine Fliegerbrille sehen bei genauerer Betrachtung gänzlich anders aus als meine Accessoires. Kavinsky spricht Englisch mit starkem französischem Akzent. Dabei benutzt er viele Kraftausdrücke. Meist erzählt er, wie viele Frauen er schon flachgelegt habe und wie überdimensioniert sein Gemächt sei.

Um 21:00 gehen die Türen im *Fortitude Valley* auf, das Spektakel kann beginnen. In bekannter Kostümierung schlendere ich durch den Club, betrachte das Treiben aus der Perspektive des Stars. Als weltbekannter DJ gehe ich an den Tresen, um mir ein Bier zu bestellen. Als ich bezahlen möchte, gibt der Barkeeper mir zu verstehen, dass das schon erledigt sei, und deutet mit einem Nicken ans andere Ende der Bar. Dort steht einer, der mir nun durch den Raum zuprostet. Ich ziehe meine Brille ein Stück den Nasenrücken herunter, zwinkere ihm zu und hebe meine Flasche in seine Richtung. Als ich die Toilette aufsuche, kommt ein Australier zu mir, der mich, noch im Begriff, sich die Hose zuzuknöpfen, fragt, ob ich später auflegen werde. »Mal sehen.« Ich denke, das kann man als authentische Antwort durchgehen lassen. Doch die Fans werden zunehmend lockerer. Mit jedem Bier verringert sich ihre Hemmschwelle. »Dürfen wir ein Foto mit dir machen?« Natürlich dürfen sie. Erst als ich gebeten werde, verschiedene Körperstellen mit meiner Unterschrift zu verzieren, schiebe ich einen Riegel vor. »Ich bin Analphabet«, erkläre ich meine Ablehnung. Mit einem kollektiven Lacher, bin ich aus der Nummer raus. Die Leute stehen nun Schlange, um mir eine Zigarette anzubieten und ein wenig zu plaudern. Mein

Glück, dass keiner der Australier des Französischen mächtig ist. Auch das Freibier lockert meine Zunge. Spricht man Englisch nicht sowieso immer mit französischem Akzent, wenn man betrunken ist? Als mich ein Jung-DJ fragt, welches Equipment ich benutze, fasele ich irgendeinen Schwachsinn von 8-Bit-Rekordern und Magnetspulen. Es ist ja allgemein bekannt, dass ich nie ernst bin. Auch das habe ich aus den Interviews des echten Kavinsky gelernt.

Doch dann versucht mich einer aus der Reserve zu locken. Mit zwei Mädels im Arm stellt er sich vor mich hin und fragt: »Hey, Kavinsky, stehst du auf australische Pussies? Willste ein paar Aussi-Bitches knallen?«

Die beiden Blondinen an seiner Seite grinsen mich blöde an, wickeln Strähnen um ihre Zeigefinger, glucksen. So langsam wird es unschön. Ich hoffe, dass ich bald meine zwei Songs auflegen und mich danach verdrücken kann. Was würde Kavinsky in dieser Situation tun? Er würde noch einen drauflegen, da bin ich mir sicher.

»Ein paar süper Bitches warten in mein Otelzimmer. Isch bin swar Fransos, aber deswegen nischt ein Süpereld. Mehr geht eut' nischt für misch.« Ich bin unsicher, ob der Typ mir das abkauft, aber die blonden Groupies wenden sich enttäuscht von mir ab. Wahnsinn, was es für Leute gibt.

Am Ende des Abends leiste ich endlich meinen Dienst als DJ, stehe neben Junky am Mischpult, schüttele meine Faust im Rhythmus der Beats, um der Menge einzuheizen. Die Ankündigung des französischen Star-DJs hat das Label weitaus mehr Tickets verkaufen lassen, als wir gehofft hatten. Mein erster Job in Australien war ein voller Erfolg.

In der Regel stehe ich als Erster auf, setze mich mit einem Kaffee auf die Veranda und überlege, was ich für *Bedlam Records* tun könnte. Fotos, Videos, graphische Gestaltung. Im Grunde ist das Aufgabenfeld unerschöpflich. Meist ist Crank der Erste, der sich Tabak von mir »leihen« möchte. Irgendwann kommt Junky vorbei, um seine Frühstücksbong zu rauchen. Flasha taucht immer mal wieder aus dem Nichts auf, ist aber genauso schnell wieder verschwunden. Tom steht für gewöhnlich erst ab dem Nachmittag für Gespräche zur Verfügung, dabei ist er es, der mit mir zusammenarbeiten soll. Tom ist ein Eigenbrötler. Manchmal setzen wir uns zusammen, um ein Musikvideo für *Swim* zu planen. Irgendwann verschwindet er dann einfach. Ich vermute ihn auf der Toilette oder unter der Dusche, finde ihn aber nach seinen Fluchtaktionen meist im Aufnahmestudio, wo er am Schneideprogramm sitzt und mit Junky neue Tracks für ihre gemeinsame EP als DJ-Duo *Those Wankers* bastelt. Immer wieder heißt es: »Ja, so machen wir das. Wir gehen morgen in die Stadt, um Locations zu scouten.« Ich merke schnell, dass ich auf diese Art wenig Erfolg haben werde. Also verbringe ich mehr Zeit im Studio, höre mir die neuen Tracks an und gebe meine Meinung dazu ab. Bald werde ich regelmäßig von Tom zu Rate gezogen. »Hört sich das Hi-Hat zu blechern an? Was denkst du? Und soll es lieber Achtel oder doch Viertel anschlagen?«

»Spiel doch ein bisschen damit. Mach zwei Schläge zu, dann einen bei geöffneter Hi-Hat. Könnte abwechslungsreicher sein.«

»So?«

»Ja, zum Beispiel. Finde ich schon viel besser.«

Nach einer Woche verbringe ich den größeren Teil meiner »Arbeitszeit« im Tonstudio. Meist bei einer Flasche Wein und mit gespitzten Ohren. Mitunter spiele ich sogar selbst ein paar Takte am Keyboard ein. Eines Abends schlägt Tom vor: »Lass uns einen kitschigen Elektro-Popsong komponieren.« Der Chorus steht nach kurzer Zeit, die Strophen und Übergänge auch bald darauf. Die Sonne steht hoch am Himmel, als wir den fertig abgemischten Song »L'éclat, c'est moi« bei einem Glas Wein genießen. Plötzlich ist aus dem DJ-Duo *Those Wankers* ein Trio geworden. Als Design-Wandergeselle hatte ich mich angekündigt, doch die meiste Zeit verbringe ich hier als Musiker mit den Musikfanatikern der Bedlam-Crew. Aber schon bald kommt es zu Reibereien. Der harte Kern spaltet sich in zwei Lager. Diejenigen, die auf dem Papier Eigentümer und Mitarbeiter des Labels sind, und die anderen, die es gerne wären. Tom ist während Duncans Abwesenheit der einzige Eigentümer und sichtlich überfordert damit, den Bandmitgliedern von *Swim* zu erklären, dass sie keine Angestellten des Labels sind. Vor allem Crank sucht die Auseinandersetzung. Mit seiner Argumentation wirkt er bei den Australiern und ihrer Laid-back-Mentalität völlig fehl am Platz. Ständig wirft er seinen Freunden vor, das Label zugrunde gehen zu lassen. Er, der einen Master in Business hat, könnte ihnen zu viel schnellerem Erfolg verhelfen. Als der Älteste und als unabhängiger Beobachter werde ich immer wieder als Schiedsmann missbraucht, wenn es zur Sache geht. Treffe ich jemanden einzeln an, kann ich mir sicher sein, dass er mir sein Herz ausschüttet. Mittlerweile habe ich sie alle liebgewonnen, mit ihrem Enthusiasmus, ihrer Leichtfüßigkeit und auch mit ihren Macken, und höre zu, um mir eine unabhängige Meinung bilden zu können. Doch ein wenig albern komme ich mir schon vor, wie ein Berufsschullehrer, der seine Klasse auf Zusammenhalt einschwört.

Die Nächte sind lang, und das Haus ist ständig voller Leute. Der Morgen ist die einzige Zeit des Tages, zu der ich dem Trubel entfliehen kann. Nur Chrissie schmiegt sich zu dieser Tageszeit in eine Couchfalte, aber sie stört meinen Frieden nicht.

Der Streit weitet sich aus, so dass bald täglich diskutiert wird. Dabei bleibt der einzige Rückzugsort das Tonstudio, die einzige Ablenkung Musik. Nur während der Proben fließen garantiert keine Tränen und verstummen die Anschuldigungen. Das Studio wird zum einzigen Ort, an dem Frieden herrscht – ein neutrales Territorium. *Bedlam*, zu Deutsch: *Tollhaus*, fängt an, seinem Namen alle Ehre zu machen.

Noch bevor die EP von *Those Wankers feat. Fabian Sixtus Körner* fertiggestellt wird, flieht Tom vor der ständigen Konfrontation. Er zieht zu seinen Eltern ins Hinterland, um bei der Farmarbeit Dampf abzulassen. Sein Rückzug hätte Cranks Sieg sein können, doch da Duncan zur gleichen Zeit aus den Staaten zurückkehrt, glätten sich die Wogen. Er ist so etwas wie eine Respektsperson, zum einen, weil ihm das Haus gehört, zum anderen, weil er ein guter Vermittler ist. Crank bleibt streitlustig, Flasha zieht sich immer mehr in das Refugium aus Alkohol und Drogen zurück, das er sich im Untergeschoss eingerichtet hat. Junky sitzt ähnlich wie ich zwischen den Stühlen. Ihn interessiert nur die Musik, ganz gleich, wer auf dem Papier zum Label gehört und wer nicht.

Seit Duncan wieder da ist, läuft mein eigentliches Vorhaben, *Bedlam Records* ein neues Gesicht zu geben, endlich an. Vielleicht zu spät. Seit sechs Wochen bin ich hier und habe bereits einen Großteil meines Enthusiasmus eingebüßt.

Neben meinem Job bei dem kleinen Musiklabel arbeite ich weiterhin am Wira-Foto-Fest, welches nach meiner Rückkehr in der malaysischen Hauptstadt stattfinden soll. Doch mein Kontakt zu Azim ist verebbt. Gerade mal vierzehn Tage bleiben mir noch, bis ich meine Arbeit in Kuala Lumpur fortsetzen will, und ich habe seit Wochen nichts mehr von ihm gehört. Meine E-Mails bleiben unbeantwortet, über Skype ist er nicht erreichbar. Nicht einmal Telefongespräche nimmt mein Freund entgegen.

»Er ist sehr beschäftigt. Du kennst das ja, sobald er sich in eine Sache vertieft hat, nimmt er kaum noch wahr, was um ihn herum passiert. Das wird sich ändern, wenn du zurück bist«, erklärt mir Michelle, und ich glaube ihr. Aber sollte meine Arbeitskraft nicht dazu dienen, Azim zu entlasten, auch von Australien aus?

»Mittlerweile bin ich mir nicht mehr sicher, ob ich weiterhin als Kurator oder ob ich als Gastredner und Aussteller dabei sein soll«, schreibe ich ihr. »Denkst du, dass Azim mich überhaupt noch im Team haben möchte?«

»Alles in Ordnung«, ist Michelles ganz und gar asiatische Antwort.

So oft wie möglich ziehe ich mich aus dem Trubel zurück, mache lange Spaziergänge entlang des Brisbane River oder baue überschüssige Energie ab, während ich die steilen Hügelkuppen der Vorstadt hinaufradele. Gerade in der Innenstadt sehe ich immer wieder Obdachlose, die auf kleinen Straßeninseln ihre Zeltstätten aufgebaut haben und sich an einem Feuer wärmen. Gelegentlich sieht man ein paar Weiße darunter, die meisten aber sind Aborigines, die ihren Frust im Alkohol ertränken. Mir fällt auf, dass nur wenige von ihnen am »normalen«, alltäglichen Leben teilnehmen. Ich habe meine Kamera stets bei mir, aber als ich den Versuch wage, mich zu ein paar Männern ans Feuer zu gesellen, lasse ich sie erneut lieber in der Tasche. In den Fernsehnachrichten sieht man immer wieder brutale Zusammenstöße mit den Ureinwohnern Australiens.

»Hi, ist ganz schön kalt heute. Darf ich mich kurz mit an das Feuer setzen? Ich habe Tabak dabei, falls jemand eine Zigarette rauchen möchte.« Ich will mehr wissen über die »Abos«, wie sie spöttisch von den Australiern genannt werden.

»Woher kommst du?«, fragt ein etwa gleichaltriger Mann. Er ist groß und feist, wirkt aber muskulös. Und er ist betrunken.

»Aus Deutschland.«

»Habt ihr da auch so Leute wie uns?«

»Wie meinst du das?«

»Na, Einheimische eben, die vor euch da waren.« Er klingt genervt.

»Ich glaube nicht. Um ehrlich zu sein, ich weiß es gar nicht. Es gibt schon ethnische Minderheiten, aber in Mitteleuropa gab es in den letzten Jahrtausenden so viele Völkerwanderungen – ich kann dir wirklich nicht sagen, wer zuerst da war.«

»Na, dann habt ihr ja Glück. Du weißt, was ich bin, oder?« Er scheint mein Interesse zu spüren. Der Mann ist zwar stark alkoholisiert, aber seine Sinne funktionieren.

»Du bist Aborigine«, sage ich.

»Ganz richtig. Und damit habe ich schon verloren.«

»Wie meinst du das?«

»Als Aborigine musst du schon ein Supertalent sein, um Anerkennung zu finden. Gut im Rugby oder in irgendeinem anderen populären Sport. Sonst landest du auf der Straße. Wir funktionieren anders als ihr Weißen. Und deswegen finden wir keine Jobs. Das System, das ihr hierhergebracht habt, funktioniert nicht für uns.« Er nimmt einen großen Schluck aus der Flasche mit Klarem.

»Ich meine, bis Ende der sechziger Jahre war es noch erlaubt, uns abzuschlachten. Jeder Weiße, der Lust darauf hatte, einen Aborigine zu erschießen, konnte das ohne Probleme tun.«

»Das wusste ich nicht.«

»Jetzt weißt du es. Man hat versucht, uns unserer Kultur zu berauben. Wollte uns ›zivilisieren‹, aber das ließen wir nicht mit uns machen. Da war es die einfachste Lösung, uns loszuwerden.« Er versucht sich seit zehn Minuten eine Zigarette zu drehen, doch seine Finger sind so steif, dass er immer wieder daran scheitert. Ich drehe ihm eine und reiche sie ihm über das Feuer, woraufhin er sie wortlos anzündet.

»Aber hat sich der australische Prime Minister nicht vor ein paar Jahren öffentlich bei deinem Volk entschuldigt?«

»O ja, danke schön, lieber Herr Prime Minister. Die meisten meiner Leute leben ein beschissenes Leben im Norden des Landes in irgendwelchen Reservaten. Da oben gibt es nichts, und das Land ist unfruchtbar. Die anderen leben ein beschissenes Leben in den Städten. Die wenigen, die es geschafft haben, sind komplett angepasst. Man hat uns unsere Kinder gestohlen und sie in Kinderheimen zu Weißen gemacht. Kein echter Aborigine wird auf diesem Planeten mehr glücklich. Aber hier ist es immer noch besser als in den Reservaten. Glaub mir. Hier können wir uns wenigstens besaufen.«

Während seiner Erzählung hat er fast eine viertel Flasche Schnaps getrunken. Nun wird er zusehends müde. Nachdem es für längere Zeit still geworden ist um das Feuer, stehe ich auf. Ich lasse meinen Tabak und die Blättchen da und will dem Mann zum Abschied die Hand schütteln. Doch er starrt nur ins Feuer.

»Danke für die Unterhaltung. Ich wünsche euch eine bessere Zukunft«, sage ich zum Abschied und erhalte ein Nicken aus der Runde.

Als ich von meinem Ausflug zurückkomme, ist mal wieder eine der üblichen Diskussionen im Gange. Oder genauer gesagt einer von Cranks Monologen. Er beschwert sich und möchte sich gleichzeitig bei Duncan einschmeicheln, scheint aber von keinem seiner Freunde mehr ernst genommen zu werden. Ich gehe sofort in den Keller, wo ich mittlerweile auf der Couch schlafe, denn alle Zimmer im Obergeschoss sind belegt. Hier unten ist es kalt und ungemütlich, aber ruhig. Ich weiß nicht wohin mit meiner Unzufriedenheit. Nur wenn ich mich von diesem Ballast befreie, werde ich mich wieder auf das Wesentliche konzentrieren können. Es ist höchste Zeit zu handeln.

Der Zufall will es, dass ein alter Bekannter von mir sich mit seiner Freundin nach Melbourne abgesetzt hat. Jetzt möchten sie dem südaustralischen Winter wenigstens für ein paar Tage entfliehen. Schon wenige Tage nach unserem Telefonat mieten Carsten, Cordula und ich uns ein Auto, um die Ostküste in nördlicher Richtung zu erkunden. Meinen Laptop lasse ich zu Hause, um eine Woche lang nichts von weltlichen Dingen mitbekommen zu müssen.

Auch wenn ich mir bis dato unter einem Roadtrip entlang

der Küste und durch das australische Hinterland immer ein spektakuläreres Abenteuer vorgestellt habe, entfaltet der Ausflug bald jene heilende Wirkung, die ich mir von ihm erhofft habe. Lagerfeuer am Strand, zelten unter Zedern, Straßen, gesäumt von den Kadavern angefahrener Kängurus, Asphalt auf gerader Strecke, der erst am Horizont seinen anthrazitgrauen Zauber verliert. Auch wenn die Kängurus nicht wieder zum Leben erwachen, bessert sich meine Stimmung zwischen Dünenwanderungen und Fish 'n' Chips am Strand mit Blick auf den Sonnenuntergang. Meine beiden Weggefährten sind aus einem ähnlichen Grund hier wie ich – sie wollten dem Alltag in Deutschland entfliehen.

»Es ging einfach nicht mehr. Ich bin täglich ins Büro gegangen, um irgendwelche Produkte zu katalogisieren. Das ist doch kein Leben. Für diesen Job bin ich im Winter aufgestanden, wenn es noch dunkel war, um nach acht Stunden wieder im Dunkeln heimzugehen. Das ging echt nicht mehr«, erzählt Carsten. »Blöd nur, dass wir im Winter der südlichen Hemisphäre direkt an den südlichsten Punkt Australiens ausgewandert sind. Vom Regen in die Traufe. Melbourne ist im Moment echt ekelhaft nasskalt. Perfekt also, dass wir uns hier treffen können.«

»Bei mir läuft es derzeit auch eher suboptimal«, gestehe ich. »Die Jungs, bei denen ich arbeite und wohne, sind zwar alle nett, aber viel weiter bringt mich das nicht. Wenn ich wenigstens etwas getan hätte, was dem Label zugutekommt und mein Portfolio aufbessert. Ich verstehe es einfach nicht. Da ist jemand im Haus, der unbedingt etwas für sie machen will, und keinen interessiert's. Und ich habe keinen Schimmer, was mich in Kuala Lumpur erwartet.«

»Na, du hast wenigstens eine Unterkunft und so eine Art Job. Ich kämpfe mich durch Vorstellungsgespräche, und es hagelt nur Absagen«, erzählt jetzt Cordula. »Und meine deutsche Ausbildung zur Physiotherapeutin zählt hier nicht, deswegen darf ich nur Betreuungsjobs machen. Ehrlich gesagt hab ich mir das auch etwas anders vorgestellt. Man hört immer, dieses Land sei der Traum jeden Auswanderers. Aber ich glaube, Australien hat sich verändert, die fetten Jahre sind vorbei. Allein die Preise für Lebensmittel ...«

Dampf ablassen reinigt die Seele.

Über den Mount Coolum, eine erklimmbare Vulkankuppe nördlich von Brisbane, und Rainbow Beach mit seinen farbenprächtigen Stränden und über hundert Meter hohen Dünen stranden wir für einige Zeit in Agnes Waters. Nach mehreren Nächten mit Lagerfeuer am Strand und langen Spaziergängen geht es von dort aus über das Hinterland durch die kleine Ortschaft Banana und den Isla George National Park zurück nach Brisbane. Da es schon dunkel geworden ist, entscheiden wir uns dafür, unser Zelt in dem Nationalpark aufzuschlagen. Nach Sonnenuntergang genießen die Kängurus den noch warmen Asphalt, was sie zu tödlichen Hindernissen machen kann.

Wir sind nicht die einzigen Camper auf dem Parkplatz. Neben unserem Zeltplatz brennt ein Feuer, davor sitzt ein Mann mit einer Bierdose. Während wir das Zeltgestänge ineinanderstecken, kommt er herüber, heißt uns in einem kaum verständlichen australischen Slang willkommen.

»*G'day, mates.* Is mein Fünfzigster heute. Wollter rüberkommen zu meinem Feuer und 'n bisschen mit mir feiern? Hab Bier und so.« Auch wenn ich liebend gerne darauf verzichten würde, empfinde ich es als Ehrensache. Niemand sollte seinen fünfzigsten Geburtstag alleine verbringen. Auch Carsten und Cordula nicken ergeben. Mit etwas Feuerholz, Steaks, Gemüse und Rotwein gesellen wir uns zu dem schmächtigen Mann, der, froh über die Anwesenheit von Menschen an seinem Ehrentag, ununterbrochen redet.

»Wie heißt du eigentlich – und was machst du hier draußen, so ganz alleine?«, frage ich.

»Ich bin Steve. Bin schon 'n paar Monate hier. Ist besser als bei meiner Ma. Die kümmert sich sowieso nur um meinen Bruder. Der nimmt Heroin und so. Und meine Ma lässt ihm alles durchgehen. Ständig gibt sie ihm Geld«, erzählt er uns mit belegter Stimme.

Steve ist das klassische Beispiel des sozialen Aussteigers. Einer, der mit der zivilisierten Welt nicht zurechtkam und sich in den Wald zurückzog. Schütteres Haar guckt unter der Truckermütze hervor, kleine, zwischen tiefen Krähenfüßen versteckte Augen blinzeln uns an, und schmale Lippen bilden einen feinen Rahmen für die wenigen noch vorhandenen Zähne. Steve gibt sich redlich Mühe, den Regeln sozialer Zusammenkünfte zu folgen und einen guten Eindruck auf uns zu machen. Ich schwanke zwischen Mitleid und Fremdscham, dass er diesen Tag in seinem Leben mit irgendwelchen Dahergelaufenen feiern muss. Unser Gastgeber hat in seiner ganzen Verlorenheit etwas an sich, was mir einen Schauer über den Rücken jagt, hier draußen in der Dunkelheit, weit weg vom nächsten Dorf. Anscheinend spürt er unsere Zurückhaltung, denn nun präsentiert er uns seinen Geburtstagsjoint. Wieso scheint in Australien jeder auf irgendwelchen Drogen zu sein? Auch wenn ich absolut nicht in der Stimmung dafür bin, gebe ich nach, als er mir die Tüte reicht. Schließlich wird Steve heute fünfzig.

Eigentlich bin ich eher zurückhaltend, was Marihuana-Konsum betrifft. Als ich zwanzig war, brachte mich ein Hasch-Kakao auf einen Horrortrip. Muskelzuckungen, Herzrasen, psychotische Zustände mit Visionen, die mir wegschmolzen, sobald ich sie greifen wollte. Die Türklinke war zu hoch, ich konnte sie nicht erreichen, um Hilfe zu holen. Ich glaubte dem Tod nahe zu sein. Seitdem bin ich vorsichtig, denn sobald ich ein paar Züge zu viel nehme, kommt das Herzrasen zurück.

Der Joint kreist weiter, bis er wieder bei mir anlangt. Und mir geht es überraschend gut. Kein Anzeichen von unregelmäßigem

Herzschlag, Formen und Farben entsprechen der Realität. Ich stehe neben dem Feuer und rede mit Cordula über Melbourne, als sie ohne Vorwarnung auf die Knie sinkt.

Carsten springt auf, und gemeinsam versuchen wir, ihr wieder auf die Beine zu helfen. Steve bleibt am Feuer sitzen. Bei unserem Anblick beginnt er zu lachen wie ein Fünfjähriger, der sich über die Tollpatschigkeit eines Zirkusclowns freut. Zu zweit tragen wir Cordula zu einem der auf dem Boden liegenden Baumstämme. Steve redet mit sich selbst, in einem für mich unverständlichen Kauderwelsch. Was haben die Australier bloß mit ihren Selbstgesprächen? Cordula versucht uns ihren Zustand zu erläutern: »Alle paar Sekunden dehnt sich mein Körper um zehn Zentimeter aus, dann zieht er sich wieder zusammen. Und ich kann nichts dagegen tun. Ich kann mich nicht bewegen.« Der Effekt scheint sie zu verblüffen.

Während Carsten seiner Freundin eine Luftmatratze aufbläst, halte ich sie im Arm, damit sie nicht zur Seite kippt. Steve führt auf der anderen Seite des Feuers weiter Selbstgespräche und kichert. Es sieht aus, als würde sein Kopf von seinem Grinsen in die Breite gezogen. Verschmitzt reibt er sich die Hände – und während Cordula neben mir ihre Erleuchtung definiert, sehe ich, wie sein krummer Rücken sich zu einem Buckel auswächst.

»Ich sehe auf einmal alles so klar. Da ... da war es wieder, hast du auch gemerkt, wie ich mich ausgedehnt habe?« Längst hat die halluzinogene Phase auch bei mir eingesetzt. Mein Herz rast mir davon, als ein Stück Glut im Feuer mit lautem Knall explodiert. Ich kann das Echo davon im Tal zu unseren Füßen hören. Immer fester klammere ich mich an Cordula, die meine Angst zu spüren scheint: »Hört das irgendwann auf? Was, wenn das für immer so bleibt? Ich will, dass das aufhört.«

»Ja, Cordula, keine Angst. Du gehst gleich schlafen, und morgen früh ist alles wie immer. Das verspreche ich dir.« Die Worte gelten auch mir selbst. In mir wächst die Panik. Während ich spreche, behalte ich stets den verzerrten Steve im Blick, um einen möglichen Angriff mit der knüppelartigen Wurzel, die ich neben meinem Schuh platziert habe, abzuwehren.

Die Erlösung kommt mit Carsten, der Cordula zum Zelt begleiten will. Ich klinke mich selbstredend mit ein, nutze die Gelegenheit zu einem Fluchtversuch. Im Gehen drehe ich mich immer wieder zum Feuer um, versichere mich, keiner hinterhältigen Attacke des unaufhörlich kichernden Aussteigers oder einem seiner Waldfreunde ausgesetzt zu sein.

Im Zelt schläft Cordula ein, sobald sie auf die Luftmatratze sinkt, und auch Carsten schlummert friedlich, während ich steif wie eine Holzplanke daliege, um jedes Geräusch zu orten. Während ich in Gedanken den Hieb von Steve, dem Axtmörderkobold, abwehre, werde auch ich endlich vom Schlaf erlöst.

Wir sehen unseren Zeltnachbarn am nächsten Morgen nicht mehr. Er ist schon in aller Frühe losgezogen. Und jetzt, wieder bei klarem Verstand, fühle ich mich mies, dem Eremiten, dem es gar nicht so anders geht als mir selbst, diese Gräueltaten angedichtet zu haben. Wie hätte er wissen können, dass wir sein Marihuana nicht vertragen. Nach diesem Zwischenfall wird er die nächsten zehn Geburtstage gewiss wieder allein verbringen wollen. Ich bewundere Steve für seine Entscheidung, hier draußen im Einklang mit der Natur zu leben. Mir würde der Mut dazu fehlen, und das Verlangen nach der Zivilisation mit all ihren Annehmlichkeiten würde mich schon nach kurzer Zeit einholen.

Kleinlaut baue ich das Zelt ab. Wie gerne hätte ich ihm noch alles Gute gewünscht.

In Brisbane ist es Duncan zwischenzeitlich gelungen, ein wenig Normalität herzustellen. Tom bleibt vorerst bei seinen Eltern und kommt nur für zwei Tage die Woche ins Studio, um zu arbeiten. Crank begibt sich täglich in einem viel zu großen Anzug mit einer grellen Krawatte auf Jobsuche. Flasha war während meiner Abwesenheit drei Tage verschollen, nachdem er LSD genommen hatte. Nun ist er in einer Entzugsklinik. Duncan schmiedet weiter große Pläne, um das Label zu etablieren. Ich bin mir sicher, dass er es zum Erfolg führen wird.

Und Junky? Junky geht surfen.

Nach meiner Woche fernab der australischen Zivilisation ist meine Laune wiederhergestellt. Selbst die Nacht im Wald hat uns auf der Rückfahrt immer wieder zum Lachen gebracht. Eigentlich wäre jetzt der ideale Zeitpunkt, um richtig loszulegen bei *Bedlam Records*. Aber morgen geht mein Flieger zurück nach Kuala Lumpur, und ich habe keine Ahnung, was mich dort erwarten wird.

Eine letzte Party, zu meinen Ehren. Alle, bis auf Flasha, sind gekommen. Jeder will mit mir anstoßen und ein letztes gemeinsames Foto. Es war eine aufwühlende Zeit, nicht nur für mich. »Mann, die letzten Wochen waren echt anstrengend«, sagt Duncan. Wir gehen noch mal alles durch, kopieren meine Arbeiten auf seine Festplatte. All die Promo-Fotos, die Gestaltung der Website, die Flyer und auch die Musik. Jetzt fällt mir erst auf, dass es doch eine ganze Menge gibt, was wir gemeinsam erarbeitet haben. Und was ich zurückbekommen habe, ist nicht wenig: Ich konnte Musik machen, Songs komponieren, im Aufnahmestudio der Kreativität freien Lauf lassen. Ich bin unglaublich dankbar, dass ich die Möglichkeit dazu hatte. *Merci beaucoup, Brisbane!*

#11
DREIEINHALB MINUTEN RUHM

*Kuala Lumpur,
August - Oktober 2011*

Ich bin schon einen ganzen Tag lang in der Stadt, als ich Azim zum ersten Mal wiedersehe. Sein Willkommensgruß lautet: »Du bist schon zurück? Ich dachte, du kommst erst in ein paar Tagen.« Keine Fragen über meine Zeit in Australien, keine Erklärung für den abgebrochenen Kontakt und auch keine der Geschichten, die Azim für gewöhnlich am Mittagstisch erzählt. Also frage ich ihn direkt nach dem Stand der Dinge, woraufhin er antwortet, einige Details hätten sich geändert. Mehr will er nicht preisgeben. Ich weiß mittlerweile nur zu gut, dass man in Malaysia mit Nachhaken nicht weit kommt, und versuche geduldig abzuwarten, bis ich mehr erfahre. Da ich aber meine neugewonnene positive Energie in irgendetwas investieren muss, bleibe ich dem Büro immer öfter fern. Jasmine ist zu ihrem neuen Freund in die Slowakei gezogen, hat mich vorher aber ihren zahlreichen Bekannten vorgestellt. Einer davon ist Hackeem, DJ und Szenekenner. Ein liebenswürdiger, gutaussehender Kerl, der in seinem muslimischen Heimatland darunter leidet, dass er seine Homosexualität geheim halten muss. Gleichgeschlechtliche Liebe ist hier laut Gesetz ein Verbrechen. Hackeem vertraut seine sexuelle Orientierung deswegen nur seinen engsten Freunden und westlichen Besuchern an. Im Doppelpack mischen wir uns unter die Nachtschwärmer aus *KL Town*.

Die sonnigen Tage verbringe ich meist mit Norman. Wir streifen durch die Stadt oder fahren mit Motorrollern ins Umland. Bisher fühlt sich mein dritter Aufenthalt in Kuala Lumpur ein bisschen wie Urlaub an. Seit neunzehn Monaten bin ich nun auf dem Sprung von Land zu Land. Überall, wo ich war, galt es, größere und kleinere Probleme zu meistern, aber gerade diese

Erfahrungen haben mich bereichert: Ich fühle mich lebendig. Mein Alltag ist das Abenteuer. Jeder Tag bietet besondere Erlebnisse, Premieren und Highlights. Ich darf wieder Kind sein, das auf Erkundungsreisen geht und aufgeregt die Wunder der Welt entdeckt.

Dabei bin ich schon fast dreißig. In einer Woche lasse ich die Zwanziger hinter mir – und ein Urlaubstrip scheint mir der passende Rahmen dafür. Norman und ich wollen nach Kuala Besut an die Nordküste und von dort aus mit dem Boot nach Pulau Perhentian, einer kleinen Insel im Golf von Thailand. Wir sind lange nicht die Einzigen, die die Stadt verlassen, denn mein Geburtstag fällt in diesem Jahr sowohl auf den malaysischen Nationalfeiertag als auch auf das Ende von Ramadan. Viele Stadtbewohner besuchen während der Feiertage ihre Verwandten in den ländlichen Gebieten. Mit etwas Glück ergattern wir dennoch zwei Bustickets, die gerade storniert wurden, und machen uns auf den Weg ins Paradies.

Perhentian hat gerade einmal Platz für ein paar hundert Besucher. Ein Großteil der Insel ist von dichtem Dschungel überwuchert. Der Rest ist weißer Sandstrand. Abends wird in einer der drei Strandbars getrunken und gefeiert, tagsüber liegt man am Strand, schnorchelt oder isst ausgiebig. Am Abend vor meinem Geburtstag entern wir die Strandbar, schon sichtlich mitgenommen von den vorherigen drei Inselnächten.

»Du hast morgen Geburtstag?«, fragt Alice, eine meiner neuen Reisebekanntschaften.

»Ja, ich werde dreißig. Große Sache, ich weiß.«

»Weißt du, was wir machen? Wir trommeln so viele Leute wie möglich zusammen und baden um Schlag zwölf Uhr gemeinsam in deinen Geburtstag – nackt.« Sie scheint ganz verzückt von ihrer eigenen Idee zu sein.

»Ähm, ich weiß nicht.«

»Komm schon, das wird lustig, ich verspreche es.«

»Meinst du, die einheimischen Muslime fänden das nicht ein bisschen anstößig?«

»Es ist Nacht, es ist dunkel. Und außerdem sind wir bestimmt nicht die Ersten, die hier nackt rumlaufen.« Sie meint es wirklich ernst.

»Ach, okay. Warum nicht?!« Ja, warum auch nicht?

Immer mehr Leute stoßen zu uns, und bald ist es beschlossene Sache, dass wir um Punkt Mitternacht nackt baden. Als Gruppe von über dreißig Leuten marschieren wir zum Strand, wo wir unsere Anziehsachen im Sand ablegen. Von zehn wird heruntergezählt, dann stürzt sich die Menschenkette, einander an den Händen haltend, in die flache See. Während wir bis zu den Schultern unter Wasser im Kreis tanzen, wird am Strand ein Feuerwerk entzündet. Raketen explodieren über den Palmen, Feuerkreise drehen sich an den vertäuten Fischerbooten, Menschen stehen mit Wunderkerzen am Strand und winken uns zu. Um mich herum Jubel und Umarmungen, Herkunft und Geschlecht spielen keine Rolle. Mein Glück könnte nicht größer sein. Egal, für wen das hier bestimmt war, ein dreißigster Geburtstag kann nicht besser gefeiert werden, als wir das heute Nacht tun. Im Frieden mit der Welt und mit mir selbst treibe ich noch rücklings auf dem salzigen Wasser und betrachte die Sterne, während der Rest der Gruppe sich in der Bar längst wieder den Getränken widmet.

Immer wenn ich mich in ländlichen Gebieten fremder Kulturen aufhalte, hinterlässt das offensichtliche Spuren. Das Lächeln der Fremden bleibt nicht ohne Wirkung, ganz gleich ob in den Anden, in der Sahara oder dem laotischen Hochgebirge. Es berührt einen, das Lächeln, denn sprachliche Barrieren überwindet man nur durch Mimik und Gestik. Ein Händedruck oder das Hochziehen von Augenbrauen kann vieles bedeuten. Ein Lächeln hingegen besagt überall auf der Welt dasselbe.

In der Abgeschiedenheit ländlicher Regionen kommt hinzu, dass man sich fernab von Zivilisationsproblemen befindet und den Blick auf das Wesentliche richtet. Bin ich auf Reisen, dauert es meist keine zwei Tage, bis ich ein Dauerlächeln im Gesicht trage. Dieser permanente Ausdruck von Freundlichkeit hat einen wunderbaren Nebeneffekt. Ohne es zu merken, fühle ich mich auf einmal rundum wohl. Lächeln macht glücklich. So simpel ist es, unseren Körper auszutricksen.

Wehe aber dem, der diesen Ausdruck positiver Grundstimmung mit nach Hause bringt. Von meiner allerersten großen Reise allein durch Vietnam, Laos und Kambodscha kehrte ich mit ebenjenem Dauerlächeln und dem festen Vorsatz, es nicht mehr aufzugeben, nach Deutschland zurück. Es funktionierte einfach nicht. Die meisten Menschen drehten sich beschämt weg, starrten auf den Boden, als ob sie etwas zu befürchten hätten. Bald kam ich mir vor wie ein Aussätziger. Es scheint in Deutschland ein unausgesprochenes Gesetz zu geben, das besagt, in öffentlichen Räumen dürften nur Babys angelächelt werden. Und manche Eltern haben noch nicht einmal dafür Verständnis.

Nach meiner Geburtstagsfeier ist mein Lächeln zu einem breiten Grinsen angeschwollen. Am Tag danach werden mir von mehreren Reisenden Ständchen in verschiedenen Sprachen gesungen, und auch am dritten Tag hört mein Geburtstag nicht auf. Er wächst sich zu einem Geburtsfestival mit allabendlichen Feiern, Freigetränken und friedlichen Tagen der Ausnüchterung am Strand aus. Jene Zeit bricht an, in der man zu schlechter Chartmusik im Sand tanzt, ohne sich dafür zu schämen. In Perhentian fühle ich mich nach wenigen Tagen grenzenlos befreit. Ich bin im letzten Viertel meiner Designwalz angelangt und verspüre den Drang, diese Reise endlich in vollen Zügen auszukosten, nicht nur mit einem Zeh vorzufühlen, ob die Wassertemperatur angenehm ist, sondern kopfüber einzutauchen in den Augenblick.

»Reisen reinigt die Seele«, hat mir mal jemand gesagt. Irgendwie stimmt das auch, finde ich. Man denkt anders als zu Hause, plant nicht voraus bis ins nächste Jahr, sondern höchstens bis in die nächste Woche. Unnötiger Ballast wird aus den Gedanken verbannt. Leider auch abgespeicherte Daten, die hin und wieder wichtig sein können. Zum Beispiel, wenn das Geld knapp wird. Da stehe ich nun an einem dieser Automaten auf dem Weg zurück nach Kuala Lumpur, und auf dem Bildschirm wird nach meiner PIN-Nummer gefragt. War das jetzt 9136? Der Bildschirm zeigt ein rotes X. Hmm, 9631? Wieder ein rotes X. Ich habe meine PIN-Nummer vergessen, nach zehn Jahren. Sie ist weg, aus meinem Gedächtnis gelöscht oder zumindest in irgendeiner dunklen Ecke verborgen. Man nennt es auch das PIN-Code-Syndrom, und wer darunter leidet, muss sich dazu erniedrigen, Geld zu leihen. Glücklicherweise ist Norman sofort bereit, mir auszuhelfen. Am Samstag nach meiner Rückkehr in die Hauptstadt kommt Michelles Familie zu Besuch und feiert mit mir meinen Geburtstag bei einem großen Abendessen. Am Sonntag werde ich in den Wohnbereich des Apartments gebeten und stehe fünfzehn Menschen aus Azims Familie gegenüber, die mir mit einem Geburtstagskuchen ein Ständchen bringen. Es hört einfach nicht auf. Ich kann mein Glück kaum fassen. Sogar Azim redet heute mit mir.

»Du bist fester Bestandteil der Vortragsreihe und auch der Ausstellung«, erklärt er mir bei einem Stück Sahnetorte. Mittlerweile habe ich verstanden, dass ich mich besser nicht mehr in die Planung einmische.

Ich bekomme weitere Anfragen. Das British Council und eine Galerie von der Insel Penang laden mich ein, einen Vortrag über meine bisherige Reise und die dabei entstandenen Arbeiten zu halten. Was ist bloß passiert? In Australien habe ich wochenlang keinen Job gefunden, und in Kuala Lumpur bin ich plötzlich eine vielgefragte Person.

Auch der angekündigte Model Contest steht noch an. Am Tag der Vorentscheidung sollen die besten zweiundzwanzig Models für das große Finale ausgewählt werden. Ich weiß nicht, was mich erwartet, vor allem aber weiß ich nicht, was genau ich dort eigentlich soll. Bis auf einige wenige Fashion Shoots hatte ich bisher so viel mit Mode zu tun wie ein Zebra mit Schach. Die Veranstaltung findet in einer Mall am anderen Ende der Stadt statt. Von einem Fahrer soll ich gegen zwölf Uhr abgeholt werden. Wegen einem der berüchtigten Staus Kuala Lumpurs verspätet er sich um drei Stunden. Als ich mich in das kleine Auto zwänge, platzt mein Hosenknopf ab. Es regnet, wie es das nur in den Tropen kann, und meine Lust auf den Job als Juror minimiert sich stündlich. Als wir zwei Stunden später ankommen, beknie ich den Fahrer, mir seinen Gürtel zu leihen. Ich bin bereit für was auch immer da auf mich zukommt.

Durch einen Hintereingang betrete ich die Halle. Dort empfängt mich ein gestresster Mensch mit Headset. Auf einer Bühne in der Mitte des Saals ist ein Laufsteg aufgebaut, davor sitzen die Juroren. Ein Platz ist noch frei, und ich werde unter dem Applaus der Zuschauer auf die Bühne gebeten. Auf Englisch verkündet die Moderatorin meine Ankunft: »Bitte heißen Sie den internationalen Botschafter der Kuala Lumpur Design Week mit einem tosenden Applaus willkommen.« Kameras verfolgen jede meiner Bewegungen. Zum Glück konnte ich meinem Fahrer den Gürtel aus den Bundlaschen leiern, ansonsten würde ich jetzt meinen ersten TV-Auftritt mit offener Hose erleben. Es ist eine komische Welt, in die ich da hineingeschubst wurde. Keiner fragt mich, was ich hier eigentlich zu suchen habe. Schon wieder bin ich es, der sich überlegt, was genau mich dafür qualifiziert, neben Leng Yein, dem malaysischen IT-Girl, Benjamin Toong, dem Catwalk-Guru, und Lavin Seow, der Königin der Seifenopern, zu sitzen. Zum Glück werde ich nicht gleich bei der nächsten Modelanwärterin zum Mikrophon gebeten, um

Fragen zu stellen. Lavin ist vor mir dran und leiert die Standardfragen herunter.

»Hast du schon Erfahrung im Business?« »Warum glaubst du dafür gemacht zu sein, Model zu werden?« »Was ist dein größter Traum?«

Das ist einfach. Das kann ich auch. Als ich an der Reihe bin, eine hochgewachsene Malaysierin chinesischer Abstammung zu interviewen, versuche ich es mit ähnlichen Fragen.

»Warum bist du heute hier?«

»Um für das Finale ausgewählt zu werden.«

»Glaubst du, du hast das Zeug dazu, diesen Contest zu gewinnen?«

»Ja, das glaube ich.«

»Warum?«

Oh, oh, damit habe ich mich wohl etwas weit aus dem Fenster gelehnt, das Mädchen kommt aus dem Konzept, hat nicht wirklich eine Antwort parat.

»Weil ich … ähm … weil ich gewinnen *will*.«

Es tut mir ein wenig leid, dass ich ihr das antue. Ich sitze ihr gegenüber, um sie zu bewerten, ohne auch nur den Hauch einer Ahnung vom Modeln zu haben. Natürlich weiß sie das nicht. Dieses Mädchen weiß nicht, dass ich seit über einem Jahr meine Dienste für Essen und einen Schlafplatz anbiete.

Nach der Veranstaltung will jeder der Anwesenden für ein Foto mit mir vor die Sponsorenwand. Ich vermute, meine späte Ankunft hat mich umso interessanter gemacht. Dass ich keineswegs mit meinem Privatjet auf dem Gebäudedach gelandet bin, sondern im Stau gestanden habe, scheint niemand zu vermuten. Würde ich einem der Anwesenden erzählen, dass ich nicht mal das Geld habe, mir ein Taxi zu nehmen, und deswegen abgeholt werden musste, würde ich wahrscheinlich eines der landestypischen Lächeln ernten.

Auf den Wettbewerb folgt eine After-Show-Party mit Cocktails und Buffet, Musik und Smalltalk. Immer wieder wird mein Glas von diversen Kellnern nachgefüllt, mit den stolzen Worten: »Dieses Bier wurde nach deutschem Reinheitsgebot gebraut.« Mitten in einer Ansammlung von unsagbar hübschen Menschen werde ich irgendwann auf die Bühne gebeten. Die Menge vor mir spaltet sich, um einen Gang frei zu machen für eine Gruppe von Kellnern, die eine Torte in Händen tragen, darauf Wunderkerzen und die Aufschrift »*Happy Birthday, Fabian*«. Die Chefin der Modelagentur klärt mich auf: »Wir haben erfahren, dass du gerade deinen Dreißigsten hinter dir hast. Zusammen werden wir dir jetzt ein Geburtstagsständchen bringen. Wenn du es schaffst, ein Glas Bier leer zu trinken, bis wir das Lied beendet haben, wird dir das nächste Jahr Glück bringen. Keine Angst, wir singen langsam.« Es wird immer unwirklicher. In einem muslimischen Land soll Alkohol Glück bringen? Ich fasse es nicht.

Einer der Kellner übergibt mir ein Glas frisches Bier (gebraut nach deutschem Reinheitsgebot), und ich gebe das Zeichen, dass ich bereit bin. Während an die zwanzig asiatische Models und Modelanwärterinnen für mich singen, setze ich das Bierglas an. Der finale Schluck erfolgt auf »birthdaaaaaaay ...«, ich recke das leere Glas am ausgestreckten Arm in die Höhe, im Takt der letzten beiden Silben: »... tooo youuuuuuuuuuu«. Beifall, Jubel, Schulterklopfen, Küsschen links, Küsschen rechts. Der Tag klingt aus, mit einem Echo, das mich schwebend durch die Nacht bringt.

Ich gehe weiterhin viel aus, mittlerweile werde ich dabei oft erkannt. »Bist du nicht der von der Design Week?« »Bist du nicht der vom Model Contest?« »Bist du nicht der Kumpel von Hackeem?« In Kuala Lumpur muss ich niemandem vorgaukeln, ich wäre ein französischer DJ, die Menschen interessieren sich für mich. Dass mein Plan nicht vorsieht, dass ich in Malaysia bleibe, können die meisten nicht verstehen.

»Hier stehen dir alle Möglichkeiten offen, du würdest bestimmt sofort einen Job bekommen. Warum woanders dein Glück versuchen?« Es stimmt schon, würde ich bleiben, wäre vieles leichter. Aber genau dieser Verlockung zu widerstehen ist es, was mich an meinem Projekt reizt. Die Koffer zu packen, wenn ich unzufrieden bin, ist sehr viel einfacher, als abzureisen, wenn es am schönsten ist.

Die Design Week beginnt, und ich erinnere mich plötzlich wieder an den PIN-Code meiner Kreditkarte. Irgendwo auf dem Weg von meinem Zimmer ins Büro fällt er mir ein. Mein Gehirn scheint wieder auf Normalbetrieb umgeschaltet zu haben. Am Tag nach meinem Vortrag für das Wira-Foto-Fest stehe ich für das British Council auf der Rednerbühne und werde schon zwei Tage später nach Georgetown gefahren, um auf der Insel Penang einen Vortrag in der *Straits Gallery* zu halten. Drei Tage lang wohne ich in einem historischen chinesischen Haus, das zum UNESCO-Welterbe zählt. Jedes Detail scheint bewusst gestaltet worden zu sein. Die tragenden Holzbalken sind nicht ausschließlich statische Elemente, sondern gleichzeitig auch gestaltende. Es gibt keine abgetrennten Zimmer, aber trotzdem großzügige Räume. Alles harmoniert hier miteinander. Die Tür zur Eingangshalle steht meist weit offen, und so kommen immer wieder Touristen herein und schauen sich in dem Haus um. Anfangs weise ich sie noch darauf hin, dass dies keine öffentliche Einrichtung ist, kein Museum, sondern ein Wohnhaus. Aber irgendwann lasse ich sie einfach gewähren. Von Chun Woei, einem Inselbewohner und bekannten Designer, werde ich durch die Stadt gefahren und mische mit den beiden anderen Künstlern aus Belgien und Griechenland die Bars des Kneipenviertels auf. Es geht steil bergauf, und würde ich wirklich versuchen, hier Karriere zu machen, könnte ich mir keinen besseren Start wünschen. Wieso bleibe ich nicht tatsächlich hier?

Noch eine Woche Nichtstun bis zum großen Finale des Model Contests. Danach werde ich das Land verlassen. Ich genieße die Einladungen in die hiesigen Sushibars, lasse mich massieren und entspanne bei nächtlichen Bädern in heißen Dschungelquellen außerhalb der Stadt, zusammen mit Norman und Hackeem. Losgelöst von allen Verpflichtungen, im tiefen Glauben, mein Zustand purer Zufriedenheit sei unerschütterlich, erreicht mich eine Nachricht aus Deutschland:

»... *Oma liegt im Krankenhaus. Ihr geht es zunehmend schlechter. Sie wird wohl nicht mehr lange leben.*«

Und plötzlich ist es vorbei. Die Blase der Heiterkeit platzt, und ich bin hilflos, Tausende Kilometer von dem Ort entfernt, an dem ich nun sein sollte. Breche ich hier meine Zelte ab? Jeder würde das verstehen, das weiß ich. Die Familie steht in Malaysia über allem. Niemand würde mir einen Vorwurf machen, wenn ich meinen Job als Juror beim Finale des Modelwettbewerbs aufkündigen würde. Wozu habe ich meine Teilnahme überhaupt zugesagt, der Job bringt mir doch rein gar nichts, abgesehen von einer netten Anekdote. Das alles ist surreal. Meine Großmutter und ihr Zustand, das ist die Realität.

Drei Tage Warten, meist allein in meinem Zimmer, lange Gespräche mit meiner Familie. Dann, eines Morgens, ist es vorbei, meine Großmutter ist eingeschlafen. Sie hinterlässt mir schöne Erinnerungen an meine Kindheit, einzelne unvergessene Szenen und Geschichten. Jedes Mal, wenn ich bei meinen Großeltern zu Besuch war und die Abreise nach Hause bevorstand, saß ich auf dem Rücksitz im Wagen meiner Eltern und wartete auf das Ritual. Ich wusste, meine Großmutter würde es noch tun, so wie immer. Sie schlich sich heran, griff durch mein geöffnetes Fenster und gab mir einen kleinen Klaps auf den Arm mit den Worten: »Hast'n Letzten.« Ich versuchte sie natürlich immer zu erwischen, um ihr den letzten Klaps zu geben, aber meistens gewann sie dieses Spiel. Wir lachten uns dabei kaputt.

Wenn ich jetzt diese Bilder vor mir sehe, schießen mir Tränen in die Augen. Ich kann mich verdammt noch mal nicht daran erinnern, wer den Allerletzten hatte.

Die dreieinhalb Minuten Ruhm, die mir in Kuala Lumpur vergönnt waren, gehen mit einem Feuerwerk zu Ende, das ich so gar nicht genießen kann. Ferrari mit Chauffeur, roter Teppich, Blitzlichtgewitter und Ehrentafel. Während der fünfstündigen Show betrinke ich mich mit Rotwein. Hin und wieder werde ich ausfällig gegenüber den Teilnehmerinnen und sogar gegenüber Jurykollegen. Als wieder eines der Mädchen einem Juror nach dem Mund redet, reicht es mir. »Würdest du alles tun, was er dir sagt?«, frage ich sie.

»Ja.«

»Du würdest ihm nicht sagen, er soll die Klappe halten, wenn es dir zu weit geht?«

»Nein.«

»Warum?«

»Weil er weiß, wovon er spricht.«

Es geht mir so sehr auf die Nerven, dieses ewige Angepasstsein.

»Würdest du es zu mir sagen?«

»Nein.«

»Aber du weißt doch gar nicht, ob ich weiß, wovon ich spreche. Vielleicht bin ich nur ein dahergelaufener Hochstapler.«

»Das glaube ich nicht.«

Ich sollte es nicht tun, aber ich kann mich nicht mehr zurückhalten.

»Dann möchte ich jetzt, dass du mich anschreist, mir sagst, ich soll die Klappe halten.«

Sie schaut mich verwirrt an, schaut hilfesuchend zu den anderen Juroren. Weder die noch das Publikum geben einen Laut von sich. Jetzt wendet sie sich wieder mir zu, nimmt einen tiefen Atemzug, schaut mich böse an und schreit in ihr Mikrophon: »HAAAALT DIE KLAAAAAAPPEEEEEEEE!« Dann dreht sie sich um und verschwindet ohne ein weiteres Wort unter tosendem Applaus von der Bühne.

Was – zur – Hölle – mache – ich – hier – eigentlich?!? Ist das gut? Ist das schlecht? Ist das Entertainment? Mich traurig über den Verlust meiner Großmutter in eine Modelshow zu setzen, mich zu besaufen und junge Mädchen anzupöbeln? Ich erkenne mich selbst nicht wieder.

Am Abend vor meiner Abreise bitte ich Azim um ein klärendes Gespräch, da ich nicht ohne eine Aussprache abreisen will. Vergebens. Am nächsten Tag stehe ich mit gepacktem Rucksack im Büro. Azim hat etwas Wichtiges zu erledigen. Wir werden uns nicht mal voneinander verabschieden. Als Michelle mich am Bahnhof absetzt, kämpfe ich mit den Tränen. Einige Zeit später wird Norman mir schreiben. Er kennt den Grund von Azims Verhalten. Als ich mit Jasmine schlief, verstieß ich gegen die Regeln seiner Kultur.

»Fabian, die Dinge laufen hier ein wenig anders. Es sieht auf den ersten Blick nicht so aus, aber es gibt ein paar signifikante Unterschiede in der Bedeutung von Verhaltensweisen.«

Ich erinnere mich sehr wohl an Azims Worte zu Beginn meiner Reise.

»Okay. Aber inwiefern verstößt diese Sache mit Jasmine

gegen irgendwelche Regeln? Weil wir nicht verheiratet sind? Komm schon, das kann es nicht sein.«

»Nein, natürlich nicht. Aber ich habe Jasmine zu diesem Abendessen mitgebracht. Und na ja, für Azim bedeutet das, dass sie zu mir gehört. In der Gegend, aus der er stammt, bezahlen Leute für solche ›Verbrechen‹ mit ihrem Leben.« *Ehrenmord* nennt man das dann wohl.

Auch wenn seine Argumentation in meiner Kultur keinen Sinn ergibt, bin ich erleichtert zu wissen, welche Missetat mich den Job des Kurators gekostet hat. Ich hatte gut daran getan, mir eine Zusatzregel aufzustellen, die interkulturelle Liebschaften untersagt. Hätte ich mich doch bloß daran gehalten.

#12
COUCH-BEKANNTSCHAFTEN

*San Francisco,
Oktober - November 2011*

Ich bin wieder mal der Typ von der Couch – und das ist gut so. In der ersten Woche komme ich bei chinesischen Studentinnen direkt am Ocean Beach unter. Ich verbringe meine Tage in den Dünen, um den Surfern zuzuschauen und zu verarbeiten, was mir da in Kuala Lumpur widerfahren ist. Während ich am zweiten Tag in Kalifornien auf meiner Couch ein paar Fotos sichte, bringen die Leute im Stockwerk über uns die Wände zum Wackeln. Ich fühle mich durch das Möbelrücken nicht weiter gestört.

»Wir haben kein zweites Stockwerk hier. Über der Decke kommt direkt das Dach«, erklärt Songqiao, als sie abends nach Hause kommt. »Was du da mitbekommen hast, war ein Erdbeben. Das passiert hier öfter, und du wirst dich daran gewöhnen müssen.« Ich habe glatt meine erste Erdbebenerfahrung verpasst.

Selten bin ich schneller an einen Job gekommen als in der Stadt des heiligen Franziskus, der seine Bürger offenbar auch mit einer permanenten Nebeldecke gesegnet hat. Meist sieht man nicht mal das Ende der Golden Gate Bridge. Man wird zum ständigen Pfadfinder, selbst bei einem Stadtbummel. Das Volk der Halbinselstadt weiß nur zu gut, wie schnell man hier verlorengehen kann. Die Menschen sind stets hilfsbereit und freundlich, sogar die unzähligen Obdachlosen. Und diese Hilfsbereitschaft ist es womöglich auch, die mir nach einer einzigen Anfrage einen Job beschert. Endlich möchte ich bei einem Fotografen unterkommen. Ich beginne meine Recherche, indem ich einen bekannten Foto-Blog aufrufe. Der Aufmacher handelt von einem Projekt über ungewöhnliche Frisuren. Bald habe ich herausgefunden, dass der Beauty- und Fashion-Fotograf in San Francisco wohnt, und schreibe ihm eine Nachricht.

Daniel Castro lädt mich zu einem Bier ein, »um auszuschließen, dass du einer dieser San-Francisco-Hippies bist, die glauben, sie müssten mir eine Lebensberatung über Sternenkonstellationen frei Haus geben«.

Offensichtlich beruhigt, überlässt er mir nach unserem Treffen die Couch in seinem Arbeitszimmer.

Daniel ist als Kind zweier Peruaner in St. Louis, Missouri, aufgewachsen und ist über New York nach San Francisco gekommen – der Liebe wegen. Kurz nach der Ankunft in der kalifornischen Stadt ging seine Beziehung in die Brüche, und seitdem versucht er Gründe zu finden, warum er hierbleiben sollte. »San Francisco hat eine tolle Lebensqualität zu bieten, aber wenn ich als Fotograf irgendwann Jobs für die großen Marken machen will, dann muss ich entweder nach Los Angeles oder zurück nach New York ziehen. Ich glaube, ich bin bald so weit. New York ist meine Stadt, ich mag die Leute dort.« Daniel ist ein halbes Jahr jünger als ich und ab sofort mein Chef. Die erste Woche wird zur Geduldsprobe. Die Nächte werden immer länger, da Daniel eine Portfolio-Review in New York vorbereitet, wo er seine Arbeiten namhaften Fotografen und Agenturen vorlegen will. Mir dämmert, dass er mir in seiner Detailversessenheit sehr ähnlich ist. An meinem vierten Arbeitstag lege ich mich erst kurz vor Sonnenaufgang schlafen, schrecke aber schon nach einer halben Stunde wieder auf, weil die Möbel im Raum gegen die Wand hämmern. Mein zweites Erdbeben, mit einer Stärke von 4,3, erlebe ich in einer Schockstarre.

Seit langer Zeit habe ich endlich wieder das Gefühl, dass meine Arbeit von Bedeutung ist. Der Druck ist ziemlich hoch, und bald beginnen Daniel und ich, wirres Zeug zu reden und bei dem nichtigsten Anlass loszuprusten. Am Abend vor seinem Abflug nehmen die Gespräche groteske Züge an. »Hast du noch mal was an den Einstellungen geändert? In diesem Ausdruck ist jetzt viel mehr Gelb«, sage ich zu ihm auf Deutsch. Er schaut mich verwirrt an. »Ja«, sagt er, mit amerikanischem Akzent. Als bei mir der Groschen fällt, kommt der nächste Lachkrampf. Wir sind in jene Arbeitsphase eingetreten, in der man merkt, ob ein Team funktioniert, ob jeder seinen Part erfüllt. Schlafen ist schwierig, wenn im selben Raum jemand arbeitet. Es ist nicht das erste Mal, dass ich keinen Schlafraum für mich alleine habe: der Schlafsaal in Schanghai, das überfüllte Apartment in Bangalore, die Einzimmerwohnung von JC in Brisbane, Schlafwaggons in Indien, Langstreckenflüge und und und. Dennoch ist das hier eine besondere Situation, denn ich möchte nicht auf der Couch schlafen, während Daniel weiter an seinen Fotografien feilt. Das könnte ich weder ihm noch mir antun. Für die Dauer meiner Beschäftigung bei *Castrophotos* schlafe ich nicht, solange mein Chef arbeitet. Meinen Rhythmus stimme ich ganz und gar auf ihn ab. Ich stehe spätestens auf, wenn Daniel sich noch im Schlafanzug mit einem Kaffee an den Computer setzt. »Good morning, sunshine.« Das ist jeden Morgen Daniels Weckruf, wenn ich noch im Tiefschlaf mein Gesicht gegen die Rückenlehne des Sofas presse. Der Abdruck des groben Stoffmusters ist meist bis zum frühen Mittag auf meiner Wange zu erkennen. Und wenn nicht Daniel mich aus meinen Träumen reißt, dann übernimmt die übergewichtige Hauskatze Sidewayz diesen Part. Mit lautem Schnurren schmiegt sie sich an mich, bis ich die Augen aufschlage. Abends bleibe ich wach, bis Daniel nach einem langen Arbeitstag die Bildschirme ausschaltet. Das ist das Signal für mich, meine Sitzposition auf der Couch endlich in die Horizontale zu verlagern. Ja, ich arbeite auf meinem Bett.

Das Leben in San Francisco ist trotz dieses Umstands ein sehr angenehmes. Neben der Freundlichkeit ihrer Bewohner sind es die architektonischen Besonderheiten der Stadt, die mich in ihren Bann ziehen. Wenn ich an die Wohnbauten in Schanghai zurückdenke, könnte die Architektur hier nicht deutlicher vom chinesischen Einheitsgedanken entfernt sein. Kein Haus gleicht dem anderen. Weder in der Farbgebung noch in der Form. Keine Eingangstür ähnelt einer zweiten, kein Erker hat einen Zwilling, und alle Gebäude scheinen eigens angefertigte Dachziegel zu haben. Jeder, der ein Haus in San Francisco besitzt, versucht es so individuell wie möglich zu gestalten, ganz gleich aus welcher Epoche es stammt. Es wird einfach nicht langweilig, die Straßen zu durchwandern. Die Kehrseite: die vielen Menschen, die täglich ihr Lager auf der Straße aufschlagen müssen. Jeder kann es hier zu etwas bringen, egal aus welcher sozialen Schicht er kommt, ganz gleich welcher Religion er angehört und wo seine Wurzeln liegen. Frauen wie Männer kommen hier nach ganz oben – wenn sie hart arbeiten und das Glück ihnen zur Seite steht. Beim Blick in die Seitengassen, wo sich die auf der Strecke Gebliebenen Schlösser aus aufgeweichten Kartons bauen, offenbart sich die Schwachstelle des amerikanischen Traums. Es gibt kein Netz, das diese Menschen auffängt, kein soziales System, das Mittellosen ein Leben innerhalb der Gesellschaft ermöglichen würde. Sosehr ich für diese Stadt nach zweieinhalb Wochen schon schwärme, so schwer fällt es mir, diese Ungleichheit einfach hinzunehmen.

Eine Woche bleibt Daniel in New York. Somit habe ich Zeit, mich meiner eigenen Arbeit zu widmen. Ich hatte bei meiner Reiseplanung ein wenig den Gesamtaufwand unterschätzt, der auf mich zukommen würde. Zeitweise arbeite ich an drei Sachen gleichzeitig. Neben meinen Jobs in den jeweiligen Ländern sowie kleineren Aufträgen aus Deutschland, die meine Reisekosten decken, bearbeite ich meine Fotos, schneide Videos und schreibe mein öffentliches Tagebuch, den Reiseblog.

Meine Abende verbringe ich – auch für mich überraschend – seit neuestem mit klassisch amerikanischem Dating. Bevor ich nach San Francisco reiste, hatte ich wieder über die Couchsurfing-Website einen Schlafplatz gesucht. Nachdem ich bei den chinesischen Studentinnen fündig geworden war, gingen weiterhin Antworten bei mir ein, meist von weiblichen Couchanbietern.

»Hi, derzeit biete ich meine Couch nicht an, aber wenn du Lust auf ein Treffen hast, kann ich dir ein wenig die Stadt zeigen.« So ähnlich hörte sich das Gros der Nachrichten an. Da ich nun mehr Zeit habe, nehme ich die Einladungen an, ohne weiter darüber nachzudenken. Mein erstes Treffen findet in einem überteuerten Ökorestaurant ganz in der Nähe von Daniels Apartment statt. Anna kommt aus Lettland, ihr Gesicht ist auf eine ganz eigene Art hübsch. Wir finden keine gemeinsamen Gesprächsthemen, langweilen uns gegenseitig. Sie redet sehr wenig und scheint kein großes Interesse an meinem Reisebericht zu haben.

»Wie lange bist du denn schon in San Francisco?«, frage ich Anna, die bisher fast nichts von sich selbst erzählt hat.

»Seit vier Monaten lebe ich hier, wobei ich mich an die ersten sechs Wochen kaum erinnere, da ich praktisch dauerhaft auf LSD war.« Nun weiß ich wenigstens, warum wir nicht auf einen Nenner kommen.

Nach Anna treffe ich Joanna, einen »San-Francisco-Hippie«, wie Daniel sagen würde. Wir sitzen bei einem veganen Eis im Park und streiten die meiste Zeit. Immerhin finden wir Themen, zu denen wir beide etwas zu sagen haben. Auch diese Verabredung bleibt einmalig.

Gesehen habe ich während dieser beiden Dates wenig von der Stadt. Das versprochene Sightseeing war, wie mir langsam klar wird, ein Vorwand, genau wie die angebotene Couch. Couchsurfing ist keinesfalls bloß ein Weg, sich mit Reisenden auszutauschen und ihnen einen Schlafplatz anzubieten. Couchsurfing ist in San Francisco, wo es gegründet wurde und weiterhin seinen Hauptsitz hat, zum »Bedsurfing« mutiert. Man bietet seine Couch als Schlafplatz an, entschuldigt sich bei einer Anfrage dafür, dass die Couch derzeit nicht zur Verfügung steht, bietet aber als Entschädigung ein Treffen an. Dating Time! Es geht nicht darum, die große Liebe zu finden, denn Couchsurfer sind auf der Durchreise. Eine Plattform, wie dafür gemacht, One-Night-Stands zu finden.

Als ich das System durchschaue, liegt mein drittes Date bereits hinter mir. Diesmal bin ich über Nacht geblieben und wache am nächsten Morgen in der Wohnung von Emma, der Couchbesitzerin, auf – in ihrem Bett. »Bin arbeiten. Mach dir gerne einen Kaffee und etwas zu essen. Würde mich freuen, wenn wir das bei Gelegenheit wiederholen«, steht auf einem Zettel an der Haustür. Als ich auf der Suche nach dem nächsten Bahnhof durch die fremden Straßen irre, wird mir erst bewusst, dass ich in Oakland gelandet bin. Zu Hause erwartet mich Daniel, der schon aus New York zurückgekehrt ist.

»Hallo, Bedsurfer«, begrüßt er mich grinsend.

»Woher weißt du das?« Ich bin beschämt.

»Jenna.« Jenna ist Daniels Mitbewohnerin. Ich hatte ihr gestern erzählt, dass ich zum Abendessen verabredet bin.

»Gut für dich. Ich habe eine Dating-App, hatte aber mit den Treffen bisher nicht so viel Erfolg. Vielleicht sollte ich mich auch mal als Backpacker ausgeben«, lacht er und klopft mir auf die Schulter.

Das Arbeiten mit Daniel ist eine Freude. Ich werde in die Planung mit einbezogen, bin als Assistent stets mit am Set und komme auch selbst zum Fotografieren. Daniel ist Neuem gegenüber aufgeschlossen, offen für Experimente. Ohne diese Neugier hätte er mich wohl nicht angestellt. Überhaupt gefällt mir die Offenheit der Leute hier. Innovation hat einen besonderen Stellenwert in San Francisco, nicht zuletzt dank dem Silicon Valley, der Heimat der Informationstechnologie. Alles, was einen Namen in der interaktiven Welt des Internets hat, ist hier vertreten, und alles, was demnächst groß wird, auch.

Seit einem knappen Monat bin ich nun in San Francisco. Das Wetter wird allmählich unangenehm. Der Winter naht, und mit ihm kommt der Nebel zurück, legt sich wie eine Daunendecke über die Stadt. Daniel und ich haben heute ein Fotoshoot mit Charlotte, einem französischen Model. In der Hickory Street, einer ruhigen Straße in der Nähe des Hickory Green im Hayes Valley, wird eine Leinwand aufgebaut, vor der sie posieren soll. Ich, als Assistent, bin der Mann fürs Grobe, schleppe Stative, Sandsäcke, Lampen, Kabelkisten und Halterungen die Treppe hinunter, während Daniel noch überlegt, wie die Fotos aussehen könnten.

»Seitdem du hier bist, denke ich die ganze Zeit darüber nach, wohin ich reisen könnte. Ich muss einfach mal raus hier«, erklärt er mir später, als wir zwischen dem Equipment auf der Straße hocken und ein Croissant essen. Er ist infiziert vom Reisevirus, den ich eingeschleppt habe. »Ich habe schon immer davon geträumt, nach Kuba zu gehen, bevor sich dort alles ändert. Wenn Fidel das Zeitliche segnet, gibt es da wahrscheinlich einen Ausverkauf.«

»Und wieso machst du es nicht? Du bist selbständig, kannst Jobs ablehnen. Das sollte doch machbar sein«, sage ich mit vollem Mund.

»Schon klar, aber ich will das mit jemandem zusammen erleben. Und ich will dort etwas machen. Also nicht bloß ein paar sozialromantische Fotos auf der Straße. Ich würde gerne ein Projekt in Kuba starten.«

»Und an wen hast du da gedacht? Wer könnte dich begleiten?«

»Ich habe einen guten Freund, mit dem will ich das schon seit Jahren machen. Aber immer, wenn alles passt, macht er einen Rückzieher. Und jetzt, seitdem du hier bist, habe ich mir überlegt … Na ja, es wäre perfekt, wenn wir das zusammen machen könnten.«

»Echt jetzt? Um ehrlich zu sein, wollte ich eigentlich direkt nach Südamerika weiterreisen. An Kuba habe ich gar nicht gedacht. Aber das hört sich verdammt interessant an. Und natürlich reizt mich Kuba als Land schon sehr.«

Alles, was ich über Kuba weiß, gehört der Vergangenheit an. Die Revolution, Che Guevara, die sozialistische Machtübernahme. Seitdem Stillstand. Aktuelle Fotos von Havanna zeugen von einer Stadt, die die Pausetaste gedrückt hat. Ich hätte tatsächlich wenig Grund, allein dorthin zu reisen und dort nach Arbeit zu suchen. Werbung gibt es nicht, es sei denn, man wirbt für den Staat, den Sozialismus, Fidel Castro oder die Revolution. Wie hätte ich da einen Job finden können?

»Lass uns nachher bei einem Glas Wein ein bisschen recherchieren«, schlägt Daniel vor. »Ich muss sowieso rausfinden, wie ich als US-Bürger an ein Visum komme. Ist nicht ganz so einfach, glaube ich.«

Es liegt immer noch ein von den USA verhängtes Embargo auf Kuba. Rein theoretisch darf ein US-Amerikaner die Insel betreten, dort jedoch kein Geld ausgeben. Eine rechtliche Grauzone, aber kein Reisehindernis.

»Und wie teilen wir die Arbeit auf? Soll ich dir assistieren, oder wie hast du dir das vorgestellt?«, klopfe ich die Situation ab.

»Nein, nein. Sobald wir San Francisco verlassen, wendet sich das Blatt. Dann bist du mein Reisemeister und ich dein Lehrling.«

»Sehr gerne. Aber sei gewarnt, ich bin ein harter Lehrer«, grinse ich.

»Wie wäre es, wenn wir eine Art Koproduktion machen? Ich fotografiere und du filmst«, schlägt Daniel vor.

»Hört sich gut an. Ich würde sowieso gerne ein bisschen mehr im Filmgenre herumprobieren.«

Für einen Probelauf begeben wir uns mit dem nötigen Equipment auf die Suche nach jemandem, den ich auf einem meiner Streifzüge durch die Stadt entdeckt habe. Ein kleiner Junge, der sich anzieht wie ein Darsteller aus einem Schwarzweißfilm, alte Jazzstücke auf seinem Kornett spielt und dabei mit beschlagenen Sohlen über den Asphalt steppt. Auch Daniel kennt ihn, denn er taucht seit einiger Zeit immer in derselben Gegend auf. An der Ecke 4th und Mission werden wir fündig. Im blau-weiß karierten Hemd, mit blauer Krawatte und brauner Baskenmütze spielt er hingebungsvoll Jazz-Evergreens, steppt, tanzt und schwingt sein Kornett dazu.

»Hallo, mein Name ist Gabriel Angelo, ich bin zwölf Jahre alt und spiele seit sechs Jahren Trompete«, spricht er selbstbewusst in meine Kamera. Dann spielt er die Titelmelodie aus dem Film »Der Pate« und rezitiert mit Gangstermimik einige Szenen aus dem Klassiker, der fast dreißig Jahre vor seiner Geburt gedreht wurde. Um seine Ausbildung am Musikkonservatorium bezahlen zu können, spielt Gabriel jeden Tag nach der Schule auf der Straße. Sein offener Instrumentenkoffer ist voller klingender Münzen, die Leute sind begeistert. Gabriels Mutter sitzt mit einem Laptop am Eingang des gegenüberliegenden Gebäudes. »Er möchte unbedingt ans Konservatorium. Alleine können wir das nicht bezahlen, deswegen hat er sich in den Kopf gesetzt, es aus eigener Kraft zu schaffen. Ich bin stolz auf das, was er da leistet. Ich begleite ihn jeden Tag hierher und passe auf, dass ihm nichts passiert.«

Amerika, das Land der Träume. Und Gabriel ist mit seinen zwölf Jahren professioneller als manch ein Erwachsener. Als hätte er nie etwas anderes getan, führt er sein Können für die Kamera vor und verhandelt nebenbei über ein Gehalt, das ihm jemand für eine private Firmenveranstaltung anbietet. Was habe ich noch mal mit zwölf Jahren getan? Richtig, Baumhäuser gebaut. Nachdem mein Video über »*The Trumpet Kid of San*

Francisco« ein paar Tage im Internet gestanden hat, wird es von verschiedenen Blogs aufgegriffen, bis selbst die Huffington Post über Gabriel schreibt. Sogar der Fernsehsender NBC schickt mir eine Anfrage über die Nutzung meines Videomaterials. Ein paar Monate nachdem Gabriel mir Modell stand, wird er in Ellen Degeneres Show auf dem Sessel sitzen, um ihre Fragen zu beantworten. A star is born.

#13
»ICH BIN HAVANNA«

*Havanna,
November - Dezember 2011*

Wir nähern uns Kuba. Von Cancun, Mexiko, aus fliegen wir mit einer Maschine der kubanischen Airline Cubana, in der wir drei Getränke zur Auswahl haben: *tuKola*, das hiesige Pendant zu Coca-Cola, Pfirsichsaft, der nach alten Socken riecht, und natürlich *Havana Club Rum – tres años on the rocks*.

In Mexiko haben wir die Telefonnummer einer *Casa particular* in Havanna erhalten. Die Regierung stellt einigen wenigen Kubanern die Lizenz aus, Touristen bei sich aufzunehmen. Ein Großteil der Einnahmen aus der Vermietung der Zimmer geht zurück an den Staat. Es ist fast unmöglich, sich in Kuba zu bewegen, ohne die Regierung zu bereichern. Wir wohnen in Casa Tere Tere bei einer Frau Mitte vierzig namens Teresa. Daniel spricht fließend Spanisch und wird schnell zum bevorzugten Gesprächspartner unserer gesprächigen Vermieterin auserkoren. Auch wenn wir die Tür zu unserem Zimmer geschlossen halten, schallt es ständig von draußen herein: »Danieeeel ... Danieeeeeel.« Mit hängenden Schultern begibt er sich daraufhin ins Wohnzimmer, um sich eine weitere Geschichte unserer Herbergsmutter erzählen zu lassen.

Es braucht Zeit, um die Lebensverhältnisse der Kubaner zu verstehen. Sie halten jede noch so kleine Habseligkeit in Ehren. Waren sind knapp in der sozialistischen Republik, an Luxusgüter ist gar nicht zu denken. Als ich mein Feuerzeug nicht finde, leiht mir Teresa eine Packung Streichhölzer, damit ich auf dem Dach beim Blick über die Stadt eine Zigarette rauchen kann. Ich reiße drei Hölzer vergebens an, bis meine Zigarette endlich brennt. Von guter Qualität sind die Dinger nicht. Unbekümmert lasse ich die Packung auf der Attika liegen, von wo aus sie der

Wind wegträgt. Als Teresa mich nach den Streichhölzern fragt, erzähle ich achselzuckend, dass ich sie vergessen habe. Es sind eben nur Streichhölzer. Doch Teresa erklärt mir, wie schwer es sei, sie zu bekommen, in der ganzen Stadt seien sie ausverkauft, und bis Nachschub käme, könne es Wochen dauern.

»Ich kann den Gasofen jetzt nicht mehr anzünden«, sagt sie.

»Ich habe noch irgendwo ein Feuerzeug, das finde ich bestimmt gleich«, versuche ich sie zu beruhigen.

»Ein Feuerzeug ist nutzlos, denn es passt nicht in den Schlitz, aus dem das Gas strömt.« Sie ist nun sichtlich verärgert. »Ich kann jetzt nicht mehr kochen, und duschen können wir auch nicht mehr warm.« Daniel übersetzt ihre Worte relativ ruhig, während sie mit Tränen in den Augen vor uns steht. Ich habe ein richtig schlechtes Gewissen.

»Es tut mir sehr leid, Teresa, ich gehe gleich los und besorge neue.« Aber sie winkt ab. »Du wirst keine finden. Es gibt momentan keine Streichhölzer im Land, das habe ich doch schon gesagt«, ruft sie mir hinterher, als ich schon halb aus der Tür bin.

Keiner der Läden für Haushaltswaren hat Streichhölzer vorrätig, Feuerzeuge sind ebenfalls ausverkauft. Ein etwas größeres Einkaufszentrum hat auch keine im Angebot. Das Einzige, was es derzeit im Überfluss gibt, sind Toilettensitze. Alles wird auf Nachfrage hergestellt, steht jedoch erst mit großer Verzögerung zum Verkauf. Unter den Importwaren befinden sich hauptsächlich Lebensmittel. Es existieren keine Streichhölzer auf Kuba. Bis der Staat das realisiert hat, die Produktion in Gang gesetzt und die Verkäufer beliefert werden, kann es Wochen dauern. Aber mir bleibt noch eine Chance. Direkt um die Ecke befinden sich mehrere große Hotels für Touristen, die ein paar Pesos mehr übrig haben für eine Unterkunft. Und soweit ich weiß, haben Hotels immer Streichhölzer am Schalter herumliegen. In der Casa Cientifico werde ich abgewiesen. Im Hotel Sevilla möchte man wissen, ob ich Gast im Hause sei, was ich verneinen muss.

Im Park Hotel, dem Nobelhotel schlechthin, lasse ich mir etwas Besseres einfallen. »Hätten Sie vielleicht Streichhölzer für mich? Ich zünde meine Zigarre ungern mit einem Feuerzeug an.« So unsinnig ist das nicht. Wir sind auf Kuba, das wichtigste Exportgut sind handgerollte Zigarren. Ich weiß natürlich nicht, ob ein Zigarrenliebhaber so etwas sagen würde. Aber es funktioniert. Teresa staunt nicht schlecht. Wenn wir uns fortan über den Weg laufen, tippt sie sich mit ihrem Zeigefinger an die Schläfe und sagt nur ein Wort, eins, das ich auch verstehe: »Intelligente!« Auf die Idee mit dem Hotel war sie nicht gekommen. Es hätte ihr wohl auch nichts genützt. Einheimischen ist der Zutritt verboten.

Daniel und ich suchen Helfer für unser Projekt. Wo immer etwas los zu sein scheint, sind wir unter den Anwesenden. Ganz so einfach ist es jedoch nicht, die Orte zu finden, die auch Einheimische aufsuchen. Geheimtipps sind hier in der Regel Fallen. Nach dem ersten Besuch eines der angepriesenen Salsa-Festivals wissen wir, worum es sich tatsächlich handelt. Wir enden in einer fast ausgestorbenen Bar. »Das Festival beginnt gleich«, wird uns mitgeteilt. Selbstredend tut es das nicht. Nach fünf Minuten sind wir von *jineteras* (Reiterinnen) umzingelt. So nennt man in Kuba Prostituierte. Die karibischen Königinnen der Nacht verstehen ihr Handwerk, schirmen Daniel und mich voneinander ab, um uns einzeln zu umgarnen. Doch wir wollen nur unser Projekt starten und verabschieden uns so schnell wie möglich. Mit offen zur Schau gestellten käuflichen Körpern weiß ich nicht umzugehen. In Thailand bin ich noch irgendwie damit zurechtgekommen, habe mich mit freundlichen Worten und einem Lächeln aus den Angeboten herausgewunden. Das Bild von dicken, schwitzenden Männern mit gleich zwei zierlichen Thailänderinnen auf den massigen Oberschenkeln kann einem aber auch den Besuch in diesem südostasiatischen Land versauen. Die Mentalität der leichten Mädchen der Karibik ist anders, bestimmter, direkter, frontal und unausweichlich. Auf Kuba scheint man den Mangel an Meinungsfreiheit mit Sex wettmachen zu wollen. Bezahlt oder unbezahlt.

Eines Abends bin ich mit Daniel in einem Club, den hauptsächlich Einheimische frequentieren. Sobald wir beide, eindeutig Besucher aus dem Ausland, den Eingang passieren, stürzen mehrere Mädchen auf uns zu. Jede will die Erste sein, sich bei uns einhaken, Drinks spendiert bekommen und uns womöglich auf unser Zimmer begleiten. Es nervt! Es nervt mich, dass wir uns nicht frei bewegen können und dass ununterbrochen etwas von uns verlangt wird, aber am allermeisten nervt es, dass es mich nervt. Wäre ich in der Situation dieser Mädchen, würde ich mich womöglich nicht anders verhalten. Zwischen dem Bassgewitter der *Reggaeton*-Rhythmen beuge ich mich zu einem besonders aufdringlichen Mädchen und schreie: »Sorry, ich mach's nicht mit Prostituierten.«

Noch bevor ich den Satz ganz beendet habe, saust ihre flache Hand gegen meine Wange.

»Ich bin keine Nutte!«, schreit sie mich an und verschwindet im Getümmel. Meine Verwunderung scheint mir im Gesicht zu stehen, denn ein anderes Mädchen kommt nun zu mir herüber und erklärt mir das Verhalten ihrer Freundin.

»Wir sind keine Prostituierten. Wir sind nur hier, um unseren Spaß zu haben. Carolina ist Lehrerin, ich habe Medizin studiert, und die beiden anderen sind Angestellte im öffentlichen Dienst. Susana ist Anwältin.« Ich blicke hinüber zu Daniel, der versucht, seine steifen Hüften dem Takt folgen zu lassen.

»Aber wieso buhlt ihr dann so hartnäckig um unsere Aufmerksamkeit?«, wende ich mich wieder der Ärztin zu.

»Weil wir nach dieser einen Nacht womöglich mit unserem dreifachen Monatsgehalt nach Hause kommen. Dann können wir unseren Eltern und Geschwistern etwas kaufen, was sie sich normalerweise nicht leisten können. Wir sind hier, um zu tanzen, aber wenn sich die Gelegenheit bietet, wer würde da nein sagen?«

Gelegenheit macht Diebe, auf Kuba macht sie leichte Mädchen.

Doch nicht nur die Kubanerinnen versuchen ihr Gehalt aufzubessern. Die Männer, egal ob Obstverkäufer oder Ingenieure, schwingen sich am Wochenende auf geliehene *bici taxis*, dreirädrige Fahrradrikschas, um sich etwas Kleingeld dazuzuverdienen. Der Tourismus ist die einzige halblegale Möglichkeit, den eigenen Lebensstandard etwas zu erhöhen. Und ist ein Kubaner jung genug und durchtrainiert, lässt auch er sich womöglich von Europäerinnen und Nordamerikanerinnen für einen Drink begrabschen. Für ein gebrauchtes Smartphone beglückt er die dreißig Jahre ältere *Gringa* die ganze Nacht lang. Trotz der Androhung von bis zu fünfzehnjährigen Gefängnisstrafen blüht das Geschäft auf der Straße. Längst ist der Karibikstaat ein Paradies für Sextouristen geworden. Dennoch bleibt es die leise Hoffnung aller, die ihren Körper gegen Bargeld, elektronische Importwaren oder ein paar alkoholische Getränke anbieten, den heiratswilligen Menschen zu finden, der sie hier herausholt, über den sie an den Pass eines westlichen Landes kommen und an die Möglichkeit, das Elend hinter sich zu lassen. Für die wenigsten wird dieser Traum Realität.

Mittlerweile werden den Freiern Kinder von gerade mal elf oder zwölf Jahren angeboten. Kinderprostitution ist das neue große Geschäft, und die Zuhälter verstecken sich nicht selten hinter der Maske eines Schullehrers. Fidel Castro gab schon in den neunziger Jahren schnippisch vor internationalen Gästen zu: »Unsere Huren haben wenigstens einen Schulabschluss.« Eine Aussage, die in ihrer Traurigkeit nur noch von ihrer Widerlegung überboten wird, denn viele der Kinderprostituierten kommen nicht mehr über die Grundschule hinaus.

Daniel und ich versuchen es am nächsten Abend bei einer offiziellen Touristenlokalität. Vor dem Hotel Florida steht eine Schlange von Menschen, die den Abend in der Salsabar des Hauses verbringen möchten. Prostitution hält sich hier in Grenzen, zumindest scheint es auf den ersten Blick so. Hier gibt es hauptsächlich Salsatänzer, die den Urlaubern für ein paar Pesos das Tanzen beibringen. Hinter uns in der Schlange stehen zwei Kubaner Anfang zwanzig. Javier und Miguel sind Studenten aus Alt-Havanna, die den Kontakt zu Touristen suchen, vor allem Javier, der Englisch und Französisch studiert, hofft, seine Sprachkenntnisse aufzubessern. Da es Einheimischen nicht erlaubt ist, mit Ausländern zu reden oder Zeit zu verbringen, ist das Hotel Florida die Gelegenheit schlechthin, dieses Verbot zu umgehen. Wir erklären ihnen unser Projekt und fragen, ob sie Lust hätten, uns dabei behilflich zu sein. Javier ist skeptisch.
»Sollen das Nacktfotos werden?«

»Natürlich nicht«, beruhige ich ihn, »wie kommst du denn auf die Idee?«

»Wir sind hier in Kuba«, erläutert er seine Bedenken, »ehe man sich's versieht, spielt man in einem Porno mit.« Während er spricht, zieht er sein Mobiltelefon aus der Tasche. Auf dem Bildschirm ist zu sehen, wie ein junges Mädchen von einem älteren Mann verführt wird. Das Video wurde mit einer Handykamera aufgenommen. Ein hausgemachter Porno. »Das ist meine Nachbarin«, behauptet er. »Jeder aus meinem Viertel kennt den Film.«

Ich verstehe ihn. Kuba macht sich sein eigenes Youporn.

Es gelingt Daniel und mir, die Ängste der beiden zu entkräften, indem wir ihnen von unserem Plan erzählen. Daniel möchte Einheimische vor aus den Angeln gehobenen Haustüren mitten auf der Straße fotografieren. Symbolisch für die Schwelle, die man auf der Flucht übertreten muss, die Tür in die Freiheit. Ich werde anschließend Videointerviews mit den Mitwirkenden führen und unser Projekt filmisch begleiten. Nach unserer Reise wollen wir das Material in einer multimedialen Ausstellung in den USA präsentieren. Die beiden jungen Männer wollen unbedingt dabei sein und uns helfen, die richtigen Leute dafür zu finden. Wir haben es endlich geschafft, einheimische Helfer zu finden. Das Projekt *Soy Habana* (Ich bin Havanna) kann beginnen.

Am nächsten Morgen treffen wir die beiden in der Wohnung, die von Miguels Familie bewohnt wird. Ein Zimmer mit Küche – kein Bad, kein Schlafzimmer. Daniel und ich werden herzlich von der ganzen Familie begrüßt, es scheint, als hätte man uns bereits erwartet. Miguels Eltern schlafen auf dünnen Matten im Wohnraum, seine Großeltern in der Küche. Für Miguel und seine Schwester wurde zwischen Türrahmen und Zimmerdecke ein ungefähr ein Meter hoher Verschlag gezimmert, der als Raumteiler fungiert. Den größten Teil des Raumes nimmt eine Art Schrein ein, der zu Ehren der Jungfrau Maria aufgebaut wurde, mit floralen Verzierungen und Opfergaben: Kuchen, Reis, Nudeln und Fleisch. Miguel kniet sich auf den Boden, bekreuzigt sich, streicht sich mit beiden Händen über Brust, Arme und Gesicht und macht eine wegwerfende Geste in Richtung Maria. Nachdem er sich von seinen Sünden reingewaschen hat, lädt er sie bei ihr ab. Nachdem Javier und Daniel es ihm gleichgetan haben, versuche auch ich mich an der Choreografie der Trockenwaschung. Anschließend werden uns Teile der religiösen Gaben auf kleinen Tellern serviert, vier verschiedene Sorten Buttertorte, garniert mit einem großen Löffel kleingeschnittener Spaghetti in Ketchup. Miguel und Javier möchten uns unbedingt die angesagten *Reggeaton*-Videos zeigen. In trauter Familienatmosphäre schwingen halbnackte Tänzerinnen ihre Hintern zu wahnwitzigen Sechzehnteltakten. Der Fernseher ist so ausgerichtet worden, dass auch die Jungfrau Maria etwas sieht.

Das alles lässt sich für jemanden, der nicht hier aufgewachsen ist, nur schwer miteinander vereinbaren. Sozialismus und christlicher Glaube. Dazu die überbordende Sexualität. Es ist, als gebe es auf Kuba gleich drei Pole, die sich gegenseitig abstoßen. So entsteht in dem isolierten Land eine Symphonie, die einzigartig ist auf diesem Planeten.

Was auf Fotos nostalgische Gefühle hervorrufen mag, wirkt in der Realität trostlos. Jene gemütlichen Kubaner, die auf den Treppenstufen vor den Ruinen ihrer Häuser sitzen und das einfache Leben zu genießen scheinen, sind in der Realität vom Rum betäubt, lethargisch. Während Regen, Wind und Salzwasser Havannas Häuserfassaden zersetzen wie ein Stück Zucker, leidet die Seele ihrer Bewohner unter Armut und Unfreiheit. Noch immer können sie sich nicht mehr leisten als das, was zum Überleben nötig ist, noch immer spülen sie ihre Toiletten mit einem Eimer Wasser und warten wochenlang auf eine neue Lieferung Streichhölzer, um ihre Öfen anzufachen. Was die Kubaner eint, ist die Einstellung zum Leben. Sie haben die Hoffnung nicht aufgegeben, dass es irgendwann bergauf geht. Fast jeder Zweite hier ist ein großer Fan der USA. Doppelt schmerzt es sie, dass diese Zuneigung nicht auf Gegenseitigkeit zu beruhen scheint. Und so warten sie vor ihren verfallenen Häusern darauf, dass sich endlich etwas ändert. »Wir lieben unser Land, aber wir hassen, was damit passiert«, sagt uns Carlos, ein alter Kubaner.

»Pana« heißt eigentlich Oscar. Er ist der Rationsbeauftragte des Viertels in Alt-Havanna, aus dem auch Javier und Miguel stammen.

»Ich habe dieses Notizbuch.« Pana blättert durch das ausgeblichene Heftchen, in dem mit Bleistift Nummern hinter Familiennamen vermerkt sind.

»Damit gehe ich zu den Familien in diesem Viertel und notiere, ob sie ihre Ration an Brot, Eiern, Milch und sonstigen Lebensmitteln bekommen haben.«

Er wirkt wie das komplette Gegenteil eines Beamten – gänzlich unorganisiert. Er ist schon frühmorgens angeheitert und verschwindet von Zeit zu Zeit, um sich einen Rum zu genehmigen, wobei seine Laune stetig steigt. Ein lupenreiner Kindskopf von über vierzig Jahren. Aber die beiden Studenten behaupten, er sei der richtige Mann, um die Leute von unserem Projekt zu überzeugen. Und tatsächlich, dank seiner Überredungskunst erklären sich einige Anwohner bereit, sich von uns ablichten zu lassen. Die Interviews laufen jedoch eher schleppend. Sobald meine Kamera eingeschaltet ist, werden die Leute zurückhaltend, ihre Antworten einsilbig und nichtssagend.

»Wie ist das Leben in Havanna?«
»Es ist okay.«
»Habt ihr genug zu essen und Arbeit?«
»Es ist nicht viel, aber es reicht.«
»Was denkst du von Fidel Castro? Ist er ein guter Mann?«
»Ich kann mich nicht beschweren.«

Niemand äußert Kritik vor laufender Kamera. Fast jeder aber tut das, wenn die Kamera ausgeschaltet ist. Meine Gesprächspartner sind gebildet. Die Bildungsrate in Kuba ist die zweithöchste der Welt, es gibt weniger Analphabeten hier als in Deutschland. Die Kubaner wissen um ihre Situation, und sie wissen, dass sie unfrei sind, das Land nicht verlassen dürfen. Schon als wir vom Flughafen abgeholt wurden, erklärte uns der Taxifahrer politische Zusammenhänge und wie glücklich wir uns schätzen dürften, andere Länder zu sehen. Immer wieder wird Fidel Castro zur Wurzel des Übels erklärt, doch wenn die Kamera läuft, verstummen die Menschen. Sie haben Angst, das sieht man ihnen an. Angst vor dem Regime und davor, für Landesverrat bestraft zu werden. Wer weiß, ob wir nicht Spione sind. Fast eine Woche lang geht das so. Viele Fotos, wenig Informationen. Eine aufgedrehte Frau in einem roten Paillettenkleid behauptet, sie wäre Tänzerin in einem berühmten Theater gewesen. Sie beantwortet freimütig jede unserer Fragen, allerdings ganz anders als vermutet.

»Was ich von Fidel Castro halte? Ich liebe ihn. Schon als kleines Mädchen war ich verliebt in ihn, das könnt ihr mir glauben.«

»Und was halten Sie vom politischen System?«

»Vom politischen System? Das kann ich euch sagen, was ich davon halte. Es ist das beste System auf Erden, und ich würde rein gar nichts daran ändern.« Wenn sie nicht spricht, singt sie Lieder aus längst vergangenen Tagen, haucht uns mit ihrem von Rum gesäuerten Atem an und küsst uns auf den Mund.

Ein anderes Erlebnis ist nicht weniger einprägsam. Angel, ein großer, kräftiger Mann mit harten Gesichtszügen, bittet uns, in sein Haus zu kommen. Als wir eintreten, schaut er links und rechts die Straße hinab, um sicherzugehen, dass uns niemand dabei beobachtet. In seiner kargen Wohnung erzählt er uns bei einem Glas tuKola von seinem Sohn Manuel, der mit vierzehn Jahren versucht hat, in einem Ruderboot die USA zu erreichen.

»Wie lange ist das her?«, fragt ihn Daniel.

»Das ist jetzt acht Jahre her. Ja, vor acht Jahren war er plötzlich weg.«

»Und haben Sie seitdem von ihm gehört? Hat er es in die USA geschafft?«

Die Augen des Mannes füllen sich mit Tränen. »Nein, wir haben nichts mehr von ihm gehört.« Betretenes Schweigen. Als wir uns verabschieden, trägt er noch eine Bitte vor, die er sich offenbar bis jetzt nicht zu äußern getraut hat.

»Vielleicht ist mein Sohn ertrunken, dort draußen auf dem Meer. Aber vielleicht hat er es doch geschafft.« Er muss tief durchatmen. »Bitte«, fleht er uns an. »Bitte helft mir, meinen Sohn ausfindig zu machen, wenn ihr wieder in den USA seid. Und sagt ihm, er soll nach Kuba zurückkommen. Seine Familie ist doch hier. Wir brauchen ihn.«

Nach diesem Gespräch erscheinen mir die täglichen Polizeikontrollen, die unsere Helfer über sich ergehen lassen müssen, nicht mehr lediglich lästig. Fragen unbeteiligter Passanten klingen für mich plötzlich verdächtig. Ich merke, wie ich von Tag zu Tag unruhiger werde. Es ist, als hafte die Gefahr uns bei jedem unserer Schritte an den Fersen. Die Gefahr für uns und für alle, die in unser Projekt involviert sind. Am Abend bezahle ich im Park Hotel zehn Euro, um das Internet nach Informationen über das Maß der Bedrohung zu durchsuchen. Mein Gewissen verschlechtert sich mit jedem Artikel, den ich überfliege. Zahlreiche Häftlinge sitzen wegen Störung des inneren Friedens in politischer Gefangenschaft. Unter diesen Gefangenen sind auch ausländische Journalisten, die aufgrund kritischer Berichterstattung zu Staatsfeinden erklärt wurden.

Was tue ich hier eigentlich? Ohne es zu merken, bin ich selbst zum Journalisten geworden, stelle unbequeme Fragen in einem Land, das unbequeme Fragen nicht toleriert und freie Meinungsäußerung hart bestraft. Ich spiele nicht nur mit meiner eigenen Freiheit, sondern auch mit der Freiheit anderer Menschen. Torheit schützt vor Strafe nicht, und welch ein Tor bin ich, unbedarft durch die Gassen Havannas zu stolpern, das Stativ geschultert und die Kamera im Anschlag.

»Wir müssen die Sache abbrechen, Daniel.«

»Was? Wieso? Was ist denn mit dir los?«, fragt er fassungslos.

»Merkst du nicht, was wir hier tun? Javier und Miguel werden jeden Tag von der Polizei überprüft. Sie dürften eigentlich nicht einmal mit uns reden. Wenn auch nur einer von den Leuten, die wir in den vergangenen Tagen getroffen haben, irgendwas ausplaudert, sind die Jungs geliefert. Und wir womöglich auch.«

»Mann, entspann dich. Warum sollte das passieren?«

»Weil es schon Hunderte Male zuvor passiert ist. Ich habe gestern ein bisschen im Internet recherchiert. Wenn uns irgendjemand verpfeift, dann haben wir ein echtes Problem.«

»Aber wir haben noch nicht genügend Material für eine Ausstellung. Lass uns noch einen Tag weitermachen. Dann sind wir hier durch.«

»Einen Tag. Mehr nicht.« Ich fühle mich äußerst unwohl dabei, muss ihm aber diesen Kompromiss zugestehen. Schon jetzt weiß ich, dass meine Interviews niemals veröffentlicht werden. Ahnungslosigkeit ist die Mutter aller Abenteuer, aber sobald man sich ihrer bewusst wird, gibt es kein Zurück. Auch wenn ich das Land verlasse und in Sicherheit bin, die Menschen hier sind es nicht.

Der letzte Projekttag ist überstanden. Unsere Helfer laden uns zu einer Art Abschlussfeier ein, bevor wir das Land verlassen. Pana will bei sich zu Hause Meeresfrüchte zubereiten, eine Spezialität, die hier nur selten auf dem Teller landet, und das, obwohl die Insel Kuba von fischreichen Gewässern umgeben ist. Meeresfrüchte fallen nicht unter das staatliche Rationsprogramm und sind deshalb Luxusgüter.

Mit zwei Flaschen *Havana Club Anejo Reserva* entern wir die Wohnung, in der Pana mit seinem Bruder lebt. Ein karges Wohnzimmer mit Esstisch, eine Küchenecke mit Kohleofen, zwei Schlafzimmer und ein Badezimmer. Irgendwann gab es hier fließendes Wasser, aber das ist lange her. Die Kalkablagerungen an den Rändern des Wasserhahns bröckeln schon. Während wir in dem heißen Zimmer Unmengen von Rum trinken und kubanische Köstlichkeiten essen, schallen aus den alten Lautsprechern amerikanischer Hip-Hop und karibischer Rap. Da kündigt Javier eine Überraschung an. Drei Mädchen betreten den Raum, höchstens Anfang zwanzig, karibische Schönheiten.

»Wir haben ein paar Mädchen für euch besorgt«, strahlt Javier uns erwartungsvoll an. Mir fällt keine passendere Antwort ein als »Oh, danke«, so überfordert bin ich von der Situation. Der Zeitpunkt wäre günstig, zu erwähnen, dass dies nicht nötig gewesen wäre und ich nur ungern mit einer Prostituierten Sex haben möchte. Ich aber schweige, und die Tragödie nimmt ihren Lauf. Das Licht wird ausgeschaltet, so dass der Raum ausschließlich von dem Flimmern der Musikvideos auf dem Bildschirm erhellt wird. Daniel und ich tanzen, als wäre nichts dabei. Im Grunde ist es das ja auch nicht. Sollten wir den Mädchen einen Tanz verwehren, bloß weil sie käuflichen Sex anbieten? Die Temperatur steigt, die Tanzenden geben ihre Körperwärme an den Raum ab, in dem die Luft zu stehen scheint. Schweiß rinnt mir den Nacken hinunter und brennt auf meiner Haut. Ich brauche Wasser, dringend. Erst auf der Toilette fällt mir wieder ein, dass kein Wasser aus dem Hahn kommt. Bei meiner Rückkehr auf den Tanzboden starrt mich meine Tanzpartnerin mit großen Augen an, ruft ihren beiden Freundinnen etwas auf Spanisch zu. Miguel schaltet daraufhin das Licht ein, und alle starren mich an, bis Daniel das Schweigen bricht: »Geht's dir gut?«

Kurz bin ich verwirrt, doch dann begreife endlich auch ich die Situation.

»Ich habe eine allergische Reaktion, oder?«

Einmütiges Kopfnicken.

»Ach, verdammt!« Es ist die erste allergische Reaktion meines Lebens.

Pana gibt mir einen kleinen Handspiegel, in dem ich mich kaum wiedererkenne. Mein Gesicht sieht aus, als wäre ich verprügelt worden, angeschwollen und rotfleckig. Javier reagiert als Erster.

»Wir gehen ins Krankenhaus.« Er greift mir unter den Arm, um mich hinauszugeleiten. Daniel und Pana begleiten uns, Miguel bleibt bei den Reiterinnen.

Das System, das mich bisher so frustriert hat, kommt mir nun zugute. Von der Notaufnahme werde ich sogleich ins Behandlungszimmer geschickt, wo mich eine Ärztin zu meinem Zustand befragt. Als auch sie von der Diagnose überzeugt ist, wird mir eine Kanüle gesetzt, durch die flüssiges Kortison in meinen Blutkreislauf gelangt. Von Minute zu Minute geht es mir besser. Diese Behandlung ist unentgeltlich. Eigentlich gilt das nur für Kubaner, aber Pana scheint die Krankenschwester zu kennen, die mir nach einer seiner charmanten Reden nicht mal das Kortison in Rechnung stellt. Wäre mir in San Francisco eine Garnele sauer aufgestoßen, hätte mich das finanziell ruinieren können.

Ich wunderte mich die ganze Zeit, warum ich nicht gefragt wurde, ob ich Alkohol konsumiert hätte, aber da das Gegenmittel zu wirken scheint, gibt es für mich, weiterhin angeheitert, keine Chance, den Überredungskünsten meiner drei Begleiter standzuhalten. Es geht zurück zu Pana, um unseren Abschied zu feiern, zu tanzen, zu trinken. Nachdem diese Nacht durchgestanden ist, brauche ich eindeutig eine Pause, vom Rum und vom Sozialismus, von wilden Reiterinnen und aufgedrehten Jungbullen.

Die drei Mädchen haben in der Hoffnung auf unsere Wiederkehr ausgeharrt. Nachdem ich noch mehr Rum getrunken habe, zerren mich Javier, Miguel und Pana in eines der Schlafzimmer, meine Tanzpartnerin tippelt hinterdrein. Das Mädchen stupst mich aufs Bett, Pana nestelt ein Kondom aus seinem Kleiderschrank und wirft es mir zu, stiehlt sich aus dem Zimmer, schließt die Tür von außen ab. Wieso zur Hölle kann ich nicht einfach nein sagen? Während ich in Schockstarre auf dem Bett liege und eine Lösung herbeisehne, ist das Mädchen schon dabei, mir die Schuhe auszuziehen. Noch immer fällt mir nichts ein, was mich aus dieser Situation befreien könnte. Meine Socken liegen längst irgendwo in der Zimmerecke, mein Gürtel und die Knöpfe meiner Hose sind geöffnet. Letzte Chance, aus diesem Raum zu entkommen, ohne die Gefühle meiner Gastgeber zu verletzen, die eigentlich gar nicht das Geld für dieses Geschenk haben. Drei Monatsgehälter eines normalen Arbeiters. Meine Güte, das sind Studenten, die verdienen überhaupt kein Geld – und selbst wenn die Jungs einen Einheimischenrabatt aushandeln konnten, übersteigt die Summe ihre Mittel. Breche ich die Sache hier ab und riskiere einen Eklat – oder lasse ich mich von den Schenkeln der Reiterin zermürben? Es geht hier einzig um die Frage: Welches ist das kleinere der beiden Übel?

Meine Hose gleitet wie von allein von meinen mit Allergieflecken übersäten Beinen, nur noch in Boxershorts liege ich da, immer noch ratlos, als das Mädchen mich auf Spanisch anspricht. Eigentlich sagt sie nur ein Wort: »Achtzig!«

Ich frage nach.

»Ochenta Pesos convertible!«, definiert sie. Ungefähr achtzig Euro.

Ich entspanne mich. Da ist es, das Schlupfloch.

»Nein, tut mir leid«, erkläre ich.

Sie fasst es jedoch als Aufforderung zum Verhandeln auf. »Okay, sechzig«, senkt sie den Preis.

»Nein, nein, ich meine, ich mache es nicht für Geld.«

Sie schaut mich an, als hätte sie es bei mir mit einem wirklich zähen Verhandlungspartner zu tun. »Fünfzig, aber darunter mache ich es nicht.«

»Es tut mir leid, aber ich werde nicht mit dir schlafen. Ich bezahle nicht dafür.«

Unsere kubanischen Gastgeber haben nicht im Voraus bezahlt. Ich könnte über diese Tatsache nicht glücklicher sein. Das Mädchen ist angenehm entspannt, es scheint meine Entscheidung zu akzeptieren. Nachdem ich wieder angekleidet bin, klopfe ich an die Tür, die sofort geöffnet wird. Die gesamte Partygemeinschaft steht vor der Tür, als hätte sie dem vermeintlichen Treiben gelauscht. Alle schauen verblüfft drein, weil wir nach nicht einmal fünf Minuten wieder aus dem Zimmer kommen.

»Was ist los? Gefällt sie dir nicht?«, fragt Miguel.

Meine Erklärung ruft leise Enttäuschung hervor, scheint aber letztendlich für alle verständlich zu sein, bis auf die anderen beiden Mädchen. Eine von ihnen bekommt einen Wutanfall.

Eine der Gewinnerinnen des Model Contests

Die Insel Perhentian

Feiern mit Hackeem

Fotoshoot mit Daniel und Charlotte in San Francisco

kubanisches Taxi

◂ Das Team von *Ich bin Havanna*
Eine alte Kubanerin kämpft
gegen den karibischen Wind ▸

Der Strand von Cabarete

Kaffeepause mit Nicola

Die Vida Augusta Familie

Fotoshoot in einer alten Kapelle

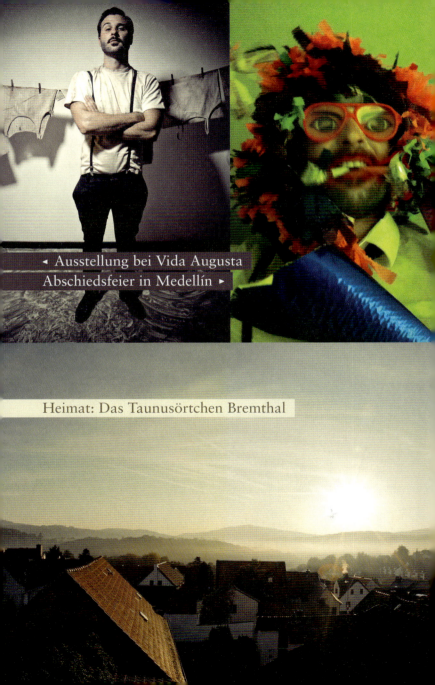

◂ Ausstellung bei Vida Augusta
Abschiedsfeier in Medellín ▸

Heimat: Das Taunusörtchen Bremthal

Wir entschädigen sie für die Taxifahrt, und halbwegs besänftigt verabschieden sich die drei Reiterinnen in die Nacht. Daniel und ich verlassen die Altstadt, um auf unseren Betten bei Teresa Ruhe zu finden, die im Zimmer nebenan mit ihrem Liebhaber nach tagelangem Streit Versöhnung feiert. Unter dem Dröhnen des Ventilators und dem Stöhnen der Befriedeten entschlafe ich dem Trubel der vergangenen Stunden in meinem fleckigen Hautgewand.

Daniel ist abgereist. Drei Tage bevor ich das Land verlassen werde, ist er über Mexiko zurück nach San Francisco gereist. Viel ist nicht mehr übrig geblieben von der Che-Guevara-Nostalgie meiner Jugend.

Ich verliere meine letzten Illusionen, als ich einen Tag vor meiner Abreise von einem Stadtbummel zurückkomme und vor Teresas Haustür gleich sechs Polizisten stehen. Um sie herum haben sich Schaulustige versammelt. Das Erste, was mir durch den Kopf geht: Die warten auf mich. Mit meinem Fresspaket aus Reis und Bohnen verstecke ich mich im Menschenpulk, um unerkannt zu warten. Nervös stopfe ich den Reis in mich hinein, als wäre es Popcorn, als säße ich im Kino in einem Horrorfilm. Ein Mann, begleitet von zwei Polizisten, schreitet durch die Tür des Nachbargebäudes, durch ein Spalier weiterer Uniformierter. Als die Menge ihn erblickt, wird es laut, einige Männer stürzen sich auf den Mann in Handschellen. Die Polizisten unternehmen wenig gegen den Ansturm, lassen den Festgenommenen erst einmal in Schlägen und Tritten untergehen, bevor sie ihn aus der Menge herausfischen und zu einem der Dienstfahrzeuge bringen. Mit offenem Mund, einen Happen Reis in der Wangentasche, starre ich der Kolonne hinterher. Nachdem mein Puls sich wieder normalisiert hat, frage ich einen der Umstehenden, was der Abgeführte verbrochen habe.

»Er ist ein dreckiger Verräter, schadet unserem Land.«

Bis mein Taxi am nächsten Morgen vor Teresas Haus wartet, um mich zum Flughafen zu bringen, bleibe ich in meinem Zimmer. Ich fühle mich hier nicht mehr sicher.

#14
DIE AUSZEIT VON DER AUSZEIT

*Santo Domingo,
Dezember 2011 - Februar 2012*

Ein neuer Stempel im Reisepass, fremdes Land unter meinen Füßen. Wieder hat es mich zu den sogenannten Großen Antillen verschlagen, auf die Insel Hispaniola, gerade mal ein paar Kilometer nordöstlich von Kuba. Als eines der Hauptziele des deutschen Pauschaltourismus ist die Dominikanische Republik bisher unter meinem Reiseradar durchgeschlüpft. Es gibt zwei Gründe, warum ich dennoch hier gelandet bin. Kuba war teuer, die Ausgaben hoch. Gerade mal sechshundert Euro habe ich noch auf meinem Konto, und um, wie geplant, auf allen besiedelten Kontinenten des Planeten zu arbeiten, muss ich noch mindestens ein südamerikanisches Land besuchen. Reise ich nun aber direkt nach Südamerika weiter, wo ich niemanden kenne, könnte es unter Umständen schwierig werden, die restlichen Wochen der Reise zu überstehen. Denn Südamerika ist, im Gegensatz zu Asien, preislich durchaus mit Deutschland zu vergleichen.

Grund Nummer zwei ist, dass ich jemanden in Santo Domingo kenne, der Hauptstadt der Dominikanischen Republik. Vor fast genau zwei Jahren, einen Monat bevor ich nach Schanghai gereist bin, traf ich bei einer Weihnachtsfeier eine ehemalige Klassenkameradin aus der Grundschule. Nicola, meine allererste feste Freundin, hatte ich zu diesem Zeitpunkt seit fast zwanzig Jahren nicht mehr gesehen. Ich weiß nicht mehr, wer von uns beiden damals in der dritten Klasse das Kreuz bei »Ja« machte und wer den Fragebogen aufgesetzt hatte, aber wir gingen für einige Zeit miteinander. Der erste Kuss, das erste Händchenhalten in der heilen Welt des Taunus. Auf der Weihnachtsfeier sprachen wir über meine Reise, und damals bot Nicola mir an, ich könne bei ihr unterkommen, falls es mich in die Karibik verschlagen sollte. Sie arbeite dort für die UNO, habe ein geräumiges Apartment mit Gästezimmer und würde mir gerne das Land fernab deutscher Touri-Träume zeigen. Wie es das Schicksal wollte, ging der günstigste Flug aus Kuba in die Dominikanische Republik.

Mein eigenes Zimmer, Wohnzimmer, Küche, ein eigenes Badezimmer und eine Dachterrasse, so groß wie ein Tennisfeld, stimmen mich nicht nur versöhnlich, diese Umstände lassen mich frohlocken. Selbstverständlich müsse ich nicht für meine Unterkunft zahlen und dürfe so lange bleiben, wie ich möchte, erklärt mir Nicola, die mich in ihrer Mittagspause vom Flughafen abgeholt hat und mir nun ihr Zuhause präsentiert.

»Bedien dich am Kühlschrank, solange ich weg bin. Und heute Abend veranstalten wir unsere alljährliche Mottoparty, denk dir also schon mal ein Kostüm aus. Die Wohnung wird voll sein.«

Mit Menschen in Piratenkostümen einen draufmachen und keine Gedanken an rationierte Lebensmittel verschwenden? Aber gerne. Karibik, wie ich sie mir vorgestellt habe, hier in Santo Domingo, wo Francis Drake, der berüchtigte Freibeuter, Christoph Kolumbus' Residenz in Flammen steckte und die Spanier aus der Stadt vertrieb. Hispaniola ist ein geschichtsträchtiges Stück Land. Mit Kolumbus' Fort *La Navidad* wurde nicht nur die Kolonialisierung Amerikas begründet, auch der Feldzug gegen ethnische Minderheiten begann auf Hispaniola. Von den Tainos, den Ureinwohnern der Dominikanischen Republik und dem Inselnachbarn Haiti, zeugen heute nur noch einige Höhlenmalereien und ausgegrabene steinerne Statuen. Aber auch ein Symbol der Gemütlichkeit haben sie ihrer Nachwelt hinterlassen: Der Inselstamm erfand die Hängematte.

In Zeiten der Eurokrise fällt es manchmal schwer, zu glauben, dass Spanien vor ein paar Jahrhunderten eine Weltmacht war. Vor allem, wenn man bedenkt, dass ehemalige Kolonien wie Kolumbien das südeuropäische Land derzeit wirtschaftlich sogar überflügeln. Doch die Karibik ist ein anderes Pflaster. Kuba ist wirtschaftspolitisch weitgehend isoliert, Haiti wurde nach seiner Unabhängigkeitserklärung 1804 von Weltwirtschaftsmächten mit Embargos belegt und von Naturkatastrophen heimgesucht, und auch in der Dominikanischen Republik herrscht immer noch Armut. Viele Dominikaner sind im Besitz privater Schusswaffen, trotz Verbots, und nach Einbruch der Dämmerung ist es besonders für Ausländer in vielen Teilen der Stadt nicht mehr sicher auf den Straßen.

»Nach Autounfällen«, erzählt mir Nicola, während wir die Wohnung für die Party vorbereiten, »verlässt niemand seinen Wagen. Egal, wie schwer der Unfall sein mag. Solange man noch abhauen kann, tut man das, aus Angst, der Besitzer des anderen Autos könnte eine Schusswaffe besitzen und in seiner Verzweiflung davon Gebrauch machen. Denn einen schweren Schaden kann niemand aus eigener Tasche bezahlen. Nur die wenigen Angehörigen der Oberschicht sind versichert, und so beseitigt man als Verursacher lieber den Geschädigten und mit ihm die Gefahr des finanziellen Ruins.« Und ich dachte, ich wäre mit dem Betreten der Insel endlich in Sicherheit.

»Ich saß vor ein paar Jahren in einem Auto auf der Rückbank, und wir fuhren dem Wagen vor uns in voller Fahrt hinten drauf«, erinnert sich Nicola. »Es war definitiv unsere Schuld, und der Unfall war so schwer, dass die Front unseres Wagens komplett zerdrückt war. Aber anstatt auszusteigen und zu schauen, ob es bei uns Verletzte gab, fuhr der andere Fahrer mit quietschenden Reifen davon.«

Trotz dieser und anderer Geschichten, die von räuberischen Übergriffen gerade gegenüber Ausländern handeln, fühle ich mich wohl in der Dominikanischen Republik. In der Art, wie die Menschen hier reden, sich bewegen und tanzen, spiegeln sich eine unerschütterliche Lebensfreude und Offenheit. Es ist, als würden die Inselbewohner den widrigen Umständen, die ihnen das Leben schwermachen, auf ihre ganz eigene Art trotzen. Während in europäischen Ländern wie Spanien, Portugal und Griechenland die Menschen zwischen Lethargie und Aggression gegenüber dem eigenen Staat schwanken, da die Zeiten nur mehr blassrosig sind, lässt man sich die Lebensfreude hier nicht verderben.

»Vorsicht, die Karibik produziert Hedonisten«, warnte mich Nicola vor meinem Aufenthalt. Wohl dem, der weiß, was es heißt, zu genießen. Es wird wohl noch eine Weile dauern, bis wir in Europa dort hinkommen.

Ich habe mir einen Schnurrbart stehenlassen und die Haare zurückgegelt, trage mein einziges weißes Hemd, dazu Hosenträger. *Movie Stars* ist das Motto der Party, aber da meine Reisegarderobe begrenzt ist, hoffe ich einfach, irgendeine Assoziation bei den Gästen hervorzurufen.

»Brad Pitt in *Inglorious Basterds*«, behauptet Kleopatra. »Vito Corleone aus *Der Pate*«, vermutet der Pirat Jack Sparrow.

»Ganz genau!«, stimme ich jedem vergeblichen Versuch zu, meine Figur zu erraten. Es ist ein bisschen absurd, hier auf einer Kostümparty bei meiner Grundschulflamme in der Karibik zu stehen. Als hätte jemand eine Faschingsveranstaltung vom Anfang der neunziger Jahre in die Zukunft an einen anderen Ort transportiert. Es gibt keine Würstchen mit Kartoffelsalat, so wie auf unseren Kindergeburtstagen, sondern Rum und Chicharrón, frittierte Schweinehaut mit Limettensaft. Statt zu *Cotton Eye Joe* in einem Partykeller herumzuspringen, schwingen wir unsere Hüften zu Salsa, Merengue und Bachata auf einer Dachterrasse. Diese Party ist der Anfang von der Auszeit meiner Auszeit.

Die Mottoparty dauert bis zum Morgengrauen, und am Nachmittag des nächsten Tages sitze ich schon in einem Mietwagen in Richtung der Provinz Samaná, im Nordosten der Republik. Das Städtchen Las Terrenas ist unser Ziel.

»Dort ist es zwar auch touristisch, aber es gibt keine Betonsiedlungen entlang der Küste wie in Punta Cana. Viele Aussteiger aus Europa und den USA lassen sich hier nieder oder versuchen, ein kleines Geschäft aufzubauen«, erklärt mir Nicola. Sie hat ihr Versprechen gleich eingelöst und will mir über ein verlängertes Wochenende einen Teil der Insel zeigen. Nicola ist anders, als ich sie mir vorgestellt habe. Ich denke oft darüber nach, was aus Freunden aus meiner Kindheit und Jugend geworden sein könnte. Vor ein paar Jahren erklärte mir eine andere Klassenkameradin aus der Grundschule, die ich durch Zufall wiedertraf: »Ich dachte, du wärst so ein Fußballdepp geworden.« Vielleicht wäre ich das auch, hätte nicht das Kreuzband in meinem linken Knie versagt, als ich vierzehn war.

Ich hätte getippt, Nicola würde inzwischen extrem viel Wert auf Karriere legen und wäre ein bisschen arrogant geworden – gerade als blonde Frau in einem südamerikanischen Land. Während der fünfstündigen Fahrt stelle ich das Gegenteil fest. Ich sitze neben einer nachdenklichen Frau, die gerne lacht. Sie redet viel und hört ebenso gerne zu. Ich fühle mich wohl, neben ihr auf dem Beifahrersitz, und zum ersten Mal erzähle ich einem Menschen von meiner Reise, ohne irgendwelche Details auszusparen.

»Würdest du mir deine Geschichte erzählen? Am besten zwei Länder pro Tag, dann schaffen wir fast die ganze Reise innerhalb der nächsten fünf Tage.«

Ich schaue aus dem Fenster, damit sie mein Grinsen nicht sieht. Die Art und Weise, wie sie ihre Frage formuliert, versetzt mich zurück in die dritte Klasse. Genauso hätte sie ihr Anliegen auch vor zwanzig Jahren vorgebracht, sachlich und zielgerichtet, mit der Unverfrorenheit einer Zehnjährigen, der man keine Bitte abschlagen kann.

Wir teilen uns ein Zimmer mit getrennten Betten, es erinnert ein wenig an Jugendherbergstage. Unsere Pläne für diese kurze

Reise sind umfangreich: die Dörfer erkunden, die berühmten 27 Wasserfälle hinunterspringen und mindestens einen Tag lang Surfboards ausleihen, um uns in die Wellen zu stürzen. Aus alldem wird nichts. Das Frühstück zieht sich bis in den Nachmittag, weil wir zu viel Gesprächsbedarf haben. In zwanzig Jahren ist einiges passiert. Auch der Strandspaziergang endet nach zehn Minuten, da wir es vorziehen, uns bei einem Kaffee gegenseitig Geschichten aus unserem Leben zu erzählen.

»Weißt du, was aus Michael und Georg geworden ist?«, will Nicola wissen.

»Ja, Georg lebt und arbeitet in Kairo, und Michael hat, glaube ich, irgendwas mit Geologie studiert.«

»Das war abzusehen«, sagt sie.

»Haha, ganz genau das habe ich auch gedacht, als ich es erfahren habe. Ich kann mich noch gut an seine Mineraliensammlung erinnern.«

Nach einem verplapperten Tag gehen wir gemeinsam zum Abendessen, sitzen bis ein Uhr morgens im tropischen Regen, ohne unsere Unterhaltung zu unterbrechen. Das Restaurant schließt schon, aber der Besitzer überlässt uns freundlicherweise die Sitzmöglichkeit im Trockenen. Zum Abschied stellt er uns ein paar Kerzen auf den Tisch und dreht das Licht ab. Als der Regen abklingt, gehen wir ein paar Häuser weiter die Straße hinunter, denn dort ertönt noch Musik. Die nächsten Stunden tanzen wir auf einer Hochzeit von Fremden, die sich zum Glück nur anfänglich über die ungebetenen Gäste wundern. Am Ende des Fests tanzen wir, die Arme untergehakt, mit dem Brautpaar. Im Duett singen wir zu bekannten Popschlagern, ähnlich wie zum Abschiedsfest der vierten Klasse, als wir von unserer grantigen Klassenlehrerin Frau Zimmermann dazu auserwählt wurden, die Zauberflöte als Papageno und Papagena darzubieten. »Papapapapageno« – »Papapapapagena«. Ein Pärchen, beide Mitte vierzig, bietet an, uns mit zurück nach Las Terrenas zu nehmen. Auf der Fahrt versuchen sie uns zu überreden, den Abend bei einem gemeinsamen Schäferstündchen ausklingen zu lassen. Wir verzichten gerne auf diesen Absacker, springen fluchtartig aus dem parkenden Auto, schwingen uns auf das nächstbeste Moped-Taxi und fahren weiter zu einem *Colmado*.

»Ein Colmado ist eigentlich nichts anderes als ein Kiosk. Aber dort wird nicht nur Alkohol gekauft, sondern auch getrunken. Viele dieser Colmados haben Lautsprecher aufgestellt, und die Dominikaner verbringen ihre Abende gerne dort, tanzen, reden und haben Spaß.« Nicolas Haare peitschen mir durch den Fahrtwind ins Gesicht, wie bei einer der Kissenschlachten auf Klassenfahrt. Der winzige Kiosk pumpt Bachata-Rhythmen aus überdimensionierten Lautsprecherboxen. Es ist vier Uhr morgens, als Nicola mir diesen karibischen Tanz beibringt, sechs Uhr morgens, als der Himmel sich rötet und die Musik verklingt. Hinunter zum Strand, in vollem Lauf die Klamotten ausziehen, mit Unterwäsche in den morgenfrischen Atlantik stürzen. Zurück aufs Zimmer, duschen, wieder zum Strand. Kaffee, Fruchtsaft, Pizza. Gegen Nachmittag lachen wir uns bei meiner Erzählung über den letzten Abend meines australischen Roadtrips gemeinsam in den Schlaf. Zu diesem Zeitpunkt ist es gerade mal drei Tage her, dass ich aus Kuba geflüchtet bin.

Was zur Hölle ist passiert? Mit diesem Gedanken wache ich auf.

»Was zur Hölle ...?«

In meinen Armen liegt eine erwachsene Frau, die mir eigentlich nur in ihrer zehnjährigen Version vertraut ist.

»Jetzt haben wir zwar viel erlebt, aber nichts von dem, was ich geplant hatte«, meint Nicola beim Frühstück.

»Wieso auch, ich glaube, aufregender hätten die letzten drei Tage kaum sein können«, behaupte ich.

»Stimmt auch wieder«, lächelt Nicola. »Zum Surfen haben

wir eigentlich auch keine Zeit mehr. Ich würde vorschlagen, wir fahren über Santiago, besuchen dort eine Freundin, und morgen früh geht es dann zurück nach Santo Domingo. Morgen ist Montag, und auch wenn bald die Weihnachtsferien beginnen, müsste ich noch mal im Büro vorbei.«

Ich hatte es beinahe verdrängt. Meine Zeit mit Nicola ist begrenzt. Im Gegensatz zu mir wird sie in drei Tagen nach Deutschland fliegen, wo sie zweihundert Meter entfernt vom Haus meines Vaters mit ihren Eltern Weihnachten feiert. Nicolas Freundin in Santiago ist die Tochter eines Hotelbesitzers. Sie hat eine eigene Suite dort, die sie aber derzeit nicht bewohnt, deswegen überlässt sie sie uns. Es ist die Präsidentensuite. So viel Luxus bin ich nicht gewohnt. Mehrere Flatscreen-Fernseher, eine Küche mit Minibar, die eher an einen Familienkühlschrank erinnert. Ein breites Bett.

»Ein Bett«, spreche ich laut aus.

»Ja, ein Bett«, bestätigt Nicola.

Es scheint unausgesprochene Einigkeit darüber zu herrschen, dass wir gemeinsam darin schlafen werden.

Während wir *Little Miss Sunshine* schauen, liegen wir nebeneinander auf der Kissenburg des Himmelbetts. Wir haben einen auffällig ähnlichen Humor, lachen über dieselbe Situationskomik. Ich stelle mir oft vor, was ich sagen würde, wenn ich im Fernsehen bei einer dieser Dating-Shows gefragt würde, wie meine Traumfrau sein müsste. Die Kandidaten geben selten originelle Antworten.

»Sportlich müsste er/sie sein und einen guten Charakter haben. Er/sie sollte auch witzig sein.«

Aber witzig ist ein dehnbarer Begriff. Eine Frau, die permanent rassistische Zoten reißt, wird mich in kürzester Zeit anöden. In meiner Phantasie hält der Moderator mir das Mikro unter die Nase.

»Sie muss meinen Humor mögen und ich ihren. Dann gibt's auf jeden Fall viel zu lachen, und was ist wichtiger als das?«

Wahrscheinlich würde ich aber doch nur stammeln: »Ähm, sie muss einen guten Charakter haben.« In diese Szene vertieft, verpasse ich fast den Moment, als Nicola mich küsst. Bilder in analogen Farben der neunziger Jahre schießen mir durch den Kopf. Nicola und ich auf dem alten Wasserhäuschen unseres Dorfes im hügeligen Herzen des Taunus, unserem Treffpunkt in der dritten Klasse. Es ist uns etwas peinlich, gemeinsam dort zu sitzen, das Händchenhalten noch keine Selbstverständlichkeit. Als ich in Gedanken Nicolas Haarreif klaue, ihn mir aufsetze und damit um das Wasserhäuschen renne, muss ich lachen, pruste während des Küssens los. »Sorry, aber das ist einfach zu schräg.«

»Was meinst du?«, will sie mit zusammengezogenen Augenbrauen wissen.

»Na ja, wenn ich die Augen schließe, ist das Bild von dir als Zehnjährige präsenter als das von dir im Hier und Jetzt.«

»Ähh, was?« Ihre Augen weiten sich.

»Nein, nein, das hört sich jetzt irgendwie verkehrt an. Ich meine, ich lebe seit mehr als zwanzig Jahren mit der Vorstellung von dir als kleinem Mädchen, und als Frau kenne ich dich erst seit drei Tagen. Das ist schwer zu erklären.«

»Hmm, ich glaube, ich weiß, was du meinst. Ich hatte den Vorteil, dass ich deine Reise über deinen Blog, über Fotos und Videos mitverfolgen konnte.«

Ich bin erleichtert. »Du nimmst es mir also nicht übel?«

»Ach, gar nicht. Diese ganze Geschichte ist superschräg. Aber ich mag es schräg. Schlaf schön.« Sie drückt mir einen Kuss auf die Nase und kuschelt sich an meine Schulter. Verzaubert schlafe ich ein.

Als wir am nächsten Tag zurück nach Santo Domingo fahren, hat sich nichts zwischen uns geändert. Wir lachen zusammen, schwelgen in gemeinsamen Erinnerungen und philosophieren über das Leben. »Wie ist das so, die ganze Zeit auf Reisen zu sein, ohne feste Basis?«, möchte Nicola von mir wissen.

»Ich habe nicht das Gefühl, dass ich kein Zuhause habe, nur weil ich keine Wohnung mehr in Deutschland habe. Ganz im Gegenteil, weil ich weiß, dass ich immer, wann ich will, nach Deutschland zurückkehren kann, macht es die Sache so einfach, so angenehm. Reisen ist ein bisschen wie vom Leben den Rücken gekrault zu bekommen.«

»Wie meinst du das denn?«

»Na, kennst du das Gefühl, wenn dich jemand am Rücken kratzt und du dirigierst ihn? Ein bisschen höher, ja, genau da. Ein wenig nach links, ja, genau da. Ein Stück weiter runter, ah ja, genau.«

»Ja, das kenne ich wohl.« Sie schmunzelt.

»Und so ähnlich ist Reisen auch. Der nächste Ort ist immer der beste. Es ist das Kommende, was mich fasziniert, und deswegen ist es auch so schwer für mich, wieder damit aufzuhören.«

Reisen ist tatsächlich nicht vergleichbar mit dem Jahresurlaub – denn der ist immer mit einem Rückreisedatum verbunden. Ich hatte bisher nie das Verlangen, nach Hause zurückzukehren. Als meine Großmutter im Sterben lag, wollte ich sie unbedingt noch einmal sehen, aber das hatte nichts mit Heimweh zu tun. Selbst in Ägypten, als ich während Ramadan kurz davor war, den Verstand zu verlieren, hätte ich lieber jemanden an meiner Seite gehabt, als heimzufahren. Und als ich Liebeskummer hatte, gab es keine bessere Medizin als das Reisen. Doch jetzt ist der Wunsch nach Heimat da. Weihnachten steht vor der Tür. Die Adventszeit war bisher alles andere als eine Einstimmung auf die festlichen Tage. Aber nach dem kurzen Roadtrip mit Nicola und den stundenlangen Gesprächen über unsere Vergangenheit, die alten Klassenkameraden und all die Weihnachtsfeiern im Jazzkeller in Hofheim, bei denen wir uns vermutlich über den Weg gelaufen sind, ohne es zu merken, wird mir überdeutlich bewusst, dass ich das kommende Weihnachtsfest zum ersten Mal in meinem Leben nicht bei Familie und Freunden verbringen werde.

Am nächsten Morgen, zurück in Nicolas Apartment, stehen wir in der Gewissheit auf, dass dies unser letzter gemeinsamer Tag sein wird. Als eine Freundin vorbeikommt, um Nicola eine gute Reise zu wünschen, erzählt sie uns, in der vergangenen Nacht habe ein heftiges Beben die Insel erschüttert. Viele seien in ihrer Panik im Pyjama auf die Straße gelaufen.

»5,6 auf der Richterskala? Das ist ziemlich heftig. Hast du etwas davon mitbekommen?«, fragt mich Nicola.

»Hmm, nicht wirklich. Ich habe zwar gemerkt, dass der Schrank etwas geschwankt hat, habe das aber nicht mit einem Erdbeben in Verbindung gebracht. Und du?«

»Ich habe auch nichts gemerkt. Wahrscheinlich waren wir das Epizentrum des Bebens.« Sie wirft mir ein verschwörerisches Grinsen zu.

Es ist ungewohnt – eine Abreise mit vertauschten Rollen. Nach zahlreichen Abschieden, die ich in den vergangenen Monaten erlebt habe, bin nun ich es, der bleibt. Einen Plan habe ich nicht. Es blieb kein Platz für Gedanken über meinen Aufenthalt in Santo Domingo, in Nicolas Gesellschaft fügte sich alles wie von alleine. Bleibe ich über Weihnachten hier? Und auch über Silvester? Nach ein wenig Recherche erübrigt sich die Grübelei, denn die Preise für Tickets in alle südamerikanischen Länder sind über die Feiertage exorbitant gestiegen. Ich entschließe mich dazu, bis ins neue Jahr hierzubleiben. Jetzt hätte ich Zeit, die aufwühlenden Erlebnisse in Kuba zu verarbeiten und meinen Blog zu pflegen, aber ich schlendere lieber durch die koloniale Altstadt oder lese auf der Dachterrasse mit Blick auf den Malecón ein Buch.

Weihnachten bildet in meinem geruhsamen Alltag keine Ausnahme. Es ist ein Tag wie die meisten anderen auch – ein entspannter, fröhlicher Tag.

Den Weihnachtsabend verbringe ich mit Younis aus Haiti und Christophe aus Belgien. Nicola hatte uns kurz vor ihrer Abreise noch miteinander bekannt gemacht. Schon während wir das Festmahl zubereiten, naschen sie immer wieder von den Spacebrownies, die eigentlich als Nachtisch gedacht waren. Kurz nach Mitternacht verabschiede ich mich von ihnen, die zu diesem Zeitpunkt bloß noch mit geröteten Augen die Sterne anlachen. Younis erzählt mir zum Abschied mit großer Sentimentalität, wie sein französischer Großvater in Tränen ausbrach, als Frankreich gegen Deutschland im Halbfinale der Fußballweltmeisterschaft 1982 ausschied, nachdem unser Torwart, Harald Schumacher, den französischen Stürmer Patrick Battiston mit einem Kung-Fu-Tritt außer Gefecht gesetzt hatte. Er zeichnet das Bild des unfairen Deutschen, wie man es aus Hollywoodfilmen kennt, von dem ich aber auf meiner bisherigen Reise überraschend wenig zu sehen bekam. Der Ruf der Deutschen hat sich für meine Begriffe sehr verbessert. Ich erinnere mich an zwei Australier, die sich über das Ungeschick eines deutschen Urlaubers lustig machten, als er versuchte, ein Mädchen in einer Bar anzumachen. Von Anfeindungen bin ich jedoch tatsächlich ganz verschont geblieben auf meiner Reise. Ganz im Gegenteil, meist fielen anerkennende Worte über Deutschland und seine Einwohner – wenngleich nicht alle mit Bedacht gewählt waren. »Deutschland, sehr gute Autos, und das Oktoberfest ist toll.« Der Klassiker. Gehört habe ich aber auch schon: »Ihr Deutschen habt ziemlich gute Kriegsstrategen.« »Die Milch eurer Kühe hat sehr gute Qualität.« Oder einfach: »Oh, Deutschland, cool. Ich mag Deutsche.«

Younis lässt sich nicht von der positiven Wandlung der deutschen Nationalmannschaft überzeugen, aber das ficht meine gute Laune nicht an. Ich bin, wie man sagt, einfach glücklich und zufrieden.

Silvester verbringe ich mit anderen Bekannten von Nicola, die sogar von Deutschland aus noch eine hervorragende Gastgeberin abgibt, auf einer Privatparty. Schon um kurz vor zwölf verabschiedet sich Helen, eine deutsche Aussteigerin, aus der Welt der Bewussten, nachdem sie sich in der Küche übergeben hat. Zusammen mit der Dominikanerin Onice trage ich Helen die Treppen hinunter, bringe sie in einem Taxi sicher nach Hause und verbringe die ersten Stunden des neuen Jahres mit einigen von Onices Freunden bei einem Open-Air-Konzert in der *Zona Colonial*. Tags darauf fahre ich mit ihnen an den Strand und lerne abends in einer Bar Merengue tanzen.

Ich hätte Nicola wohl etwas ernster nehmen sollen, als sie mir erklärte, die Karibik produziere Hedonisten. Seit zwei Wochen bin ich in der Dominikanischen Republik und merke nicht, wie die Zeit vergeht, da Zeit hier keine Rolle spielt. Und das, obwohl meine selbstgesteckte Deadline in etwa zwanzig Tagen endet. Dann sind tatsächlich schon zwei Jahre Walz ins Land gegangen. Ich weiß, ich sollte meine Produktivität wieder ankurbeln, doch ich würde meinen inneren Schweinehund viel lieber auf jemand anderen hetzen, als ihn selbst zu bekämpfen.

Die Wendung kommt mit Nicolas Anruf aus Deutschland.

»Wie geht's dir, und wie sind deine Pläne? Hast du schon einen Flug für die Weiterreise gebucht?«

»Nein. Obwohl ich nicht wirklich viel getan habe, bin ich irgendwie nicht dazu gekommen«, gebe ich beschämt zu.

»Ich habe dich gewarnt, die Karibik hat ihre ganz eigenen Reize«, schmunzelt sie. »Dann bleibst du also noch ein bisschen? Eigentlich geht mein Rückflug erst in neun Tagen, aber wenn du noch ein wenig bleibst, würde ich ihn vorziehen.« Damit lösen sich alle halbgaren Pläne in Wohlgefallen auf. Ich werde vorerst in der Karibik bleiben. Wozu auch die Hetze? So kurz vorm Ziel will ich mir gerne noch mal eine Auszeit nehmen und sehen, wo das hinführt mit meiner Grundschulliebe. Bis Anfang Februar wird Nicola noch arbeiten, dann endet ihr UNO-Vertrag, woraufhin sie das Land ebenfalls verlassen will. Also habe auch ich eine neue Deadline. Allerdings wird Nicola dann für einen neuen Vertrag bei den Vereinten Nationen ins subsaharische Simbabwe umsiedeln, während ich den letzten der besiedelten Kontinente bereise. Bis dahin werde ich noch einen vollen Monat den Hedonismus zelebrieren – mit dieser Aussicht kann ich gut leben.

Als Nicola nach zwei Wochen zurückkehrt, hat sich kaum etwas zwischen uns geändert. Wir knüpfen nahtlos an, wo wir stehengeblieben waren.

»Wo wir jetzt etwas mehr Zeit haben, können wir doch noch surfen gehen«, freut sich Nicola.

Von nun an fahren wir fast jedes Wochenende fünf Stunden zur Nordküste, um uns in die Wellen zu stürzen. Ich stehe zum ersten Mal auf einem Surfbrett. Bisher konnte ich nicht nachvollziehen, warum manche Leute bereit sind, für das Surfen alles aufzugeben – aber schon bald fallen mir Parallelen zu meiner Reise auf. Anfangs ist es unheimlich schwierig, hinter den Punkt zu paddeln, an dem die Wellen brechen. Immer wieder krachen sie auf mich nieder, zehren an meinen Kräften. Ich kann kaum glauben, dass es dahinter ganz ruhig zugeht und man sich gemütlich aufs Board setzen kann. Aber genauso ist es. Und irgendwann lerne ich, in die größeren Wellen einzusteigen. Das heroische Gefühl, eine Welle bezwungen zu haben, schwindet nicht, denn jede Welle ist einmalig. Es gibt keine Routine. Und so ähnlich verhält es sich auch mit meiner Reise. Ich stehe in jedem Land vor Hürden, die ich noch nie zuvor genommen habe – und irgendwann wird mir klar, dass es nicht darum geht, die beste Welle zu surfen, den bestbezahlten Job an Land zu ziehen oder sich bei einer Shoppingtour glücklich zu kaufen. Das

Glück liegt in dem Augenblick, da ich ein Abenteuer bestanden habe und zufrieden weiterziehe. Momente sammeln anstatt Dinge, auf der Spur des Glücks, bekleidet mit einer Badehose und einem Brett unter den Füßen – ich mag diese Einstellung.

Nicola und ich verbringen auch ein Wochenende im Süden, wo ich das pastellblaue Wasser von Barahona bestaune und die wilden Leguane der Laguna de Oviedo. Auf dem Rückweg nach Santo Domingo machen wir wieder halt bei Barahona, setzen uns an den weißen Kiesstrand und schauen den Einheimischen dabei zu, wie sie in die großen Wellen springen, welche die weißen Kieselsteine am Strand glattspülen.

»Zu gerne würde ich jetzt auch hineinspringen«, sage ich zu Nicola.

»Kannst du doch«, antwortet sie.

»Leider nein, ich habe meine Badehose vergessen«, erkläre ich mein Dilemma.

»Welche Badehose?«

»Na, die Hose, die ich auch zum Surfen anhatte.«

»Aber das ist doch gar nicht deine. Die hattest du doch geliehen, oder?«, fragt mich Nicola mit gerunzelter Stirn.

»Ja, stimmt«, gebe ich zu.

»Dann hast du gar keine eigene Badehose?«

»Nein, ich habe keine Badehose.«

»Du bist seit zwei Jahren auf Reisen, meist in der Nähe vom Meer, und hast keine Badehose dabei?« Ihre Bestürzung ist ihr deutlich anzusehen.

»Nein, habe ich nicht. Ich wollte nur das Nötigste mitnehmen. Da kam mir die Badehose wie Ballast vor.«

»Bist du dann nie ins Wasser gegangen?«, fragt sie weiter.

»Doch, doch, natürlich war ich im Wasser. Meist in Boxershorts.«

»Aber wieso machst du das dann hier nicht auch?«

Mein Blick schweift zu den badenden Einheimischen. Keiner

von ihnen trägt eine Badehose, allesamt lassen sie sich in Unterwäsche von den Wellen durchspülen.

»Ja, warum eigentlich nicht?«, frage ich mich nun selbst. Kurz darauf springe ich ins Pastellblau, als gäbe es die Erfindung der Badehose überhaupt nicht.

Es ist merkwürdig, was Besitz mit uns macht. Ich kaufe mir eine Badehose. Mit der Zeit gewöhne ich mich so sehr an sie, dass ich mir selbst irgendwann einrede, nur mit Badehose könnte ich schwimmen, und völlig vergesse, dass ich lange Zeit ohne sie auskam. Ich erinnere mich gut an den Tag, als ich meine wichtigsten Habseligkeiten in Kartons verstaute, um sie im Keller meines Elternhauses unterzustellen. Da auch der Platz im Keller begrenzt war, trennte ich mich von vielem, verschenkte und entsorgte manches. Ich fühlte mich damals, als würde ich einen Teil von mir selbst wegpacken, etwas, was meine Identität mit ausmachte. Wir richten unsere Wohnung so ein, wie wir gesehen werden möchten, und kaufen uns Autos, die unsere Lebenseinstellung widerspiegeln. Nicht nur ein Ferrari ist ein Statussymbol, auch ein Hybridauto ist eines oder ein VW-Bus. Wir positionieren uns über unsere Besitztümer innerhalb der Gesellschaft. Kauft man ausschließlich Küchengeräte einer bestimmten Marke, oder sucht man nach Schnäppchen? Wo spart man ein, wo gibt man aus? Gönnt man sich im Urlaub Fünfsternehotels und kauft zu Hause bei IKEA? Geht man im Urlaub zelten, hat dafür aber eine Designercouch im Wohnzimmer stehen? In jedem Fall sammelt sich eine Menge Besitz an. Das Erste, was ich mein Eigen nannte, war der Abdruck meiner Säuglingshand auf einer Gipsplatte. Später, als ich mein erstes Taschengeld bekam, mehrten sich meine Besitztümer. Das erste Album (*Queen – A Kind of Magic*, auf Kassette), Urlaubsfotos, Schulzeugnisse und Zimmerpflanzen, die ich jahrelang gewissenhaft mit Wasser am Leben erhielt. All das musste ich vor meiner Reise zurücklassen. Wenn es auch nur eine Trennung auf Zeit sein sollte, ich tat es schweren Herzens. Da war meine Stereoanlage mit Surround-Lautsprechern, die Sammlung analoger Fotokameras, vor allem aber mein Bett. Mein heißgeliebtes antikes Bett, das vor über hundert Jahren in der Kapitänskajüte eines norwegischen Segelschiffs gestanden hatte und das mir Nacht für Nacht süße Träume schenkte.

Noch als ich bei der ersten Station meiner Reise in Schanghai auf meiner Pritsche im Mehrbettzimmer des Captain Hostels lag, dachte ich an die rückenschonende Matratze und die Privatsphäre meiner eigenen vier Wände. Es dauerte Wochen und Monate, bis ich begriff, was ich eigentlich gewonnen hatte. Ich bezahlte keine Miete, gab nicht ständig Geld für Autoreparaturen aus, und vor allem blieb mir der ganze Papierkram für das Finanzamt erspart. Mir wurde klar, dass jedes Besitztum auch eine Bürde ist. Sogar das Geld auf dem Bankkonto will verwaltet werden.

Auf Reisen brauche ich kein Auto und keine Dolby-Surround-Anlage, aber das ist nicht der Punkt. Als Reisender bewege ich mich außerhalb gesellschaftlicher Rollen und Muster. Es gibt nichts, von dem ich denke: »Das muss ich auch haben«, niemanden, dem ich nacheifere. Es fehlt mir an nichts, und ich brauche nichts als einen Platz zum Schlafen, etwas zu essen und hin und wieder das Gefühl der Bestätigung, meinen Gastgebern tatsächlich geholfen zu haben. Dieses Wissen, dass man nicht mehr braucht als das, was man hat, ist eine Art von Freiheit, die ich so noch nicht kannte. Es ist eine pure, vollkommene Freiheit.

Der Vorfall mit der Badehose macht mich etwas nervös. Es mutet verheißungsvoll an, dass er sich, auf den Tag genau, zwei Jahre nach Beginn meiner Reise ereignet hat. Und noch etwas anderes beschäftigt mich zunehmend. Ich kann nicht aufhören, darüber nachzudenken, dass ich in der Dominikanischen Republik noch etwas Vorzeigbares produzieren müsste, um sie als

Station meines Walzprojekts zählen zu können. Obwohl Nicola noch ihre letzten Tage im Büro absitzen muss, lässt sie sich mehr und mehr von meiner neugewonnenen hedonistischen Lebensweise anstecken. Es ist nun mal viel verlockender, Pancakes im Bett zu essen, als ein berufliches Projekt zu Ende zu bringen. Ich versuche den Schweinehund nun aber doch noch zu überwinden. Da ich weiß, dass mir dies mit einem Projektpartner leichter fällt, frage ich Nicola, ob sie mir bei einer Kurzdokumentation behilflich sein möchte.

»Ich habe gehört, hier in Santo Domingo soll es eine Hahnenkampfarena geben. Meinst du, ich darf da filmen?«, frage ich sie.

»Du meinst das Coliseo Gallistico. Ich war selbst noch nicht dort, aber du kannst es versuchen. Vielleicht gibst du einfach vor, ein normaler Tourist zu sein. Da hast du wahrscheinlich mehr Chancen. Ich erinnere mich, dass vor nicht allzu langer Zeit ein dominikanischer Baseballprofi auf einem YouTube-Video zu sehen war, der einen der Hähne in den Ring setzte. Da er als Profi für eine Baseballmannschaft spielt und Hahnenkämpfe in Amerika verboten sind, wurde fast sein Vertrag gekündigt. Seitdem passen die wahrscheinlich höllisch auf mit Videoaufnahmen.«

»Verstehe«, sage ich. »Vielleicht stehen meine Chancen besser, wenn du mitkommst und denen erklärst, dass ich dich besuche und als Andenken für zu Hause ein paar Aufnahmen machen will. Hast du vielleicht auch Lust, meine Tonfrau zu sein?«

»Sehr gerne! So etwas wollte ich schon immer mal machen.«

Wieder habe ich eine Aufgabe, auch wenn sie nur im entferntesten Sinne meinen Walzregeln entspricht.

Am darauffolgenden Abend fahren wir zum Coliseo Gallistico, einer kleinen Indoorarena mit einem runden Kampfring in der Mitte der Ränge. Direkt um den mit Kunstrasen ausgelegten Kampfplatz sitzen in feinen Anzügen die VIP-Gäste, deren Geldbündel um ein Vielfaches dicker sind als die der übrigen

Wettpaten. Grelle Neonlichter, über die gesamte Decke verteilt, verhindern jeglichen Schattenwurf, so dass die vergleichsweise kleinen Kämpfer ringsherum genau beobachtet werden können. Dies hat nichts mit dem schmuddeligen Hinterhofambiente gemein, das ich mir vorgestellt habe. Hier in Santo Domingo ist der Hahnenkampf eine Art Volkssport, gehört zur dominikanischen Kultur wie der Bachata, und die Wetteinsätze sind hoch. Um mich als Tourist zu tarnen, bestelle ich mir gleich einen Cuba Libre, als wäre ich hier, um die blutige Show zu genießen. Sobald die Kampfrichter, die *Juezes de Valla*, die beiden streitlustigen Hähne nach einer kurzen Eröffnungszeremonie aufeinander loslassen, springen fünfhundert Besucher brüllend von ihren Sitzen, um den Kämpfer anzufeuern, auf den sie ihr Geld gesetzt haben. Mit dem Schnabel versuchen die Hähne sich gegenseitig im Genick zu packen, um mehr Schwungkraft zu haben, wenn sie dem Gegner die präparierte Beinkralle, einen bis zu fünf Zentimeter langen Sporen zwischen dem Fuß- und Kniegelenk, in den Hals rammen. Fast jeder Kampf endet mit einem tödlichen Knockout, meist schon nach wenigen Minuten. Das giftige Grün des Kunstrasens mischt sich mit dem Blut der Verlierer zu einem fleckigen Braunton.

Auf eine merkwürdige Art und Weise nimmt mich das Schauspiel mit. Das Blut, die um ihr Leben kämpfenden Tiere, das unter Hochspannung stehende Publikum und der Cuba Libre, der nachgeschenkt wird, kaum dass sich der Inhalt unserer Gläser dem Boden nähert. Um keinen Verdacht aufkommen zu lassen, feuern wir beide die Tiere mit an. Da wir jedoch nicht wetten, gelten unsere Stimmen beiden Kämpfern. Ehe es mir bewusst wird, bin ich mittendrin. Wie gebannt folge ich den Kämpfen und filme ungeniert in die Menge. Bis auf ein paar böse Blicke der Security-Männer habe ich nichts zu befürchten. So setzt sich der Abend fort, bis auch der Hauptkampf mit dem Stadtchampion, einem unscheinbaren weißen Hahn, dessen Aggressivität an

Kamikaze erinnert, mit dem erwarteten Ausgang endet. Ganze dreizehn Titelkämpfe in Folge hat das Tier schon für sich entschieden.

Fünf Stunden lang haben wir uns diese Kämpfe angeschaut, haben unsere Tarnung die Überhand gewinnen lassen. Erst als wir aus dem Stadion in die Realität zurückkehren, macht sich das schlechte Gewissen bemerkbar. Ist es in Ordnung, für eine gute Szene seine Überzeugung auf Eis zu legen? Fakt ist, es funktioniert.

Das Adrenalin ist abgebaut, übrig bleibt ein fader Geschmack von Cola, Rum und Ernüchterung.

»Ich fühle mich doch ein wenig schlecht. Das dort in der Halle, das war nicht wirklich ich«, gestehe ich Nicola.

»Geht mir ähnlich.«

»Ich frage mich, was mit den Verliererhähnen passiert.«

»Die werden dort hinten gerupft und ausgenommen und verkauft, damit man sie zu Hause zubereiten kann«, klärt Nicola mich auf.

»Echt? Eigentlich keine schlechte Idee. Dann hat so ein Hahn wenigstens nicht ausschließlich für den Kampf gelebt«, überlege ich.

»Stimmt schon. Und wahrscheinlich werden diese Hähne mit guter Nahrung und viel Auslauf auf die Arena vorbereitet.«

»Weißt du was? Wir waren hier, wir haben mitgefiebert, ich glaube, wir sollten uns einen der Hähne kaufen und ein Festmahl daraus zubereiten. Ich habe das Gefühl, das sind wir den Hähnen schuldig.«

Der Händler im Verkaufsstall packt einen der Hähne in eine Plastiktüte.

»Die sind noch nicht gerupft und ausgenommen. Hast du das schon mal gemacht? Ich habe mal meinem Opa dabei geholfen, aber wie das genau funktioniert, weiß ich nicht. Sollen wir ihn trotzdem kaufen?«, frage ich Nicola.

»Ja, ich habe auch schon mal mitgeholfen, bei einem Einsatz nach dem Erdbeben in Haiti. Wir sind beide vom Dorf, wir sollten das schon hinbekommen«, sagt sie bestimmt. Um uns vollends von unseren Zweifeln zu befreien, steckt der Händler noch einen zweiten Hahn in die Plastiktüte und überzeugt uns mit den Worten: »Zwei Hähne zum Preis von einem.«

Während wir im Taxi nach Hause fahren und das Konzept der Kurzdoku besprechen, fängt die warme Tüte auf meinem Schoß plötzlich an zu rascheln, während mir gleichzeitig etwas ins Bein sticht.

»Aua. Sind das Nervenzuckungen? Hühner laufen doch auch weiter, wenn man ihnen den Kopf abtrennt, oder?« Ich öffne die Tüte und schaue in ein weit geöffnetes, blutunterlaufenes Auge. Einer der beiden Hähne ist wieder zum Leben erwacht.

Als wir den toten Hahn zum Einweichen in einen Eimer mit lauwarmem Wasser gelegt haben, begutachten wir das andere Tier.

»Das Herz schlägt«, sage ich, nachdem ich meine Hand auf die Hühnerbrust gelegt habe. »Und er atmet, wenn auch nur ganz flach.«

Ich fülle ein Glas mit Wasser und gieße es dem Tier sanft über den Kopf. Plötzlich reißt es die Augen auf und stemmt sich mit aller Kraft flatternd hoch. Nicola und ich erschrecken uns so sehr, dass wir rückwärts die Flucht ergreifen. Doch das Tier sackt nur einige Sekunden später wieder in sich zusammen. Als wir uns wieder in seine Nähe trauen, kauert es auf der Seite, die Augen zu schmalen Schlitzen verengt. Nicola und ich sind nun eindeutig nüchtern.

»Und was machen wir jetzt mit dem Tier? Es leidet eindeutig. Meinst du, wir sollen es von seinen Qualen befreien?«, spricht Nicola die Frage aus, die im Raum steht.

»Könntest du das denn? Ich meine, weißt du, wie man am besten einen Hahn tötet?«

»Ich habe keine Ahnung«, gesteht sie.

»Mein Opa hat den Hühnern immer mit einer Axt den Hals durchtrennt, aber wir haben keine Axt hier und ... Ach, ich werde versuchen, ihn über Nacht mit Wasser und Reis aufzupäppeln, und morgen schauen wir, ob sich sein Zustand gebessert hat«, entscheide ich.

Nachdem wir bei psychedelischer Musik aus den siebziger Jahren den zweiten Hahn gerupft entfedert und ausgenommen haben, ist es an der Zeit, den bizarren Abend zu beenden.

Pedro hat nach wie vor Schlagseite. Als ich in der vergangenen Nacht wach lag und keinen Schlaf fand, kam mir der Geistesblitz, wir könnten dem dahinvegetierenden Hahn einen Namen geben. Die letzte von so vielen idiotischen Ideen des gestrigen Tages. Der Kampfhahn hat nicht einmal die Kraft, den Schnabel zum Wasser zu heben, geschweige denn zu schlucken. Auch während des Tages verbessert sich sein Zustand nicht. Pedro wird es nicht schaffen, das sehe ich nun ein.

Am Abend treffen wir uns mit Freunden von Nicola, die sich vor Lachen über die Geschichte kaum wieder einkriegen.

»Soll ich das für euch machen? Ist kein Problem, ich komme morgen früh vorbei und mache das ganz schnell«, bietet einer der Anwesenden an.

»Nein danke. Ich käme mir noch schlechter vor, wenn ich dieses Problem einfach an jemanden abgeben würde.«

Es wäre der Gipfel der Feigheit, das Fiasko von einem Dritten bereinigen zu lassen. Ich muss es selbst tun. Ich muss Pedro selbst von der Qual erlösen, die ich ihm schon viel zu lange zugemutet habe.

Nachdem Nicola das Apartment am nächsten Morgen verlassen hat, bereite ich mich mental auf den Akt vor. Ich entscheide mich für die Methode meines Großvaters, dem Tier den Kopf abzutrennen. Da mir keine Axt zur Verfügung steht, nehme ich das größte und schwerste der auffindbaren Messer (das nicht besonders groß und relativ leicht ist), um möglichst viel Kraft in den alles entscheidenden Hieb legen zu können. Auf einem hölzernen Schneidebrett übe ich den Schlag. Welcher Winkel muss es sein, damit der Hals sofort durchtrennt wird? Ich fühle mich wie ein Killer, der kurz davor steht, einen kaltblütigen Mord zu begehen. Wieso um alles in der Welt musste ich dem Hahn einen Namen geben? Das Schneidebrett unter den Arm geklemmt, das Messer fest umklammert, betrete ich die Waschküche. Pedro liegt teilnahmslos in seinem Karton, schielt mich mit einem Auge an, als würde ihm die Welt nichts mehr bedeuten. Anfangs flattert und zuckt er noch wild, während ich versuche, ihn auf dem Brett zu positionieren. Doch bald erlischt sein Kampfgeist. Pedro ergibt sich, und ich würde liebend gerne das Gleiche tun. Einfach den Raum verlassen, die Tür hinter mir schließen – und die Angelegenheit vergessen. Ich lege die Klinge an Pedros Hals, während sein weit aufgerissenes Auge mich anstarrt. Das Messer fest im Griff, hebe ich den Arm, lasse ihn wie bei meinen Testläufen niedersausen. Die Klinge dringt in den Hals ein und bleibt in einem der Halswirbel stecken. Das Tier bäumt sich auf, fängt an zu schreien, schlägt mit seinen Sporen nach mir. In meiner Verzweiflung lehne ich mich mit meinem gesamten Gewicht auf das Messer, bis endlich ein knackendes Geräusch ertönt. Das Geschrei verstummt, doch der Tierkörper kämpft weiter. Der Anblick des kopflosen Hahnes, aus dessen Hals in meiner Hand das Blut schießt, bringt mich aus der Fassung. In einer Schrecksekunde lasse ich den Körper los, der daraufhin kopflos im Raum umherspringt. Fluchtartig verlasse ich die Waschküche, schlage die Tür hinter mir zu und halte die Klinke fest. Ich spüre, wie meine Halsschlagader pocht, mein Atem geht keuchend. Meine Hand an der Türklinke zittert. Als das Flattern hinter der Tür schwächer wird, öffne ich die Tür zur Waschküche und stehe vor einem Tatort. Blutspritzer bis auf Kopfhöhe an allen vier Wänden, eine große Blutlache in der Mitte des Raumes, darin Pedro.

Es ist schwer zu erklären, warum ich das Tier nach dieser Tat zubereite. Doch genau das tue ich, nachdem ich zwei Stunden lang den Fußboden und die Wände von seinem Blut befreit habe. Ich rupfe die Federn in warmem Wasser, entnehme die Innereien und schneide das Fleisch in mundgerechte Stücke. Nach dem, was Pedro durchgemacht hat, hat er etwas Besseres verdient, als auf dem Müll zu landen.

Das gegrillte Fleisch ist zäh, die harten, sehnigen Muskeln schmecken nach Blut und totem Tier, die ganze Geschichte hinterlässt einen bitteren Nachgeschmack. Aber sie ist Teil meiner Reise, eine von vielen lehrreichen Begebenheiten. Für mich war die Karibik eine besonders aufwühlende Station. Grausam und schrecklich schön. Nostalgisch und auch ein bisschen kitschig. Mit Nicola an meiner Seite finde ich mich unerwartet in einer Geschichte wieder, die aus der Feder eines hoffnungslosen Romantikers stammen könnte. Ich werde aufpassen müssen, wenn ich rückblickend von meinen Erlebnissen berichte – treffe ich den falschen Ton, droht alles in eine Schmonzette abzugleiten.

Ich drücke Nicola einen Kuss auf die Stirn. Was zwischen uns passiert ist, wird nicht wegzudenken sein. Was die Zukunft bringt, ist ungewiss. Ich werde in zwei Stunden das Flugzeug nach Kolumbien besteigen, Nicola kurz darauf den Flieger nach Simbabwe. Keine günstigen Vorzeichen für eine Fortsetzung. Getreu dem karibischen Motto einigen wir uns auf eine gemeinsame Zielrichtung: mal sehen.

#15
HASTA LA VISTA

*Medellín,
Februar - April 2012*

Kolumbien gehört zu den Ländern, die mir schon immer reizvoll erschienen. Ähnlich geht es mir mit Vietnam, Myanmar oder Afghanistan. Für mich haben diese Länder etwas Mystisches. Kolumbien haftet etwas Wildes an. Da sind die Drogenkartelle, die FARC (die revolutionären Streitkräfte Kolumbiens), die generelle Gewaltbereitschaft, Kleinkriminalität und natürlich das Kokain, das zum Preis von Mehl an jeder Straßenecke erhältlich ist.

Bevor ich mich in Richtung südliches Hochland bewege, steuere ich zunächst die karibische Ecke des Landes an. Cartagena, an der Nordküste gelegen, bietet zahlreiche günstige Unterkünfte. Dort beende ich eine Auftragsarbeit für einen deutschen Kunden, die meine letzten Reisetage sowie meinen Rückflug mit finanziert. In einer Arbeitspause schlendere ich durch die historische Altstadt. Mit Kopfhörern auf den Ohren schalte ich die Straßenverkäufer stumm, die mir alle möglichen Souvenirs andrehen wollen. »Señor, Sie brauchen einen traditionellen Hut.«

»Gracias, aber den brauche ich ganz und gar nicht.«

Mit Kopfhörern umgehe ich diese Verkaufsgespräche und kann mich besser auf meine Gedanken konzentrieren. Die kreisen gerade vor allem um Nicola, Deutschland und meinen letzten Job auf dieser Reise. Mit meiner Kreditkarte hebe ich 200 Euro ab. Mein neuer Kontostand leuchtet unten auf dem Bildschirm: 198,20 Euro. Ich stecke das Geld zusammen mit der Kreditkarte in meine iPod-Hülle und schiebe sie in meine linke Hosentasche. Eine Angewohnheit, die mich womöglich davor bewahrt, einem Taschendieb zum Opfer zu fallen. Zöge er nämlich das Paket aus meiner Tasche, würde das Kabel augenblicklich getrennt werden und die Musik aufhören. Ob dieses Alarmsystem tatsächlich funktioniert, weiß ich nicht, denn bisher hat noch kein Taschendieb sein Glück versucht.

In der Mittagshitze begebe ich mich zu meinem Lieblingsplatz außerhalb der bewachten Altstadt. Ein abgelegenes Stück Mauer, das die dahinterliegenden Häuser vor der Brandung schützt, dient mir als Aussichtspunkt. Meist starre ich auf die heranbrandenden Wellen und wünsche mich zurück in die Dominikanische Republik. Ich bin im Begriff, wieder aufzubrechen, als plötzlich zwei Männer vor mir stehen. Beide tragen einen Bauchladen mit Lotterielosen. Ich versuche sie mit dem üblichen »No, gracias« abzuwimmeln, doch die Männer versperren mir den Weg, wollen ihn nicht frei geben. Einer der beiden redet auf Spanisch auf mich ein. Abermals wiederhole ich: »No ticket, gracias.« Meine genervte Stimmung ändert sich, als unter einem der Bauchläden ein Messer aufblitzt. Der junge Mann redet unaufhörlich und deutet mit seiner Waffe auf meine Hosentasche, die Tasche, in der mein iPod steckt. Die Kopfhörer haben mich also verraten. Das Alarmsystem hat komplett versagt. Ich schaue links und rechts die Straße hinab. Die Anwohner des Viertels scheinen Siesta zu halten, außer uns dreien ist niemand zu sehen. Ich habe keine Chance, dieser Situation zu entkommen. Anstelle der Angst beschleicht mich ein Gefühl der Enttäuschung darüber, dass es mich nach über zwei Jahren letztendlich doch noch erwischt.

»O Mann, echt jetzt? Uncool. Sehr uncool«, erkläre ich den beiden auf Deutsch und ziehe mit einer ruhigen Bewegung die Hülle aus meiner Hosentasche, entstöpsele die Kopfhörer und überreiche den beiden Tätern die iPod-Hülle. Der Mann mit dem Messer fuchtelt nun damit in eine Richtung, in die ich mich entfernen soll. Langsam trotte ich davon, mit gesenktem Kopf, so wie der Verlierer eines Fußballspiels den Platz verlässt. Als ich mich umdrehe, sind die beiden bereits in irgendeiner Seitengasse in Richtung Stadtmitte verschwunden. Mit meinem iPod. Moment ... Ich Vollidiot habe ja auch meine Kreditkarte und das Bargeld in die Hülle gesteckt! Die Diebe sitzen nun an meiner Geldquelle – und ich muss schleunigst mein Konto sperren lassen. Wie aber komme ich dann an Bares? Das Hostel wird von einem Österreicher geführt, der mir freundlicherweise ein wenig Bargeld auszahlt, das ich ihm zuvor über Paypal überwiesen habe. Da ich sowohl die deutsche als auch die österreichische Staatsbürgerschaft besitze, lässt er sich erweichen. Aber weit werde ich mit diesem Betrag nicht kommen. Dennoch verlasse ich Cartagena. Vermutlich aus Karma-Gründen. Nach dem Überfall werde ich hier nicht mehr glücklich. Zudem spielt sich das richtige Leben in anderen Teilen des Landes ab, fernab von den Touristenhochburgen. Doch bevor ich den Weg in den Süden antrete, will ich noch meinen Open-Water-Tauchschein machen. Raubüberfall hin oder her, es ist das letzte Land auf meiner Route. Glücklicherweise hat mein letzter Auftraggeber bereits bezahlt, und ich habe wieder ein paar hundert Euro mehr auf dem Konto. Auch wenn ich vorerst nicht drankomme, ist es ein beruhigendes Gefühl.

In Taganga, nördlich von Cartagena, gibt es eine deutsche Tauchschule. Die Kursgebühr überweise ich von meinem deutschen Konto auf das des Inhabers. Jetzt brauche ich nur noch Bargeld. Wie erhofft sind noch andere Deutsche unter den Kursteilnehmern, auch eine Familie aus Niederbayern. Thomas, der älteste Sohn, ist sofort bereit, mir zu helfen.

»Kein Problem«, sagt er. »Ich bringe dir morgen zweihundert Euro in kolumbianischen Pesos mit.«

»Das wäre mir eine wirklich große Hilfe. Soll ich dir erst das Geld überweisen, damit du eine Sicherheit hast, dass ich dich nicht übers Ohr hauen will?«, biete ich ihm an.

»Keine Sorge. Ich habe mir gestern deinen Blog angeschaut.

Eine super Reise, die du da machst. Nicht nötig also, ich vertraue dir.« Er zieht die Taucherbrille über Augen und Nase, gibt das Okay-Zeichen und taucht ab.

Das Geldproblem ist vorerst gelöst. Jetzt muss ich nur noch die Horde Engländer loswerden, die sich in mein Mehrbettzimmer einquartiert hat. Ich schreibe gerade an meinem Reiseblog, als sie grölend aufs Zimmer kommen und versuchen, mich zum Feiern zu animieren. Generell ein nettes Angebot, aber derzeit bin ich überhaupt nicht in Stimmung. Dankend lehne ich ab, doch die Engländer lassen nicht locker. Sie packen direkt neben meinem Bett ein großes Päckchen Kokain aus, jeder nimmt eine Nase, und auch mir wird etwas angeboten. Erneut lehne ich ab. Als ich irgendwann meinen Computer ausschalte und im Begriff bin, mich schlafen zu legen, wendet sich Marc, das Standardopfer der Truppe, über den sich die anderen immer wieder lustig machen, mir erneut zu.

»Ich möchte mich im Voraus bei dir entschuldigen. Wir sind Engländer, wir können nicht anders. Kann sein, dass du nicht viel Schlaf bekommst.« Während er spricht, befreit er seine Nasenspitze von weißem Puder. Die Truppe besteht aus, wie ich sie nenne, Koka-Touris. Langzeiturlauber, die vor allem die Reinheit der Droge und die günstigen Grammpreise nach Kolumbien locken. Und wegen der Frauen sind sie natürlich auch hier. Jeder hat jederzeit mindestens eine Einheimische an seiner Seite. Ben, so etwas wie der Anführer der Gang, meistens zwei.

Marc hat nicht zu viel versprochen. Ständig kommen fremde Leute ins Zimmer, andere gehen, nachdem sie ihre Nase Koks abgeholt haben. Um fünf Uhr morgens wache ich auf, weil jemand neben meinem Kopfende an einem der Schließfächer herumnestelt. Es ist Marc, völlig dicht.

»Sorry, ich komme nicht an meine Sachen.«

»Wieso versuchst du das nicht morgen früh, wenn du Licht hast?«, frage ich mürrisch.

»Ich muss da jetzt dran.« Er hämmert weiter gegen das kleine Zahlenschloss. Das Feiervolk liegt kreuz und quer im Zimmer verteilt auf Matratzen. Ein paar einheimische Mädchen liegen halbnackt zwischen den Männern, als hätte eine Orgie stattgefunden.

Ich muss hier raus. Diese Nacht nehme ich als Zeichen dafür, dass ich nach bestandener Tauchprüfung meinen letzten Job als Journeyman antreten sollte. Natürlich nicht in Taganga. Ein anderer Reisender schwärmt mir von Medellín vor, der Stadt, die in den Berg gehauen wurde und als das künstlerische Zentrum Kolumbiens gilt. Die Stadt wird für mich noch reizvoller, als ich mich mit ihrer Geschichte vertraut mache. In den siebziger Jahren war sie das Revier des berühmt-berüchtigten Drogenbosses Pablo Escobar, genannt El Patrón oder El Doctor. Sein industrialisierter Drogenschmuggel ist bis heute legendär, genau wie seine skrupellosen Methoden des Machterhalts. In den achtziger Jahren, in denen Escobar unangefochten die Stadt regierte, wurden wöchentlich circa zwanzig Menschen in seinem Auftrag ermordet. Medellín galt in Escobars Ära als die weltweit gefährlichste Stadt. »Viele dachten: Wenn ich mich aus der Kartellpolitik raushalte, kann mir nichts passieren«, erzählt der in die Jahre gekommene Betreiber des Hostels, der zufällig aus Medellín stammt. »Doch diese Rechnung ging nicht auf. Einmal wollte Escobar den Sohn eines Widersachers ermorden lassen, hatte aber keine genaue Beschreibung des Jungen. Nur sein Alter und die Bar, in der er sich für gewöhnlich aufhielt, waren ihm bekannt. Escobars Killer gingen in die Kneipe und schossen jeden nieder, der zu dem Profil passte, also alle männlichen Besucher zwischen zwanzig und dreißig. So erschließt sich auch die hohe Rate Auftragsmorde. Viele waren Kollateralschäden.«

Alte Gangstergeschichten üben einen gewissen Reiz auf mich aus. Mehr noch interessiert mich, wie sich das Leben nach

Escobar anfühlt. Wie die Menschen mit ihrer Vergangenheit umgehen, wie sie das Trauma verarbeiten und ob es sich in den Arbeiten der Kreativen niederschlägt.

Als ich in den Bus steige, der mich nach Medellín bringen soll, schauen mich sechs rotgeäderte Augen von der letzten Bank an. Marc, Ben und Ryan, meine englischen Mitbewohner.

»Wir fahren zurück nach Medellín. Dort haben wir die letzten drei Monate verbracht und wollten nur kurz ans Meer, zum Ausspannen«, erklärt Ryan. Entspannt sehen die drei beim besten Willen nicht aus.

»Medellín ist die beste Stadt überhaupt. Gute Clubs, schöne Mädchen und verdammt günstiges Koka. Und wenn du willst, bekommst du für einen Dollar einen Auftragsmörder. Falls du mal Stress haben solltest, sag einfach Bescheid. Ich kenne die Szene«, ergänzt Ryan.

Was für ein Aufschneider. Aber auch wenn ich mich unbeeindruckt gebe, diese Information verstört mich. »Wir nehmen wieder unser Zimmer im Pitstop-Hostel und haben ein Bett frei, weil Oliver noch ein paar Tage in Taganga bleiben wollte. Wenn du willst, kannst du das solange haben. Ist auf jeden Fall günstiger als alles andere, was du hier findest«, bietet mir Ben an.

Die nächtliche Tortur ist erst ein paar Stunden her, und ich sollte es besser wissen. Es kann nicht entspannt werden mit diesen Jungs. Aber angesichts meiner Geldknappheit ist mir eine günstige Schlafgelegenheit durchaus willkommen.

Natürlich wird es eine Katastrophe. Am Abend legen die Jungs wie gewohnt los, schnupfen sich den Kater weg und spielen ihre erste Runde *Beerpong* an der Tischtennisplatte. Dabei werden zehn Becher vor jedem Zweierteam aufgebaut. Jeder Spieler versucht, den Tischtennisball in die mit Bier gefüllten Becher des Gegners zu werfen. Bei einem Treffer muss der Becher ausgetrunken werden. Wer zuerst keine Becher mehr vor sich stehen hat, gilt als Verlierer. Die Engländer verlieren in einem Herzschlagfinale gegen das Team aus Kanada. Aber genau genommen kann es bei diesem Spiel eigentlich nur Verlierer geben. Oder ausschließlich Gewinner – Ansichtssache.

Um kurz vor Mitternacht entschließen sich die drei endlich dazu, sich ins Nachtleben zu stürzen, so dass ich meine Ruhe habe, um im Internet nach Partnern für meine letzte Walzstation zu suchen. Nachdem ich ein paar E-Mails geschrieben und Einträge in diversen Foren gepostet habe, schalte ich den Laptop aus, um mir den wohlverdienten, schmerzlich vermissten Schlaf der letzten Nacht zurückzuholen. In völliger Dunkelheit schrecke ich auf. Die Tür ist offen, ein Mann steht mitten im Raum und redet in einer mir unbekannten Sprache. Ich stelle mich schlafend. Der Besucher legt sich in eines der Betten und verfällt in einen monotonen englischen Sprechgesang, der zwischendurch immer wieder von heftigem Zähneknirschen unterbrochen wird: »Ich liebe sie, aber sie ist eine Hure, scheiß auf sie. Ich scheiß auf sie, sie ist eine Hure, aber ich liebe sie. Ich bringe sie um, sie ist eine Hure.«

Dann setzt das Mahlen des Unterkiefers ein, mit einem Geräusch, als würde jemand versuchen, zwei Walnüsse zu knacken, indem er sie aneinanderpresst. Was geht denn jetzt schon wieder ab? Wieso bin ich nicht einfach in ein anderes Mehrbettzimmer gezogen? Nach ein paar Wiederholungen des merkwürdigen Refrains verstummt der Eindringling, zieht sich am Hochbett in einen wackligen Stand, um ins Bad zu schlurfen. Im einfallenden Badezimmerlicht erkenne ich schemenhaft sein Gesicht. Es ist mir gänzlich unbekannt. Um eine direkte Konfrontation zu vermeiden, warte ich, bis die Tür von innen verriegelt ist und der Fremde sich erleichtert. Ich stelle mich vor die Tür und rufe ins Bad: »Hey, du bist im falschen Zimmer.«

»Ja, Mann, beruhig dich«, schallt es von drinnen heraus. Dann wieder Zähneknirschen.

»Ich bin ruhig, wollte dir nur mitteilen, dass du vermutlich im falschen Zimmer gelandet bist.«

Die Spülung wird gedrückt, eine Gürtelschnalle geschlossen, die Tür von innen entriegelt. Ich stehe einem etwa Gleichaltrigen gegenüber. Zerzaustes Haar, glasige Augen. Auf halbmast gehisste Lider deuten auf gefährliche Gleichgültigkeit hin. Aus einer Platzwunde an der linken Schläfe des Mannes fließt Blut über sein Gesicht. Aus seinem Mundwinkel ragt eine unangezündete Zigarette, die den Strom in zwei Rinnsale trennt, wie ein einsamer Baumstumpf in einem Gebirgsfluss.

»Bist du in Ordnung?«, frage ich besorgt.

»Ich bin der Beste!« Er grinst breit. »Wo sind die anderen?«

»Die feiern wahrscheinlich noch irgendwo in der Stadt«, erkläre ich ihm etwas verwirrt.

»Perfekt!« Er klatscht in Aufbruchsstimmung in die Hände. »Du gehst jetzt mit mir feiern. Die beste Party deines Lebens.«

»Danke für das Angebot, aber zieh du mal lieber alleine los und ich geh wieder ins Bett.« Beim besten Willen möchte ich nicht mit dieser tickenden Zeitbombe losziehen.

Bis mein neuer Bekannter endlich den Rückzug antritt, gebe ich mich gelassen, sobald er aber die Türschwelle überschittten hat, werfe ich die Tür zu und verriegele sie von innen. Der Eindringling zieht schlurfenden Schrittes von dannen, bleibt kurz darauf vor einer anderen Tür stehen und hämmert dagegen.

»Patrick, mach die Scheißtür auf, wir gehen feiern!«

Wieder Fausthiebe gegen die Tür.

»Ich gebe dir zwei Sekunden. Wenn du bis dahin nicht aufmachst, bring ich dich um.«

Das Personal ist entweder zu verängstigt oder an solche Vorfälle gewöhnt, denn nach zehn Minuten zählt er immer noch von zwei runter. Patrick hätte inzwischen weit mehr als zweihundert Tode sterben müssen. Zu seinem Glück scheint auch er mit anderen Leuten feiern gegangen zu sein. Die Verwünschungen werden schwächer, bis der Fremde sich auf dem Boden des Hausflurs in den Schlaf knirscht.

»Das war mit Sicherheit Rohan. Der hat einen kompletten Schaden«, erklärt mir Ben am nächsten Tag. »Auch wenn er mal nicht auf einem Trip ist, ist er so.«

Es war die fünfte Nacht in Folge in Gesellschaft der Engländer und ihrer Bekanntschaften. Für mich steht fest, das war die letzte. Ich leide an Schlafmangel, und mittlerweile ist mir die Aussicht auf ein wenig Ruhe den dreifachen Preis eines Einzelzimmers wert.

Erneut ist es die Couchsurfing-Website, die mir einen Job beschert und mich von meinen finanziellen Sorgen befreit. Ich hatte mein Arbeitsgesuch in das Medellín-Forum geschrieben und wurde prompt von Rob eingeladen, einem Australier, der als Möbeldesigner mit einer Künstlergemeinschaft zusammenarbeitet. Ich treffe Rob und Cristina, die Gründerin von *Vida Augusta*, um mich vorzustellen. Cristina ist sehr von meiner Reise angetan und lädt mich ein, bei ihnen in der Galerie mitzuhelfen. Wohnen kann ich bei Rob, der ein Apartment mit fünf Schlafzimmern hat, die er in der Regel monateweise an Ausländer vermietet.

Mit meinem Trekking-Rucksack und dem restlichen Reisegepäck komme ich mir fast schmuddelig vor, als ich die Wohnung betrete. Alles blitzt, die Wohnung wurde gerade erst renoviert, klassisch weiß, selbstdesignte Luxusmöbel setzen Farbakzente. Ich beziehe mein Zimmer und teste das Bett, das mich durch die kommenden Nächte tragen wird. Es stellt alles, was ich bisher unter meinem Rücken spürte, in den Schatten. Selbst mein eigenes Bett kann mit dieser Matratze, die einen schon bei der ersten Berührung in sofortigen Schlaf versetzen will, nicht mithalten. Luxus pur und nach den vergangenen Nächten im Mehrbettzimmer die reinste Wohltat – gegen Ende meiner Reise werde ich weich gebettet.

Das Backpackerleben vor meiner Ankunft bei Vida Augusta steht in unwirklichem Kontrast zu dem Alltag mit Rob und Cristina. Ich komme ins Grübeln. Würde auch ich gerne einmal so leben? Werde ich in Deutschland darauf hinarbeiten? Wird nach meiner Rückkehr alles wieder sein, wie es vor meiner Reise war? Werde ich mein altes Leben wieder aufnehmen und versuchen zu implementieren, was ich gelernt habe? Was habe ich überhaupt gelernt? War meine Walz nicht letztendlich doch nur eine Reise wie jede andere? Wird es mir jemals möglich sein, ein *normales* Leben in Deutschland zu führen?

Es wird Zeit, mir Gedanken zu machen. Gedanken, die ich über zwei Jahre lang vor mir hergeschoben habe. Was kommt danach? Die letzte Station einer Reise, das letzte Kapitel eines Lebensabschnitts.

Cristina und ihr Mann Edgar, die zwei Cousinen Clara und Elvira, die Barbesitzer Juancho und Nicci, der junge Samuel mit seinem zwanzig Jahre älteren Freund Alejandro sowie der Restaurantbetreiber Pablo und seine Frau Isabel – sie alle bilden die Familie von Vida Augusta. Sie verbringen die Tage miteinander, stehen zusammen, wenn Probleme auftauchen, und machen einander mitunter das Leben schwer. Es ist ein Verbund, wie er typisch ist für Lateinamerika. Jeder Einzelne durchlebt mit viel Herz und Drama die Höhen und Tiefen des gemeinsamen Lebens. Temperamentvoll umarmen sie mich in der Art, wie es nur Latinas und Latinos können, nehmen mich auf in die Familie, behandeln mich als einen der Ihrigen, ohne Wenn und Aber.

Wäre ich vor einem Jahr, in der Mitte meiner Reise, in Kolumbien aufgeschlagen, ich wäre voll in das hiesige Leben eingetaucht, hätte die Rolle des Familienmitglieds angenommen und mich darin wohl gefühlt. Doch die Tatsache, dass ich bald nach Hause zurückkehren werde, bestimmt von nun an mein Denken. Es ist mir nicht mehr möglich, mich einfach fallenzulassen. Zwar verbringe ich viel Zeit in der Galerie, helfe bei Ausstellungen, fotografiere Modekollektionen und auch Robs Möbel, gestalte Poster und andere Werbemittel, bleibe aber distanziert. Da ich derzeit nicht in der Stimmung bin, mich selbst in das Szeneleben zu stürzen, genieße ich die täglichen Erzählungen von Timm und Mark über das, was im Herzen Medellíns stattfindet.

»Im Zentrum weht ein anderer Wind als hier oben in den betuchteren Gegenden. Alleine sollte man sich als Ausländer dort nicht nach Einbruch der Dunkelheit blicken lassen«, meint Timm.

»Andererseits spielt sich dort das wahre Leben ab. Gibt einfach die besten Clubs dort. Nicht nur nervige Touri-Bars wie hier«, erklärt Mark. »Trotzdem sollte man immer wachsam sein.«

»Es gibt unglaublich viele Straßenkinder dort. Die dröhnen sich mit Lösungsmitteln voll oder kaufen sich Heroin, wenn sie genug Geld zusammengeklaut oder durch Prostitution verdient haben. Zurzeit kümmere ich mich um einen vierzehnjährigen Jungen«, erzählt Timm. »Ich will ihn vom Strich wegholen, damit er wieder zur Schule geht.«

»Woher kennst du ihn denn?«, frage ich nach.

»Er hing immer in meiner Stammdisco rum, auf der Suche nach Freiern. Am Anfang habe ich ihm manchmal ein bisschen Geld gegeben, damit er sich nicht irgendwelchen schmierigen Typen hingeben muss. Aber bald wurde mir klar, dass er davon nur noch mehr Heroin kaufte. Also habe ich ihm ein Zimmer gemietet. Seine Nachbarin ist eine gute Freundin von mir – die passt auf, dass er keinen Blödsinn macht. Ich schaue zwei- bis dreimal die Woche bei ihm vorbei, aber es bleibt schwierig. Er haut oft ab und lügt mich an. Ich glaube, er prostituiert sich immer noch. Es ist schon traurig.« Hier oben, in der betuchteren Ecke Medellíns, wie Timm es nannte, kann ich mir solche Szenarien kaum vorstellen. Nachts gehe ich die Strecke von der

Galerie bis zu Robs Apartment völlig unbehelligt zu Fuß. Meinen Laptop und die Spiegelreflexkamera habe ich immer dabei.

Am Morgen nach der Unterhaltung mit Timm erreicht mich eine E-Mail:

»Hallo, Fabian,
du bist der Gewinner des Deutschen Webvideopreises
in der Kategorie OMG mit deinem Video ›The Bollywood
Movie Star‹.
Da wir herausgefunden haben, dass du gerade in Kolumbien
bist, nehmen wir an, dass du zur Preisverleihung nicht hier
vor Ort sein kannst.
Vielleicht findest du aber die Muße, ein kurzes Grußwort
aufzunehmen, welches dann während der Galapremiere
gezeigt wird.
Herzlichen Glückwunsch!«

Wow. Jetzt fällt mir wieder ein, dass ich vor mehr als einem halben Jahr mein Video eingereicht hatte. Allerdings ohne mir große Chancen auszurechnen. Natürlich muss meine Videobotschaft etwas Besonderes sein – als Danksagung für einen Webvideopreis. Zum Glück arbeite ich mit einer Künstlergemeinschaft zusammen. So wird es ein Leichtes für mich sein, genügend Leute zusammenzutrommeln, die mir bei der Umsetzung meiner Idee helfen.

»Wir sollten das im Zentrum machen. Dort wirst du viele Menschen vor die Kamera bekommen. Wir nehmen einfach ein paar Flaschen Rum mit«, schlägt Cristina vor.

»Im Zentrum?«, frage ich schockiert. Wo Kleinkriminelle und Junkies ihre Opfer suchen, soll ich mit meiner Kamera hantieren? Andererseits werden genügend Leute dabei sein, die mit mir aufpassen, dass nichts passiert. Und das Zentrum wäre wahrscheinlich wirklich der passendere Ort. Dort spielt sich das wahre Leben ab, hat Mark gesagt.

»Okay, lass uns ins Zentrum fahren«, stimme ich Cristina zu.

In der Nähe des Bahnhofs finden wir einen geeigneten Platz, um das Kamerastativ aufzustellen. Nach ein paar Testläufen drängen sich immer mehr Schaulustige um uns. Wie Cristina vorhergesagt hatte, sind viele von ihnen im Tausch gegen einen Schluck Rum zu einem Gastauftritt in unserer kleinen Produktion bereit. Für ein paar Pesos spielt eine traditionelle Mariachi-Band auf, während ich mit einer Kolumbianerin über den Platz tanze. Doch ich bin weder mit dem ersten noch mit dem zweiten Take zufrieden. Mittlerweile stehen weit mehr als hundert Menschen um uns herum, lachen und trinken. Auch den dritten Take muss ich abbrechen. Ein kleines Grüppchen von Kaffeeverkäuferinnen mit Bauchläden steht rechts von mir. Kurz bevor ich ins Bild laufen muss, greift mir eine von ihnen in den Schritt. Verwirrt stolpere ich vor die Kamera, vergesse meinen Text. Neuer Take. Derweil drehen die Mädels der Gruppe weiter auf, rufen mir irgendwelche Sachen zu. Ich verstehe nicht viel, weil es Jargon ist. Doch als die älteste der Damen etwas auf Englisch sagt, verstehe auch ich, worum es geht.

»Aye, Gringo. Für einen Dollar blas ich dir einen.« Das Gelächter schwappt über auf die restlichen Zuschauer. Die Zurufe aus dem Publikum werden lauter und hörbar aggressiver.

»Der nächste Take muss es sein«, schwört mich Cristina ein. »Die Stimmung kocht hoch, und wir sollten zusehen, dass wir hier verschwinden. Ich übersetze dir jetzt nicht, was man dir alles zuruft. Aber wenn nur einer der Betrunkenen einen leeren Plastikbecher in die Menge wirft, entsteht ein Tumult. Das sollten wir unbedingt vermeiden, wenn wir heil aus der Sache rauskommen wollen.«

»Verstehe.« Ich komme mir vor wie ein Tanzbär in einem Zirkus. Alle Fluchtwege sind verstellt.

Doch der wachsende Druck verleiht uns die nötige Konzentration. Der sechste Take ist der letzte, alles passt, jeder spielt seinen Part fehlerfrei. Am Ende schmuggeln sich die Zwischenrufer tanzend ins Bild. Die Band spielt vergnügt ihr Repertoire und der Rum fließt in Strömen, als wir uns leise davonstehlen, in ein Taxi springen und die Party vorzeitig verlassen.

Der Videodreh war eine kleine Abenteuerreise. Danach beschränken sich meine Wege wieder auf die Strecke, die mein Zimmer von der Galerie trennt, einen Fußmarsch von nicht ganz zehn Minuten. Ein Wochenendausflug in die Berge, in das Landhaus eines Priesters, bildet eine letzte Ausnahme. In der zum Grundstück gehörigen kleinen Kapelle soll ich eine Modekollektion fotografieren, die demnächst bei Vida Augusta verkauft wird. Der Auftrag gehört zu den aufregendsten Jobs meiner Reise. Abends mit Cristina, der Stylistin Nicci und dem Model Elvira vor dem Kamin zu sitzen, in dicke Decken gehüllt wegen der frostigen Temperaturen dieser Höhenlage, umringt von schroffen Felsen und weichen Wiesen. Morgens früh aufstehen, um bei Sonnenaufgang die ersten Strahlen in der Kapelle einzufangen, die den Altar und dann das Tabernakel streifen, während der Nebel sich hinter das Kapellendach zurückzieht. Doch ich bin nicht mehr mit ganzem Herzen dabei. So wie ich mich während meiner ersten Station in Schanghai noch nicht ganz von meinem vorherigen Leben verabschiedet hatte, habe ich mich nun bereits vom Reise-Zustand verabschiedet.

Während des Arbeitsausflugs gehen zwei Nachrichten bei mir ein, die meinen Abstand zum Leben als Journeyman weiter vergrößern.

»Ab April habe ich in meiner WG in Kreuzberg ein Zimmer frei, das kannst du auf jeden Fall haben«, bietet mir mein Cousin Timo an. Ich hatte mich schon vor ein paar Wochen entschieden, nicht in meine Heimat, die Frankfurter Region, zurückzukehren, sondern nach Berlin zu ziehen. Ich stelle mir vor, dass meine Rückkehr sich wie die Weiterreise zu einem neuen Ziel anfühlt, dass nicht Kolumbien meine letzte Mission war, sondern Deutschlands Hauptstadt, mit all ihren Möglichkeiten.

Die zweite Nachricht kommt von Nicola, mit der ich seit unserer Abreise aus Hispaniola regelmäßig Kontakt habe.

»*Anfang April werde ich zehn Tage in Deutschland sein, weil mein Arbeitsvisum für Simbabwe noch auf sich warten lässt. Wo wirst du dann sein? Ich hoffe sehr, dass du dann auch schon wieder in Deutschland bist.*«

Bevor mich diese E-Mails erreichten, hatte ich keine konkreten Pläne für meine Abreise. Nun sind sie das Zeichen, dass es Zeit wird, meine Walz zu beenden.

Ich erinnere mich, dass mich viele meiner neuen Bekannten im Verlauf meiner Reise fragten, ob ich keine Angst davor gehabt hätte, alles zurückzulassen, mich der absoluten Ungewissheit hinzugeben. Aber für mich gab es nie einen triftigen Grund, vor der Fremde Angst zu haben. Ich habe das große Glück, in Deutschland in einer Generation aufgewachsen zu sein, der alle Möglichkeiten zu Füßen liegen. Wir können frei entscheiden, wer wir sein möchten, wir müssen es nur tun. Aber müssen wir das tatsächlich? Mit unserer scheinbar grenzenlosen Freiheit, der Freiheit, niemandem etwas schuldig zu sein, treten Probleme auf, die es vorher nicht gab. Zum einen ist da das Gefühl der Lähmung, das der reichgedeckte Tisch an Möglichkeiten in uns auslösen kann, zum anderen gibt es die Zweifel, die uns plagen, nachdem wir uns entschieden haben.

Die Zukunft eines Bauernjungen im ländlichen Laos ist von Geburt an festgelegt, er hat keine Wahl, außer er riskiert ein Zerwürfnis mit seiner Familie. In der westlichen Welt hingegen steht es sogar einem fünfunddreißigjährigen Heizungsinstallateur jederzeit offen, sich umschulen zu lassen oder mit dem Ersparten eine Strandbar in Thailand zu eröffnen.

Nach meiner Reise weiß ich, dass ich meine Möglichkeiten nutzen will. Architektur, Graphikdesign, Fotografie und Film – in alle Richtungen möchte ich gehen und noch viele andere Wege einschlagen. Womöglich werde ich nie Spezialist sein, sondern Generalist auf vielen Ebenen bleiben.

Während ich zum letzten Mal als Journeyman in ein Flugzeug steige, kommt mir das Gespräch mit Birgit Lohmann in den Sinn, während meines ersten Aufenthalts in Kuala Lumpur.

»Wenn du wirklich etwas Großes schaffen willst, wenn du etwas werden willst, dann fang damit an«, riet sie mir vor nunmehr fast zwei Jahren.

Ein Satz, der immer noch nachhallt, denn nach wie vor frage ich mich: War es mutig, diese Reise anzutreten, mein Leben selbst zu gestalten, oder war ich schlichtweg zu feige, ein »normales« Leben zu führen? War ich auf der Suche oder auf der Flucht? Habe ich gefunden, was ich suchte, oder abgehängt, wovor ich floh? Um das zu entscheiden, fliege ich nun zurück nach Deutschland, denn nur meine Heimat kann mir diese Frage beantworten.

#16
ANKOMMEN

*Berlin,
Juni 2012*

Mein eigenes Bett ist die einhundertzweiundsechzigste Schlafgelegenheit seit Beginn meiner Reise. 64 Betten, 12 Couchen, 7 Matratzen, 2 Zugpritschen, 1 Isomatte sowie zahlreiche Sitzgelegenheiten während nächtlicher Reisen in Bussen, Jeeps und Flugzeugen, bei denen mich der Schlaf übermannte. Das alte Holzbett steht inmitten des fünfundzwanzig Quadratmeter großen Zimmers, das ich seit mittlerweile zwei Monaten im Herzen Kreuzbergs bewohne. Die Position des Bettes im Zimmer, zentral, fast thronartig, mag einiges darüber verraten, was ich auf meiner Reise vermisst habe. Ein Schreibtisch steht am Fenster, ein Regal voller Bücher an der gegenüberliegenden Wand. Der Rest meiner Habe ist weiterhin in Kartons verpackt, die in der Abstellkammer der Wohnung stehen – bisher hatte ich keinen Gebrauch dafür. Das Zimmer sieht karg aus, ohne Vorhänge und Wandverzierungen, als stünde sein Bewohner im Begriff auszuziehen oder als habe er sich noch nicht ganz damit abgefunden zu bleiben.

Wenn ich hierbleiben sollte, und davon gehe ich im Moment aus, wird sich das ändern. Bald werden Fotos die Wände zieren, und der übliche Kleinkram, der in keine Schublade mehr passt, wird auf dem Fensterbrett oder dem Regal herumliegen. Vielleicht kommt auch das ein oder andere Möbelstück hinzu, und irgendwann wird es hier so aussehen wie in einem ganz normalen Zimmer. Ein Zimmer, für das ich Miete bezahle. Innerhalb meiner zwei Jahre und drei Monate währenden Reise habe ich ziemlich genau achttausend Euro ausgegeben, das meiste davon natürlich für Überseeflüge. Aber auch wenn ich in meinem neuen Leben in Deutschland keine Flüge bezahlen muss, brauche ich ab sofort wieder ein Einkommen, das mich am Leben erhält. Hier wird mich niemand durchfüttern.

Hin und wieder zeigt sich der Berliner Sommer, wie ich ihn von früher kenne. Der Grilldunst aus dem nahe gelegenen Görlitzer Park zieht in dicken Schwaden durch die Straßen und versucht auch jene anzulocken, die ihre T-Shirts noch nicht ausgezogen haben, Frisbee oder Fußball spielen oder bei einem Bier in die Sonne blinzeln. Viele Dönerbuden sind vietnamesischen, indischen, syrischen und anderen orientalischen Restaurants gewichen. Die Falafel scheint mit der Bio-Welle, die vor einigen Jahren nach Deutschland geschwappt ist, das Rennen gegen den einstmals überall präsenten Döner gewonnen zu haben.

Gentrifizierung ist das Lieblingswort der Berliner, die die Schwaben für den Niedergang der Berliner Szenekultur verantwortlich machen. Und natürlich schimpfen sie auch auf die Hipster, die irgendwie an allem, was verkehrt läuft, ein bisschen Mitschuld tragen. Berlin hat sich verändert, und das ist gut so. Weiterhin ist es die Stadt, in der jeder auf höchstem Niveau meckert, die aber keiner missen möchte. Es ist die Stadt, die es einem leichtmacht, bei minimalem Einkommen ein vergleichsweise luxuriöses Leben zu führen. Wenn ich vor die Haustür trete, höre ich auf dem kurzen Weg bis zur U-Bahn mindestens drei verschiedene Sprachen. Ein Spanier feixt mit einem Argentinier, ein Westafrikaner erklärt einem französischen Rentner den Weg zur Museumsinsel, und ein israelisches Pärchen diskutiert mit ausladenden Gesten miteinander. Ich bin zu Hause und doch irgendwie in der Fremde. Bin von unterschiedlichen Sprachen, Kulturen und Religionen umgeben, obwohl ich ein Deutscher in Deutschland bin.

Bremthal, das hessische Örtchen, in dem ich aufwuchs, habe ich gemieden, seit ich mit siebzehn Jahren von zu Hause ausgezogen bin. Als ich nach meiner Rückkehr aus Kolumbien das erste

Mal seit Jahren wieder ein paar Nächte im Haus meines Vaters übernachte, kann ich mich plötzlich nicht mehr sattsehen an den grünen Hügeln des Taunus. Man lernt etwas viel mehr zu schätzen, wenn es nicht mehr in greifbarer Nähe ist. Das macht solche Neuanfänge erst möglich. Zum ersten Mal schlendere ich durch die Straßen, in denen ich als Kind gespielt habe, ohne dabei die Enge zu spüren. Mit Nicola klappere ich unsere alten Treffpunkte ab. Die alte Eiche, in deren knorrigen Ästen wir als Kinder herumgeklettert sind, steht immer noch. Das Wasserhäuschen könnte mal wieder vom Moos befreit werden, und die Fischweiher, deren Zäune damals als unüberwindbar galten, sind uns vertraut wie die dicken Karpfen, die darin gemächlich ihre Kreise ziehen.

Es gibt Gewohnheiten, die legt man nicht einfach so ab. Auch wenn kein Tag meiner Reise dem anderen glich, gaben mir Konstanten in meinem Alltag das Gefühl, nicht verlorenzugehen. Der morgendliche Kaffee ist so eine Gewohnheit. In Schanghai erhitzte ich das fertige Gebräu im Wasserkocher, im Büro der Kuala Lumpur Design Week stand ein Kaffee-Automat mit guineischen Bohnen, in Äthiopien gab es zu jedem frisch gerösteten Kaffee eine Zeremonie, in Australien reichte mein Geld gerade mal für Granulat, in San Francisco ging ich mit meinem Latte-zum-Mitnehmen täglich im Park spazieren. Nur in Indien tauschte ich den Kaffee kurzfristig gegen Chai-Tee – das Ritual blieb jedoch bestehen. Egal, in welcher Ecke des Planeten ich aufstehe, wenn ich dort einen Kaffee zu trinken bekomme, fühle ich mich augenblicklich zu Hause.

So auch in Berlin. Während ich an diesem Morgen endlich mal wieder von der Sonne geweckt werde, habe ich schon das Zischen der Espressokanne im Ohr. Mein Blick wandert vom Fenster zu dem derzeit fast unbenutzten Schreibtisch. Dort liegt ein kleiner Stapel Blätter. Auf der letzten Seite, am unteren Ende, steht meine Unterschrift. Es handelt sich um den Vertrag, der mich zum Autor macht und besiegelt, dass meine Reise irgendwann im nächsten Jahr in Buchform erscheinen wird.

Ja, ich hatte Glück, aber es ging, wie so oft, darum, das Glück zu suchen oder es dem Glück zumindest einfacher zu machen, mich zu finden. Und heute ist der Tag gekommen, an dem mein Alltag als Autor beginnt. Heute Mittag treffe ich meine Lektorin. Ganz richtig, eine *Lektorin* wird mich beim Schreiben begleiten. Das klingt in meinen Ohren noch ziemlich phantastisch. So phantastisch, wie es sich anhörte, wenn ich bei einer neuen Station meiner Reise angelangt war und erfuhr, was mein Job sein würde.

»Du könntest uns helfen, einen vertikalen Garten zu bauen«, *»Du wirst unser internationaler Botschafter für die Kuala Lumpur Design Week«*, *»Traust du dir zu, alleiniger Verantwortlicher für das Erscheinungsbild des Addis-Foto-Fests zu sein?«*, *»Jetzt bist du unser Juniorarchitekt für ein bedeutendes Rockefeller-Bauprojekt«*, *»Wir würden dich gerne für die Jury des diesjährigen Modelwettbewerbs gewinnen«*, *»Ab heute bist du unser Autor und schreibst deine Geschichte«.*

Die Designwalz ist zu einem Lebensprojekt geworden und eröffnet mir Möglichkeiten, die ich nicht im Ansatz vorhergesehen habe.

»Ich liebe es, auf der Straße Musik zu machen und zu tanzen«, sagte mir Gabriel, der Trompetenjunge, in San Francisco. »Ich mache es nicht für das Geld, das die Menschen in meinen Koffer werfen.« Und genau deswegen lassen diese Menschen gerne einen Dollar im Koffer des Jungen liegen. Weil man ihm ansieht, dass er es aus Leidenschaft tut. Von Station zu Station meiner Designwalz festigte sich diese Erkenntnis: Geld macht das Ergebnis meiner Arbeit nicht besser – Punkt, Ausrufezeichen. Viel Geld schon gar nicht. Solange meine Existenz gesichert ist, also solange ich gesund bin und überleben kann, muss ich mir keine Sorgen machen. Alles andere sind Luxusprobleme: »Ich hätte gerne eine neue Couch«, »Ich will auch mal gut essen gehen«, »Mein Auto braucht neue Sitzbezüge«. Diese Gedanken sind mir fremd geworden.

Wenn ich auf die Projekte der Reise zurückschaue, gefallen mir deren Ergebnisse allesamt besser als das, was ich zuvor in Deutschland als Freelancer oder Freiberufler abgeliefert hatte. Auch meine Studienprojekte spielen qualitativ in einer höheren Liga als die meisten Auftragsarbeiten, und das, obwohl meine Fertigkeiten damals nicht halb so ausgereift waren. Mir fällt auf, dass sich meine Arbeitsweise ändert, sobald Geld als Vergütungsmittel ins Spiel kommt. Ich verspüre einen Leistungsdruck, weil ich nun etwas Adäquates für die Vergütung abliefern muss. Am liebsten natürlich schon nach kurzer Zeit, denn der nächste Auftrag wartet bereits und wird ebenso verlaufen, weil der übernächste Auftrag auch schon vereinbart ist. Die Deadline, die Erwartungshaltung des Kunden oder Chefs, der für sein Geld das bestmögliche Ergebnis in kürzester Zeit haben möchte. All das bewirkt, dass das Ergebnis meiner Arbeit eigentlich von vornherein festgelegt und dann auf gerader Strecke abgearbeitet wird. Es bleibt keine Zeit für Experimente, kein Platz für neue Ideen. Nach links oder rechts schauen ist nicht vorgesehen. Geld ist kein Motivator, sondern eine Einschränkung, und deswegen ist Kreativität nicht mit Geld bezahlbar.

Ich bin bei meiner letzten Station angekommen, in Berlin, Deutschland. Und beginne nun tatsächlich meinen letzten Gang als Journeyman. Im Grunde ist es die folgerichtige Fortführung meiner an die traditionelle Walz angelehnten Reise, denn auch der Wandergeselle musste seiner Zunft nach seiner Wiederkehr Rede und Antwort stehen.

Eines der erklärten Ziele meiner Reise war, mich für den Alltag in Deutschland zu wappnen. Meine Abenteuerlust auszuleben, um dann erleichtert, von diesem Verlangen befreit, zurückzukehren und zu tun, was getan werden muss: Geld verdienen, sich finanzielle Unabhängigkeit und Sicherheit erarbeiten, Familie gründen, ausharren bis zur Rente und dann das Leben genießen. Ich bin aber durch meine Arbeit in fremde Kulturen eingetaucht. Habe bei Meistern meiner »Zunft« angeheuert, mit ihnen gearbeitet und ihr Leben mitgelebt. Waren sie ehrgeizig, war ich es mit ihnen; lebten sie in den Alltag hinein und nahmen das Leben, wie es kam, dann nahm ich es genauso; waren sie gesprächig, habe ich viel zugehört, und waren sie oft unterwegs, dann bin ich mitgegangen. Es sei dahingestellt, ob das nun gut für mich war oder ob es mich in meiner Entwicklung negativ beeinflusst hat. Tatsache ist, dass mir ein geregeltes Leben mehr Probleme zu bereiten scheint als das unstete, ungewisse. Mittlerweile muss ich bekennen, dass mein Reiserucksack mein Schicksal ist und dass sich beides besser trägt, wenn ich dazu stehe.

Als ich in Australien war, hörte ich von einer Frau, die Menschen in den letzten Wochen ihres Lebens begleitete. Bronnie Ware schrieb die Geschichten der Altersschwachen und Todkranken auf und veröffentlichte sie in »*The top five regrets of the dying*« (»*Fünf Dinge, die Sterbende am meisten bereuen*«). Manche bereuten, dass sie den Kontakt zu Freunden und Familie nicht besser gepflegt hatten, andere wünschten, sie hätten weniger hart gearbeitet. Was aber stand ganz oben auf der Liste der Dinge, die am meisten bereut werden, wenn das Leben zu Ende geht?

»Ich wünschte, ich hätte den Mut gehabt, mir selbst treu zu bleiben, statt so zu leben, wie andere es von mir erwarteten.«

Es ist wohl die wichtigste Erkenntnis, die ich aus den vergangenen zweieinhalb Jahren ziehe. Die Erkenntnis, dass jede Regel und jede gesteckte Grenze immer nur die Interpretation einer Erfahrung von anderen ist. Eine Regel, die für jemand anders Sinn ergibt, muss nicht auch für mich gelten. Viel zu oft folgen wir den Verhaltensregeln und den Lebensentwürfen anderer. Wir nennen es die gesellschaftliche *Norm*. Es gibt sie in jedem Land, jeder Kultur und Religion. Innerhalb eines jeden Kulturkreises basiert sie auf unterschiedlichen Einflüssen. Die Menschen geben ihren Kindern weiter, was sie für richtig oder vernünftig halten. Ein System, das funktioniert. Diese Regeln werden oft fraglos hingenommen und blind befolgt. Sie sind ungeschriebenes Gesetz, und wer sie nicht befolgt, wird im besten Falle schief angeschaut, immer jedoch verurteilt.

Aber wir alle haben unterschiedliche Bedürfnisse, Vorlieben, Gewohnheiten und Neigungen – warum sollten wir also denselben Regeln folgen? Es ergibt für mich einfach keinen Sinn. Ich möchte selbst herausfinden, was mich glücklich macht.

Als Journeyman habe ich bewusst und unbewusst Grenzen überschritten – und auch in Zukunft muss ich in Bewegung bleiben, will ich auf der Suche nach einem glücklichen Leben nicht in eine Sackgasse geraten.

Nur durch das konstante Überschreiten von Grenzen kann ich herausfinden, welche Regeln und Verhaltensmuster für mich Sinn ergeben. Was bedeutet schon Karriere, was bedeutet Besitz? *Auch ein Hamsterrad sieht von innen aus wie eine Karriereleiter.*

Manchmal verfluche ich den Tag, an dem ich mich in ein altes Fischerboot setzte, um damit durch den laotischen Dschungel zu schippern. Dann frage ich mich, ob es nicht einfacher wäre, bloß zu vermuten, dass hinter dem Tellerrand noch mehr liegt. Wäre LAMSIL nicht gewesen, säße ich womöglich noch heute an meinem Schreibtisch in Wiesbaden. Doch dorthin möchte ich nicht zurück, das weiß ich. Selbst wenn ich es wollte, könnte ich es nicht. Kein Weg führt zurück. Und sobald ich wieder in die Fremde eintauche, überkommt mich das allzu bekannte Gefühl. Meine Sinne sind hellwach, Glück ist mehr als nur eine Momentaufnahme. Und egal, wohin man den Blick wendet, es erscheint alles in neuem Glanz – sogar das Altvertraute.

DANKSAGUNG

Keines der Ereignisse in diesem Buch ist frei erfunden, sie haben sich alle mehr oder weniger so zugetragen. Einzelne Personen wurden aus Respekt vor deren Privatsphäre umbenannt.

Mein herzlicher Dank gilt allen Menschen, die ich auf meiner Reise treffen durfte, insbesondere denen, die mich aufgenommen, versorgt und mir Arbeit gegeben haben, sowie all denen, deren Unterstützung ich mir von Anfang an sicher sein konnte. Ich hoffe, ich bin Euch gerecht geworden. Ebenfalls danken möchte ich meinen beiden Lektorinnen Marieke und Alice für den sensiblen Umgang mit meinen Gedanken, Nicola, ohne die ich viele Erkenntnisse gar nicht erst gehabt hätte, und Timo, von dem ich weiß, dass er schonungslos ehrliche Kritik üben würde.

Die QR-Codes im Buch machen es möglich, Fabian Sixtus Körners Reise mit Hilfe von Fotos und Videos nachzuerleben. Dafür einfach eine der kostenlosen Apps zum Scannen von QR-Codes auf Smartphone oder Tablet laden.

Alle Bilder und Videos stehen auch auf www.journeyman-buch.de zur Verfügung.

Stephan Orth / Antje Blinda

Sorry, wir haben die Landebahn verfehlt

Kurioses aus dem Cockpit – die Jumbo-Ausgabe mit 50 neuen Sprüchen

ISBN 978-3-548-37518-2
www.ullstein-buchverlage.de

Vergessene Triebwerke, Piloten ohne Orientierung, Kühe auf der Landebahn: So manche Durchsage an Bord eines Flugzeugs treibt selbst erfahrenen Passagieren die Schweißperlen auf die Stirn. Hunderte von Lesern haben ihre Erlebnisse aus dem Cockpit an *Spiegel Online* geschickt – die besten und lustigsten Zitate und Anekdoten sind in diesem Buch versammelt. Also schnallen Sie sich an, klappen Sie die Tische hoch, und stellen Sie die Sitzlehnen aufrecht. Denn: »Meine Damen und Herren, das wird ein holpriger Ritt!«

»Sie brauchen nicht nervös zu sein, der Kapitän ist es auch nicht – und der macht den Anflug zum ersten Mal!«

Christian Eisert

Kim & Struppi
Ferien in Nordkorea

Mit zahlreichen farbigen Abbildungen.
320 Seiten. Klappenbroschur.
Auch als E-Book erhältlich.
www.ullstein-extra.de

Ein unmöglicher Urlaub oder: Tanzen mit Atomraketen

Wie viele Touristen jährlich Nordkorea besuchen, lässt sich exakt sagen: wenige. Dabei hält so ein Urlaub im Reich von Kim Jong-un viele Überraschungen bereit: Autobahnen ohne Autos, Hotels, in denen der fünfte Stock fehlt, und ein Tänzchen an der gefährlichsten Grenze der Welt – zu den Klängen von »Tränen lügen nicht«.

Christian Eisert ist 1.500 Kilometer durch die Demokratische Volksrepublik gereist. Mit gefälschter Biographie. Unter ständiger Beobachtung des Geheimdienstes. Und auf der Suche nach Kim Il-sungs legendärer regenbogenfarbener Wasserrutsche.

Das Ergebnis ist einfach irre – und sehr komisch.

Der Bestseller endlich im Taschenbuch!

Timothy Ferriss
DIE 4-STUNDEN-WOCHE

Mehr Zeit, mehr Geld,
mehr Leben

ISBN 978-3-548-37263-1
www.ullstein-buchverlage.de

Träumen Sie nicht auch davon, weniger zu arbeiten?
Viel weniger? Dann lesen Sie dieses Buch!
Die 4-Stunden-Woche ist der Wegweiser für eine
Flucht aus dem Hamsterrad und ein provokantes
Manifest für eine neue Gewichtung von Leben und
Arbeiten.

»Dieses Buch ist zu Recht ein Bestseller.«
Hamburger Abendblatt

»Sein Buch ist ein Vergnügen, seine Texte pointiert
und clever. Und hilfreich sind sie außerdem ...«
WirtschaftsWoche

Wollen Sie mehr von den Ullstein Buchverlagen lesen?

Erhalten Sie jetzt regelmäßig
den Ullstein-Newsletter
mit spannenden Leseempfehlungen,
aktuellen Infos zu Autoren und
exklusiven Gewinnspielen.

www.ullstein-buchverlage.de/newsletter